目

凡 例

●空欄は、事項名は( )、人名は[ ]で示しています。
●空欄に同じ語句が入る場合、2回目以降は番号の下に＊を付しています。

㊙ p.26 ～ 27

アプローチ

古代の諸地域において活動した人々の特色をあげてみよう

資料は紀元前2600年頃のシュメールの古代都市ウル(現在のイラクにある)の遺跡(いせき)から出土した横長の箱である。「スタンダード(Standard、旗章(きしょう)、軍旗(ぐんき))」と呼ばれているが、その実際の用途(ようと)は明らかになっていない。スタンダードには、様々な人物のモザイクがほどこされている。ここに描かれた人々の特色から、古代の社会や暮らしについて考えてみよう。

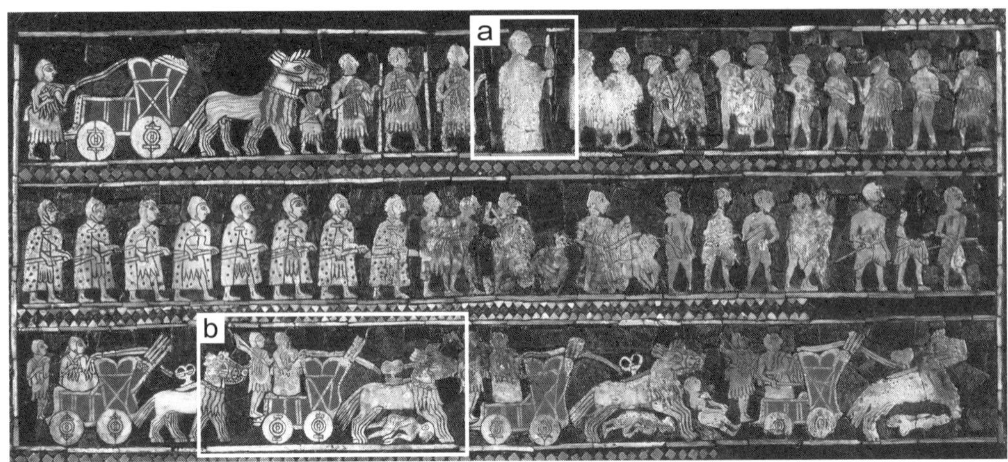

〈資料 2 「戦争の場面」〉

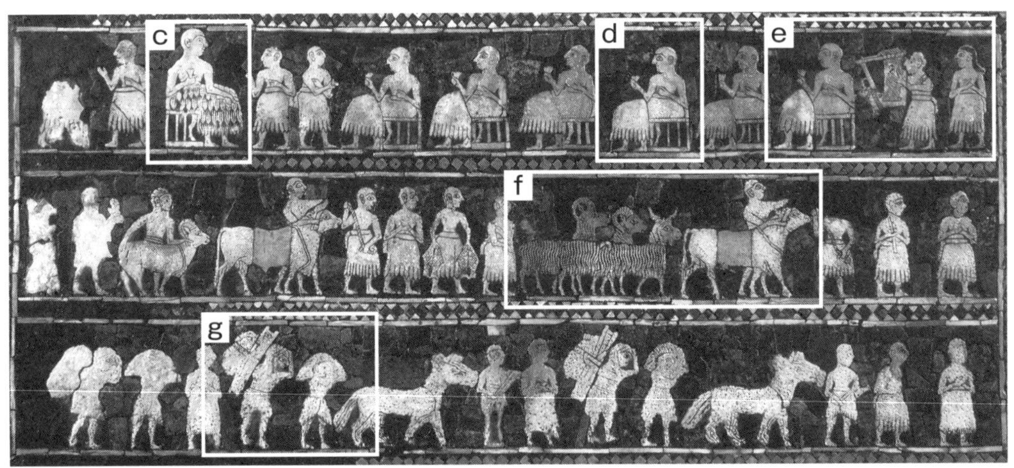

〈資料 2 「平和の場面」〉

Question 1　人々はどのような仕事に従事し、どのような生活を送っていたのだろうか。例えば、図ｂ・図ｆの人々はどのような生活を営んでいたか考えよう。ほかにも興味のある人物を１名はあげて、調べてみよう。

Question 2　どのような身分の人がいるだろうか、たとえば、図ｄ・図ｇの人々はどのような身分だと考えられるだろうか。2人とは異なる身分だと思う人物を１名はあげて、調べてみよう。

Question 3　図ｅは剃髪した人物や楽師、男性歌手が描かれている。このことから、資料3は宗教的な集まりであると考えられている。人々は神に何を願い、また、感謝したのだろうか。

Question 4　図ａと図ｃの王は何をしているのだろうか。王にはどのような役割があったのだろうか。

Question 5　さらに調べたいことを問いにしてみよう。

第1章

文明の成立と古代文明の特質

世界各地で、自然環境にもとづいて多様な古代文明が成立し、そのもとでは王などの権力者を中心とする社会や文化も形成された。古代文明において、王は人々にとってどのような存在であったのだろうか。

1 文明の誕生

教 p.28 ～ 29

各地で始まった農耕と牧畜は、人々の暮らしをどのようにかえたのだろうか。

① 農耕と牧畜のはじまり

❶自然環境の変化

約１万年前、氷期のおわり…温暖化にともない地球の自然環境が多様に変化

❷農耕・牧畜の開始

約9000年前、西アジア…(1　　　)の栽培とヤギ・羊・牛などの飼育が始まる

狩猟・採集を中心にした(2　　　)**経済**→(3　　　)**経済**に移る

❸新石器時代の始まり

集落に定住→織物・土器の製作

(4　　　)**石器**の使用…石斧・石臼など→(5　　　)**時代**の始まり

初期農耕民の新石器文化→世界のほかの地域でもそれぞれの環境に適した形で拡大

② 文明の成立

❶灌漑農業の開始…メソポタミアで始まる

堤防や水路で水を引く(6　　　)**農業**の開始

食料の生産力の向上→貧富の差や仕事の分業が進む

❷国家の形成

権力者が多くの人々を統一的に支配する(7　　　)という仕組みが生まれる

❸高度な文明の誕生

ナイル川、ティグリス川・ユーフラテス川、インダス川、黄河・長江の各流域に成立

→やや遅れてアメリカ大陸にも独自の**文明**が形成される

宗教や交易の中心である(8　　　)の発達

金属器や(9　　　)の発明→人類は歴史時代に入る

文明の誕生は人々の関係をどのようにかえたのだろうか。

次の図を参考にして、国家の成立について説明してみよう。

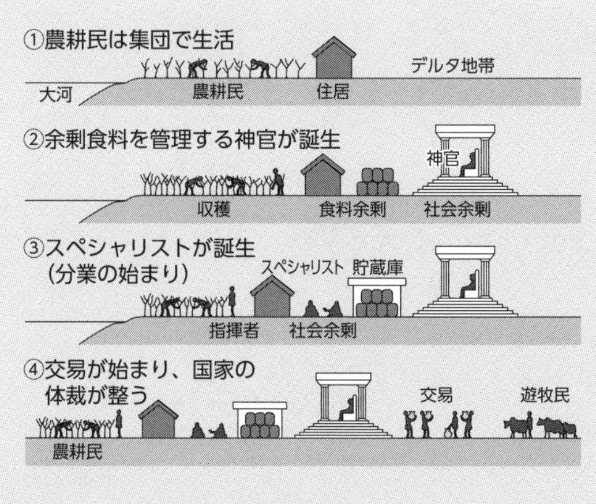

（　　　　　　　　　　）

2 古代オリエント文明とその周辺 教 p.30 ~ 35

古代オリエント文明やエーゲ文明の王は、どのように人々を支配したのだろうか。

1 オリエント世界と東地中海沿岸の風土と人々

❶オリエントの風土と社会

オリエント…「日ののぼるところ、東方」の意味

乾燥(かんそう)して気温が高く、砂漠(さばく)・草原・岩山(いわやま)が多い→遊牧(ゆうぼく)やオアシス農業

大河(たいが)…**メソポタミア**のティグリス川・(1　　　　)川、**エジプト**のナイル川

→定期的な川の増水を利用した(2　　　　)農業

→統率する王が神やその代理人として大きな権力をもつ(3　　　　)**政治**が成立

❷東地中海沿岸の風土と社会

夏は乾燥し、冬は雨が少ない。石灰岩の丘→オリーヴなどの果樹栽培や羊の牧畜(ぼくちく)

重要な(4　　　　)路として様々な文明が発達

2 シュメール人の都市国家とメソポタミアの統一

❶メソポタミアの統一

前2700年頃、(5　　　　)**人**が(6　　　　)・ウルクなどの**都市国家**を形成

王を中心に神官・役人・戦士が政治や経済・軍事の実権掌握(しょうあく)→(7　　　　)社会が成立

都市の神をまつる壮大な神殿や王宮がつくられる…ジッグラト(聖塔(せいとう))

前24世紀頃、(8　　　　)**人**がメソポタミア南部を統一

前19世紀初め、アムル人が(9　　　　)**王朝**建国

前18世紀頃、[10　　　　]**王**が全メソポタミアを統一

…運河や交易路を整備、法慣習を集成して法典(ほうてん)を定める：(10*　　　　)**法典**による政治

❷ヒッタイト人のメソポタミア進出

(11　　　　)**人**の台頭(たいとう)：早くから(12　　　　)器を使用

→前17世紀半ば、アナトリア高原に強大な王国を建国

(9*　　　　)王朝を滅ぼしてシリアに進出→(13　　　　)と戦う

メソポタミアに定住せず→その後侵入してきた諸民族の国々が並びたつ

3 エジプトの統一国家

❶エジプトの統一

ナイル川の定期的な増減水を利用：豊かな農耕生活が営まれる

「エジプトはナイルのたまもの」…古代ギリシアの歴史家ヘロドトスの言葉

大規模な治水の必要…前3000年頃、王((14　　　　))による統一国家が形成

→約30の王朝が交替…繁栄した時代：古王国・中王国・新王国の３期に区分

❷王朝の交代

生ける神として(14*　　　　)による神権政治

古王国時代…巨大な(15　　　　)：権力の大きさを示す

中王国時代(都テーベ)…末期に遊牧民ヒクソスが流入→国内は一時混乱
新王国時代…ヒクソスを追い出す→シリアにまで支配を拡大
[16]…前14世紀、太陽とその光線で表されるアテンの一神教を強制
→宗教改革は王の死によって一代限りでおわる

§ メソポタミア文明とエジプト文明について比較しよう

	メソポタミア文明	エジプト文明
宗教	多神教	多神教(たしんきょう)。太陽神(21)を中心とする
文字	(17)文字 …(5*)人がつくり、(18)に刻まれる	・神聖文字((22)) …碑文(ひぶん)や墓室(ぼしつ)・石棺(せっかん)などに刻まれる ・パピルス草から一種の紙もつくられる
文化	・(19)暦　・週七日制 ・時を刻む単位:(20)進法 ・ヒッタイト人が(12*)器を使用	・(23)暦。1年を365日 ・ミイラや「(24)」、ピラミッドを製作 …魂の不滅・永遠の命を信じる ・十進法　・測地術(そくちじゅつ)

4 東地中海の諸民族

❶シリア・パレスチナ地方

地中海東岸…エジプトとメソポタミアを結ぶ通路として古くから交易で繁栄(はんえい)
→前12世紀頃よりセム語系の人々の特色ある活動が盛んになる

❷アラム人

シリアに多くの都市国家を建設。ダマスクスを中心に内陸の中継(ちゅうけい)貿易に活躍
→ ┌(25)語:オリエントの国際商業語として普及(ふきゅう)
　 └(25*)文字:アラビア文字など多くの文字のもととなる

❸フェニキア人

→ ┌シドン・ティルスなどの都市国家を建設。地中海貿易を独占しカルタゴなど多くの植民市(しょくみんし)を建設
　 └(26)…彼らの文字がギリシアに伝播して発展
→ヨーロッパ諸言語の文字のもととなる

❹ヘブライ人(ユダヤ人)

遊牧民(ゆうぼくみん)でパレスチナに定住→一部はエジプトに移住:新王国の圧政(あっせい)に苦しむ
→前13世紀頃、指導者[27]に率いられてパレスチナに脱出:「出(しゅつ)エジプト」
前10世紀頃、王国建国→南北分裂
┌北:(28)王国→前8世紀にアッシリアに滅ぼされる
└南:(29)王国
→前6世紀に新バビロニアに征服(せいふく)され、多数の住民が都バビロンにつれ去られる
:(30)→約50年後に解放。(31)教の成立
〈(31*)の特色〉
・唯一神(32)への信仰を固く守り、神により選ばれた民族としての自覚(じかく)を強める
・救世主((33))を待ち望む信仰
・バビロンから帰国後に確立した『(34)』…のちにキリスト教の教典ともなる

→ヨーロッパの人々による思想・芸術活動の大きな源泉となる

5 エーゲ文明

エジプト・シリアなどオリエント世界と交易で結びついていた東地中海沿岸に誕生した
(35　　　　　)文明

❶クレタ文明：前2000年頃、(36　　　　　)島で栄える…民族系統不明
宗教的に大きな力をもった王が海上交易を支配…中心地(37　　　　　　　)：大宮殿建造
海洋民族らしい開放的で明るい文明：城壁なし

❷ミケーネ文明：ギリシア本土で、前16世紀から南下してきたギリシア人が築く
(38　　　　　)・ティリンスなどに石づくりの城塞を中心とした小王国建国
→(36*　　　　　)島・(39　　　　　　)にまでおよぶ
→手工業製品を王宮に集め、需要に応じて分配
前1200年頃、(38*　　　　　)文明の諸王国は突然滅ぶ
→多くのギリシア人が本土からエーゲ海一帯に移住

6 オリエントの統一と分裂

前７世紀前半、(40　　　　　　)が鉄製の武器と騎馬戦術による強力な軍事力で全オリエントを征服
→強大な専制君主として統治。国内を州にわけ、駅伝制を設け、総督をおく
→強制移住・重税などの圧政により服属民の反抗をまねき崩壊
→エジプト・リディア・(41　　　　　　　)(カルデア)・メディアの分立

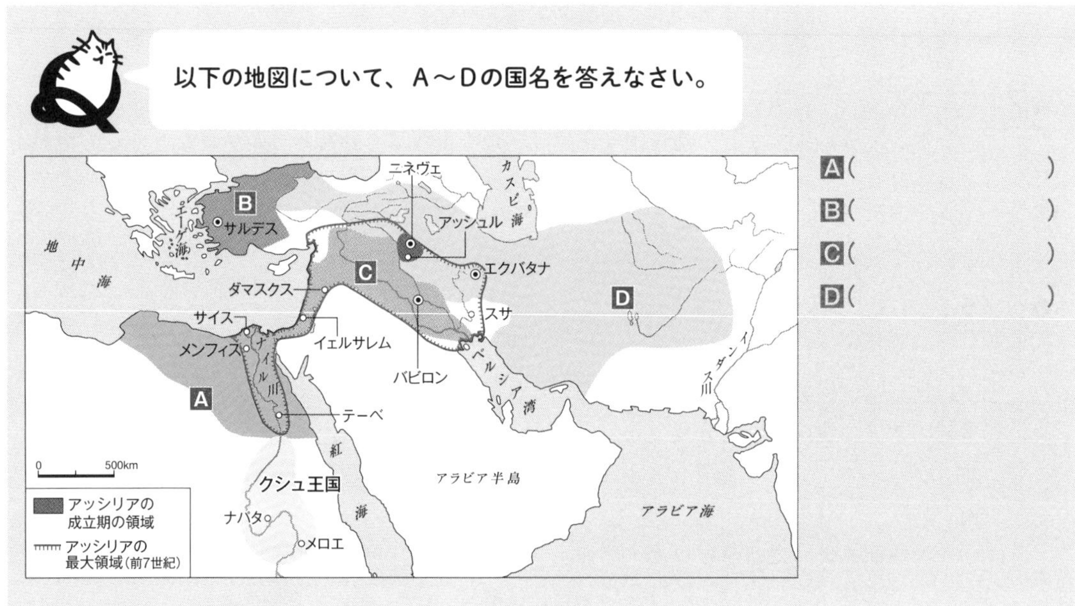

古代オリエント文明やエーゲ文明でおこなわれた神権政治の共通点や相違点をまとめ、神権政治を改めて定義してみよう。

㊍ p.31

探究しよう　ハンムラビ法典は何を定めたのだろうか

ハンムラビ王は首都バビロンで神の代理として統治をおこない、それまでの法慣習を集成して法典を定めた。

53. 自分の耕地の畔の強化をおこたったため、畔に亀裂が生じ、灌漑水で耕地を流出させたなら、自分の耕地に亀裂を生じさせた人は、流出させた穀物を償わなければならない。

104. 商人が販売人に商品を販売のために与えたなら、販売人は商人に定期的に銀を返さなければならない。販売人は、彼が商人に与える銀の領収書を受け取らなければならない。

108. 居酒屋の女主人がビールの対価として穀物を受け取らず、銀を大きな分銅で計って受け取り、その結果穀物の販売価格に対するビールの販売価格をつり上げたなら、彼らはその女主人の不法行為を立証しなければならない。

196. 他人の目をつぶしたならば、自分の目をつぶさなければならない。

199. 他人の奴隷の目をつぶしたり、他人の奴隷の骨を折ったならば、奴隷の値段の半額を支払わなければならない。

264. 牛あるいは小家畜の放牧を委託された牧夫が、全労賃を受け取って満足し、牛や小家畜の数を減らしたり、その出産を少なくしたら、彼は契約にしたがって小家畜の子供と産物を与えなければならない。

（中田一郎訳『ハンムラビ「法典」』一部改変）

〈資料１　ハンムラビ法典〉

Question 1　当時はどのような職業があったのだろうか。

Question 2　農耕・牧畜が始まったことで、どのような問題がおこっているのだろうか。

Question 3　196・199条などを参考にすると、刑罰の基本となる考えは何だろうか。また、なぜ王はこのような法典を制定したのだろうか。

Question 4　ハンムラビ法典の各法文は、現代社会においてどこまでなら適用できるだろうか。話し合ってみよう。

Work　現代の裁判において、「目には目を」のような復讐法にもとづくような判決がおこなわれていないかどうか、新聞やインターネットで調べてみよう。

3　南アジアの古代文明　㊙ p.35 ～ 36

南アジアの古代文明古代の南アジアにおいて、王の役割はどのようなものであったのだろうか。

1　南アジアの風土と人々

❶南アジアの風土

多様な地域…ヒマラヤ山脈から中央部の砂漠や(1　　　　　)高原、インダス川と(2　　　　　)川、
インド洋の島々

気候…大部分は(3　　　　　)気候帯。北部は夏と冬の寒暖差が大きい。南部は年間を通じて
気温が高く、雨季に稲、乾季に麦を栽培。牛や羊の飼育も盛ん

❷南アジアの人々

(4　　　　　)系と(5　　　　　)系とに大きく二分される

古くから異民族が進入し、様々な民族・言語・宗教が共存するインド文化圏が形成された

2　インダス文明

❶インダス文明の成立

前2600年頃、インダス川流域でおこった青銅器文明

代表的な遺跡：(6　　　　　　　)・(7　　　　　)

整然とした(8　　　)づくりの都市計画の遺跡で、沐浴場や穀物倉、排水溝などを備える

印章には未解読の(9　　　　)文字がしるされる。大規模な王宮や王墓は発見されず

→前1800年頃までにしだいに衰退

❷アーリヤ人の進入

前1500年頃、インド＝ヨーロッパ語系の**アーリヤ人**がインド西北部に進入

自然現象を神として祈りをささげ、神々への賛歌は『(10　　　　　　　)』などにまとめられ、
現在に伝わっている

前1000年頃から(2*　　　　　)川上流域へ移動

(11　　　)によって森林を切り開き、農耕生活を開始→王・武士・司祭などの階層成立

王は支配の正統性を示すために、祭祀を主導

❸カースト制度の形成

先住民を支配していくなかで、(12　　　　　)と呼ばれる身分と
(13　　　　)**教**が成立

(12*　　　　)**制**…4つの身分による身分的上下観念

(13*　　　　)教…神々の恩恵を受け取るために、バラモンが最高の身分につき、複雑な祭祀をとりおこなう宗教

(14　　　　　)**集団**…特定の信仰や職業と結びついた集団。ほかの集団の者との結婚や食事を制限して結合をはかる。多数の集団に細分化

(12*)制
(13*　　　)
(司祭)
(16　　　)
(王・武士)
(17　　　)
(農民・牧畜民・商人)
(18　　　)
(隷属民)
＋
多数の(14*)集団

〈カースト制度〉

(15　　　　)**制度**の形成…(14*　　　　　)は(12*　　　　)制と結び付き上下関係を形成し、その上下関係を基礎とする社会制度を形成。南アジア社会の基層となる

王の役割について、古代オリエント文明と南アジアの古代文明を比べてみよう。

南アジアの地勢図とインダス文明の遺跡について、以下の問1～5に答えなさい。

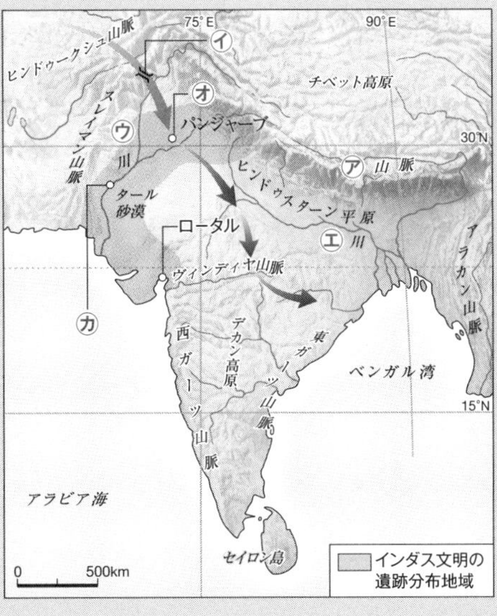

問1. 地図中の㋐の山脈の名称は何か。

(　　　　　　　)山脈

問2. 地図中の㋑の峠の名称は何か。

(　　　　　　　)峠

問3. 地図中の㋒・㋓の河川の名称は何か。

㋒(　　　　　　　)川

㋓(　　　　　　　)川

問4. 現在のパキスタンにある、地図中の㋔・㋕にあたるインダス文明の遺跡とは何か。

㋔(　　　　　　　)

㋕(　　　　　　　)

問5. 前1500年頃、㋑の峠を通って、中央アジアからインドに進入した民族とは何か。

(　　　　　　　)

4 中国の古代文明　　㊎ p.37～40

中華文明の支配者は、どのような支配の仕組みを生み出したのだろうか。

❶ 東アジアの風土と人々

東アジア…中国・朝鮮半島・日本などを含むユーラシア大陸東部地域

（1　　　　）**流域**からベトナム北部、朝鮮半島南部・日本列島

…（2　　　　）により湿潤な気候→稲作中心

（3　　　　）**流域**…比較的少ない降水量→畑作中心

中国東方地方・朝鮮半島北部…冷涼な森林地帯→狩猟・採集

北方の草原・砂漠…乾燥地帯→遊牧

（4　　　　）・**儒教**・**仏教**などが共通の文化

❷ 中華文明の発生

❶農耕・牧畜の開始（前6000年頃）

（3*　　　　）流域ではアワなどの雑穀、（1*　　　　）流域では稲を栽培

❷仰韶文化の成立（前5000～前4000年頃）

（3*　　　　）中流域…（5　　　　）**文化**が成立：彩文土器（彩陶）が特色

（1*　　　　）中・下流域…水田をともなう集落の形成

❸竜山文化の成立（前３千年紀頃）

地域間の交流が活発化…西方から（6　　　）・羊がもたらされる

（3*　　　　）中下流域…（7　　　　）**文化**が成立：黒陶が特色

集落のまわりに土壁をめぐらせた城郭の建設

→複数の集落の連合体をたばねる首長が現れる

❸ 殷・周王朝

❶殷の成立（前16世紀頃）

前２千年紀…（8　　　）の形成：同族意識に支えられた氏族集団を中心とした城郭都市

（9　　　）…宗教的権威によって、多くの邑を従える。（10　　　　）器：酒器や食器→祭祀に使用

国の重大な事柄について、亀甲・獣骨を用いて神意を占う神権政治がおこなわれる

→記録に用いられた（11　　　　）**文字**は漢字のもととなる

都の殷墟（河南省安陽市）…亀甲・獣骨や、青銅器が多数発見される

❷周の成立（前11世紀頃）

（12　　　）…渭水流域に成立。殷を倒し、鎬京に都を置く。（13　　　　）**制**の実施：氏族集団を基礎

…一族・功臣や各地の首長に領地（封土）を与えて諸侯とし、軍役と貢納を課す

王や諸侯につかえる卿・大夫・士らの家臣に地位と領地を与え、農民を支配させる

（14　　　　）：親族関係の秩序や祖先のまつり方などを定める

服従の証…諸侯が周王に各地の特産品をおさめる

→社会の上下関係を律する行動規範：（15　　　）と総称…今日の東アジアの社会にも影響

殷と周の統治の仕組みを比べて、それぞれの特徴を説明しよう。

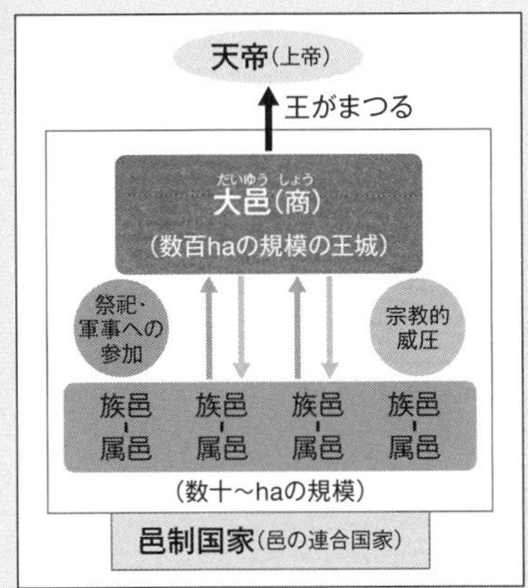

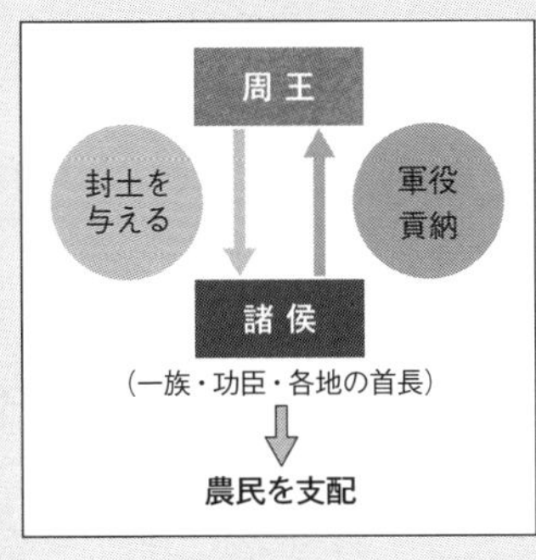

(　　　　　　　　　　　　　　　　　　　)

❹ 春秋・戦国時代

前８世紀、周は、都を東方の(16　　　　)に移す

→以後、周の威光は衰え、諸侯が勢力を競い合う時代に

❶春秋時代(前８世紀～前５世紀)

武力で他国を威圧した有力諸侯：(17　　　　)…盟主となって周王を支える

→諸侯が小国を併合してみずから(18　　　　)を称するようになる

❷戦国時代(前５世紀～前３世紀)

「**戦国の**(19　　　　)」…有力な７国の総称。中央集権化を進め、法制度を整える

「中国」意識が現れる→華夷思想と結びつく

❺ 春秋・戦国時代の社会と文化

❶農業生産力の向上

戦国時代：(20　　　　)の普及…森林伐採の効率化→農地の増加、木材の供給

鉄製農具の使用・牛耕の開始→農業生産力の向上

❷文字の記録

木や竹を細長く裁断した(21　　　　)・竹簡

→文書による命令・情報の伝達が容易化

❸周代の身分制度の崩壊

氏族集団の解体→一夫婦を中心とする小家族が社会の単位として重視される

各国の富国策により経済が成長。(22　　　　)が普及し、大商人も出現

→出自よりも個人の実力が重視される社会となる

❹諸子百家の登場

実力を重視する風潮→(23　　　　)と総称される多くの思想家や学派が登場

〈儒家〉

[24　　　]…春秋時代末期の人物。周代の(25　　)による統治を理想

→礼の実践を通して親子・兄弟の肉親愛を社会秩序にまで拡大することを説いた。

言行録が『論語』

→性善説を主張した[26　　　]や性悪説を主張した[27　　　]らに継承

〈法家〉現実主義に立ち、刑罰によってルールを徹底して君主の権力を強化・安定させることを主張：[28　　　]

〈道家〉人為的な道徳・儀礼を排して、天の道に従う(29　　　　)を主張

：[30　　　]・[31　　　]→君主が社会に干渉しないことを理想とする政治思想を生み出す

〈墨家〉血縁をこえた無差別の愛((32　　　))を説く：[33　　　]

春秋・戦国時代の社会の変化の図を完成しよう。

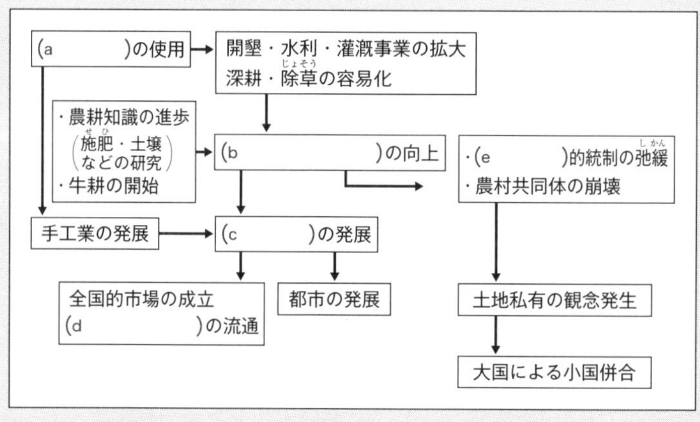

古代中国で生み出された支配の仕組みや思想の影響は、あなたの普段の生活のどのような点にみることができるだろうか。

㊜ p.38

探究しよう

殷墟はどのような墓なのだろうか

殷墟(いんきょ)は殷代後期の宮殿や墓の遺跡(いせき)群の総称である。王墓と思われる巨大な墓が10基(き)発見された。その最大のものは深さ12m、底面積460㎡に達し、多様な副葬品(ふくそうひん)が出土した。

Question 1 どのような埋葬品があるだろうか。また、それぞれどのような役割があったのだろうか。本やインターネットで調べてみよう。

Question 2 なぜ、殷王は絵図のような墓で先王を葬ったのだろうか。先王の愛犬や侍女を一緒に葬ったことなどから考えてみよう。

Question 3 殉死者は王だけでなく貴族の墓からも発見されている。また、27代目の王武乙(ぶいつ)の墓には164人の人間が殉葬されていた。こうした殉葬(じゅんそう)は、なぜおこなわれたのだろうか。殷の政治の特色を参考にして考えてみよう。

5 南北アメリカ文明

㊙ p.40 ～ 41

南北アメリカの先住民の王はどのように人々を支配したのだろうか。

❶ アメリカ先住民

氷期：モンゴロイド(黄色人種)系の人々が渡来して定着

→先住民として、のちにヨーロッパ人から「インディオ」「インディアン」と呼ばれる

北アメリカ…狩猟・採集を中心とする文化。人口が希薄で高度な文明は発達せず

中央・南アメリカ…(1　　　　　)(2　　　　　)などを栽培する農耕文化が発展

→都市を中心とする高度な文明が成立

❷ 中南米の先住民文明

❶メキシコ南部・中央アメリカ

オルメカ文明…前1200年頃までにメキシコ湾岸で成立→この地域の先住民文明の原型

〈ユカタン半島〉

(3　　　　)**文明**…４～９世紀に繁栄期

(4　　　　　)状の建築物、二十進法の数表記、精密な暦法、マヤ文字(絵文字)の使用

〈メキシコ南部〉

テオティワカン文明…前１世紀～後６世紀

(5　　　　)**文明**…14～16世紀。(4*　　　　　)状神殿や絵文字をもち、神権政治を実施。

道路網と巨大都市を建設

❷アンデス高地

チャビン文化…前1000年頃北部に成立

(6　　　　)**帝国**…15世紀半ばに成立。中心都市：クスコ

コロンビア南部からチリにおよぶ広大な地域を支配

皇帝を(7　　　　)の子として崇拝→神権政治をおこなう

石造建築技術にすぐれ、(8　　　　)網を整備

→(9　　　　　　　)が代表的遺跡…灌漑施設をもつ段々畑などで農業

縄の結び方で情報を伝える(10　　　　)(結縄)によって記録を残す

❸中南米の先住民文明の特徴

雨水や泉を活用して丘陵・山岳に都市を築く

(11　　　)や車輪、大型家畜である(12　　　)・牛は利用されず

アメリカの古代文明は、ほかの古代文明とどのような点が異なっているのだろうか。

南北アメリカ大陸の地勢図と関連する遺跡の図Aについて、以下の問1～6に答えなさい。

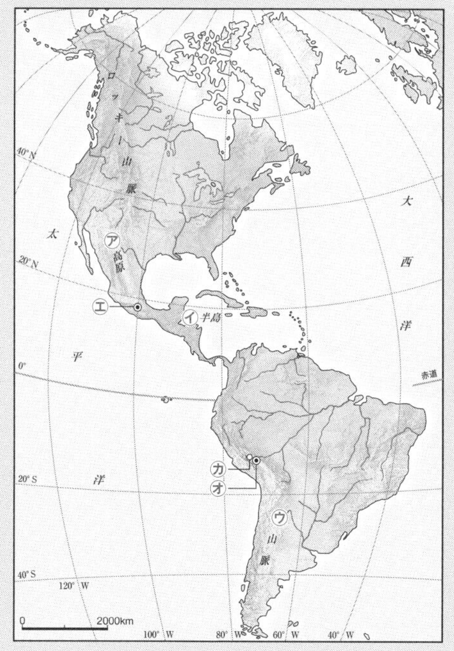

問1． ロッキー山脈の南方に位置する、地図中の㋐の高原名は何か。　（　　　　　　）高原

問2． マヤの諸国家が繁栄した、地図中の㋑の半島名は何か。　（　　　　　　）半島

問3． 地図中㋒の山脈地帯にインカ帝国が繁栄したが、山脈名は何か。（　　　　　　）山脈

問4． アステカ王国の都である㋓の都市の名称を答えなさい。　（　　　　　　）

問5． インカ帝国の都は㋔であるが、その名称を答えなさい。　（　　　　　　）

問6． 図Aは㋕に該当する、インカ帝国の遺跡である。遺跡の名称を答えなさい。

（　　　　　　）

第2章

中央ユーラシアと東アジア世界

中央ユーラシアでは遊牧国家が興亡を繰り返し、東アジアでは秦が中国を統一したが、短期間で崩壊した。これらの地域の国家や社会は、どのような人々によって成り立ち、変化していったのだろうか。

1 中央ユーラシア　㊙ p.42 ～ 44

中央ユーラシアにおいて国家・社会を形成し、発展させたのはどのような人々だったのだろうか。

① 中央ユーラシアの風土

パミールの大山脈が季節風(モンスーン)を遮断
　→乾燥し寒暖の差が大きい大陸性気候を特徴とする
東：(1　　　　　)高原～西：(2　　　　)北岸…広大な草原
南：(3　　　　)と雪解け水を水源とするオアシスが点在
草原の遊牧民・オアシスの定住民が活躍
　→周辺の諸勢力と様々な関係…世界史の展開に大きな役割を果たす

② 遊牧民の社会と国家

❶草原地帯の遊牧民

遊牧民の生活…(4　　・　・　　)などの家畜を生活の糧として、草や水を求めて移動する
(5　　　　　　)…前9～前8世紀頃、青銅製の馬具を利用して騎乗し弓矢などで攻撃
　　　　　　→血縁的な集団にまとまって活動
(6　　　　)**国家**…強力な指導者が現れると短期間に強大化し、軍事力によって支配
「(7　　　　)**の道**」…遊牧民が活動したルート。ユーラシアの東西を結ぶ交易や文化交流が発展

❷スキタイの活躍

(8　　　　　)…文献上、最初の遊牧国家を建設
前7世紀頃、黒海北岸の草原地帯を支配し、古代オリエントに対しても軍事活動をおこなう

❸匈奴の活動

(9　　　　)…前3世紀にモンゴル高原で遊牧国家を建設
前3世紀末、[10　　　　　　]のもとで強大化し、漢を圧迫
　→漢の高祖は和親策をとるが、[11　　　　]は武力で匈奴を北方に追いやることに成功
　　その後、内陸交易の利を失って衰える
紀元後3世紀以降、遊牧民の活動が活発化
　中国では(12　　　　)など「五胡」の侵入、ヨーロッパでは(13　　　　)**人**の西進

③ オアシス民の社会と経済

❶オアシスの定住民

(14　　　　)が可能なため、古くから定住民が生活し、手工業生産や交易の拠点となる

❷交易ルートの成立

ラクダを利用した隊商が往来する「(15　　　　　　)**の道**」が成立
　→中国の(16　　　・　　　)が西方に伝えられたので、別名「絹の道(シルク＝ロード)」と呼ばれる

❸オアシス民と遊牧民の共生関係

オアシス都市…周辺の大国の支配下に入ることが多い

オアシス民が生産する(17　　　　)や織物は、遊牧民の(18　　　　)と交換

遊牧民による(19　　　　)の安全

→オアシス民と遊牧民は、緊張をはらみつつも、恩恵(おんけい)を与えあう関係

→オアシス都市の支配や東西交易の利益をめぐって、遊牧国家と中国の王朝が争う

中央ユーラシアにおいて、人々が営んだ生活や従事した生業にはどのような特色があるだろうか。

§ 遊牧民とオアシス民の関係を整理しよう

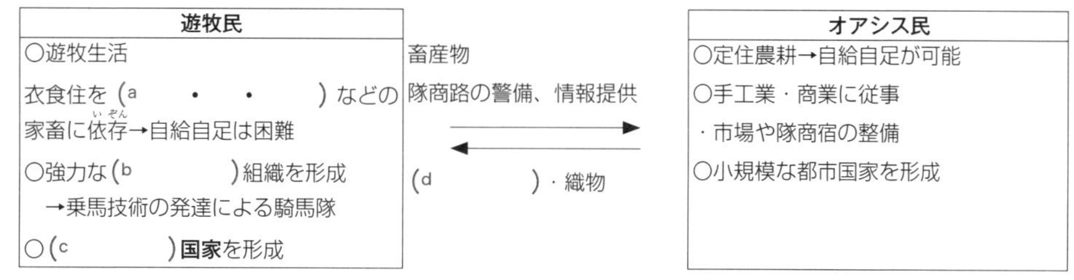

遊牧民		オアシス民
○遊牧生活 衣食住を(a　　・　・　　)などの家畜に依存(いぞん)→自給自足は困難 ○強力な(b　　　　)組織を形成 →乗馬技術の発達による騎馬隊 ○(c　　　　)国家を形成	畜産物 隊商路の警備、情報提供 → ← (d　　　　)・織物	○定住農耕→自給自足が可能 ○手工業・商業に従事 ・市場や隊商宿の整備 ○小規模な都市国家を形成

中央ユーラシアの地勢図について、以下の問1～5に答えなさい。

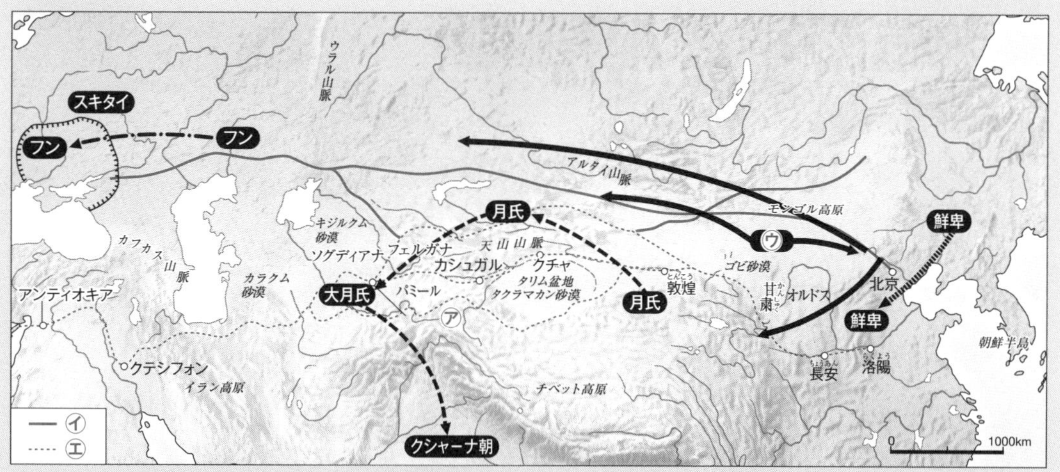

問1． アム川とシル川にはさまれた位置にあり、交易の拠点として繁栄した㋐の都市名は何か。
(　　　　　　)

問2． 騎馬遊牧民が活躍した、㋑の交易ルートの名称は何か。(　　　　　　)

問3． モンゴル高原で遊牧国家をたて、漢を圧迫した㋒の遊牧民の名称は何か。(　　　　　　)

問4． ㋓の交易ルートを通って、西方に運ばれた中国の特産品を2つ答えなさい。(　　　　　　)

問5． タリム盆地の周辺などでは、雪どけ水や地下水が利用できる土地に人々が定住し、都市を形成した。そのような水が得られる場所のことを何というか。(　　　　　　)

2 秦・漢帝国

教 p.44 〜 47

秦・漢はどのような人々が築き、どのような社会秩序を形成したのだろうか。

1 「皇帝」の出現

❶秦の中国統一

(1　　)(「戦国の七雄」の一国)…新しい制度や技術を取り入れて強大化

→東方の諸国は同盟を結んで対抗したが、前221年、秦王の政が中国を統一

❷秦の政治

秦王の政はそれまでの「王」にかえて「皇帝」の称号を採用→[2　　　]として即位

中央集権策…(3　　　)**制**の全国施行：中央から官吏を派遣して各地を統治させる

(4　　　)・**文字**の統一

思想統制…実用書以外の書物を焼き((5　　　))、儒者を生き埋めにする((6　　　))

北方：(7　　　)を修築して匈奴に抗戦　　南方：華南に進出

❸秦の滅亡

軍事行動や土木工事の負担に人々の不満が高まる

→[2＊　　　]の死後まもなく各地で反乱がおこり滅亡

2 漢代の政治

❶漢(前漢)の成立と政治

前202年、[8　　　]が項羽を倒し、中国を統一

→[8＊　　　]が皇帝の位につき(高祖)、(9　　　)を都に定める

郡県制と封建制の併用

→統一以前の秦の領域…(3＊　　　)制で直接支配

東方諸国の旧領…功臣・同族を王に任命

→徐々に諸侯の権力をうばい、(10　　　　)**の乱**を鎮圧して、諸王国への統制を強化

❷武帝の政治(前2世紀後半)

対外遠征
- 匈奴撃退…[11　　　]を大月氏に派遣
- (12　　　)を征服して楽浪などの郡をおき、南方はベトナム北部までを支配

地方長官の推薦により官吏を選任する人事制度を採用→諸王国に官吏や監察官を送って全国を統治

対外遠征による社会不安や財政難→(13　　・　　)の専売や物価調整策

❸新の成立

前1世紀後半、外戚の[14　　　]が、いきすぎた集権化を改める運動を主導

→[14＊　　　]が皇帝となり、(15　　)を建国。儒学にもとづく新体制を築く

→急激な改革をおこなったため反乱がおこり滅亡

❹後漢の成立と滅亡

漢の復興(**後漢**)…豪族を率いた[16　　　]が、皇帝[17　　　　]となる

→(18　　　)に都をおき、前漢末の体制を継承

皇帝側近の外戚・宦官が対立を繰り返す

→２世紀後半、こうした対立を批判した官僚や学者が大弾圧される
２世紀末、(19　　　　　)…宗教結社太平道の反乱
→各地に軍事政権が割拠→220年、後漢が滅亡

3 漢代の社会と文化

❶漢代の社会

春秋・戦国時代に氏族制度が崩れ、農業は小家族による経営となる
→秦や漢は官僚を用いて、農民たちを直接支配
自然災害や労役の負担などで多くの農民が困窮・没落
→(20　　　　)が農民を奴隷や小作人として働かせ、勢力をのばす
→後漢の時代には、(20*　　　　)が儒学を学んで官僚となり、国の政治に進出

❷漢代の文化

前漢の武帝の時代…[21　　　　　]の活躍→儒学を統治の基本的思想として重視
→儒学の経典の字句解釈をおこなう(22　　　　　)が発展
[23　　　　　]…『**史記**』を(24　　　　)**体**で記し、中国の歴史書の基本的な形をつくる
官吏の業務に必要な数学や公的な暦をつくる天文学の研究も進む
記録用の素材として、従来の竹や木にかわり(25　　　)の利用が広まる

❸皇帝を頂点とする国家

儒教にもとづく国家体制…中国の統治体制の基本
「漢族」「漢語」「漢字」…漢王朝の歴史的影響力の象徴
皇帝を中心とする国際秩序の形成
┌中央アジア…前漢の[11*　　　　]、後漢の[26　　　　]らの活動
├インド…(27　　　　)の伝来
└大秦王安敦の使節…２世紀半ば、海路で日南郡に到達
漢は各地の首長に王などの称号を与えた(冊封体制)

§ 社会制度の変遷をまとめてみよう

王朝	建国者	首都	政治制度	官吏登用制度	経済
秦	政	咸陽	(a　　　　)制		(b　　・　　)の統一
前漢	[c　　　　]	(d　　　　)	郡国制…中央は(e　　　)制、地方は王を任命し任せる	(f　　　　　)の推薦	(g　・　)の専売や物価調整策
新	[h　　　　]	長安	(i　　　　)にもとづく新体制		
後漢	[j　　　　]	(k　　　　)	郡県制	地方長官の推薦	

あなたは、秦や漢における皇帝を中心とする社会秩序は、人々を統治するために効果的であると思うか、それとも効果的でないと思うか。

漢代の社会の変化の図を完成しよう。

前漢
対外積極策による領土拡張 →(財政難)→ 対策（塩・鉄の専売 物価調整策）→(収奪の強化)→ 農民負担増
農民負担増 → ㋐の没落 → 奴隷・小作人化 / 農民の流民化
宦官と外戚の争い →(地方統制の弛緩)→ 豪族の台頭（大土地所有の進展）
奴隷・小作人化 →(土地・人民の集中)→ 豪族の台頭（大土地所有の進展）

新
王莽の復古政策 ←(反発・反乱)— 豪族の台頭
農民の流民化 → 赤眉(せきび)の乱

後漢
豪族の台頭 →(支持・協力)→ 後漢の建国
後漢の建国 →(地方長官による推薦)→ ㋑：官僚として中央進出
㋑ → 豪族の伸張 → 官僚化した豪族と宦官・外戚の争い
赤眉の乱 → 太平道の流行 → ㋒ →(反乱)→ 後漢の衰退・滅亡
官僚化した豪族と宦官・外戚の争い → 後漢の衰退・滅亡 → 軍事集団による群雄割拠
豪族の伸張 → 軍事集団による群雄割拠

㋐(　　　　　　)
㋑(　　　　　　)
㋒(　　　　　　)

3　北方民族の活動と中国の分裂

㊌ p.47 ～ 49

3 世紀に活発化した北方民族の活動は、中国の国家・社会の秩序をどのように変化させたのだろうか。

1　動乱の時代

❶三国時代

後漢滅亡後、華北に(1　　　)、四川に(2　　　)、長江下流域に(3　　　)が並び立つ

→近隣の異民族を引き入れながら抗争を繰り返す(4　　　　)**時代**となる

❷晋の統一

司馬炎が(1*　　　)を奪って(5　　　)(西晋)をたて、さらに(2*　　　)も破って中国を統一

帝位をめぐって晋が混乱すると、「五胡」と呼ばれる遊牧諸民族が蜂起

→「五胡」が華北に多くの王朝をたてる(6　　　　　　　)**時代**となる

「五胡」のうち匈奴が晋を滅亡させる

→晋の一族は江南に逃れ、建康を都に(7　　　　)を建国

❸北魏による華北統一と北朝の成立

5 世紀前半に、鮮卑の拓跋氏がたてた(8　　　　)が華北を統一

5 世紀後半の[9　　　　]**帝**…平城から洛陽に遷都。鮮卑の服装や言語を禁止する漢化政策

→反発した軍人の反乱で(8*　　　　)は分裂→短命な 4 つの王朝が興亡(総称して(10　　　　))

❹東晋の滅亡と南朝の成立

(7*　　　　)滅亡後、江南では宋などの 4 王朝(総称して(11　　　　))が興亡

→華北からの人々の移住によって人口が急増し、水田などの開発が進む

三国時代から南北朝時代までの 3 世紀半にわたる分裂時代を、(12　　　　　　)**時代**と総称

2　魏晋南北朝時代の社会と文化

❶豪族の台頭と社会の変化

社会秩序の混乱→豪族は土地を失った人々を勢力下におく

荘園を経営し、指導力を高めた

三国時代の魏、(13　　　　　　)を開始…有力な豪族が高級官職を独占

→家柄が固定化し、(14　　　　)を形成

(14*　　　　)の影響力の拡大に対抗：北魏の(15　　　　)**制**…土地の分配による小家族の回復を試みたが、効果は限定的

❷仏教・道教の影響

伝統的な権威が弱まった魏・晋の時代に、(16　　　　)が流行。世俗を超越した自由な議論

仏教…4 世紀以降、西方からの人や文化の到来を背景に普及

[17　　　　　]：華北での布教　[18　　　　　　]：仏典の翻訳

[19　　　　]：インドから経典をもち帰る

華北で敦煌・雲崗・竜門などの(20　　　　)**寺院**が建立される

(21　　　　)…民間信仰と神仙思想に道家の説を取り入れて成立

〈南朝の文化〉

仏教・(21* 　　　)が儒学と並ぶ貴族の重要な要素となる

文学…[22 　　　　]の詩、古今の名文を集めた『(23 　　　　)』

絵画…[24 　　　　](画聖)が「女史箴図(じょししんず)」を作成

書道…[25 　　　　](書聖)が活躍

3 朝鮮・日本の国家形成

後漢末〜魏晋南北朝の戦乱によって人々が華北から周辺地域へ流出

→中国文化圏の拡大。江南の貴族的文化の開花。朝鮮・日本における新国家の形成に影響

❶朝鮮半島の国家形成

北部… 4 世紀初め、中国東北地方におこった(26 　　　　)が進出

南部… 4 世紀半ば、東側に(27 　　　　)、西側に(28 　　　　)が成立

朝鮮史上の三国時代へ→人や文化が日本へ流入

❷日本の国家形成

3 世紀、(29 　　　　　　)の女王卑弥呼(ひみこ)が、魏から「親魏倭王(しんぎわおう)」の称号を得る

4 世紀、ヤマト政権による統一が進む

❸中国王朝との関係

(30 　　　　)…近隣諸国が中国の皇帝に定期的に使者を送って貢物すること

→皇帝が返礼品を付与…外交関係の確認、実質的な交易の役割

5 世紀のヤマト政権の王はたびたび南朝に使いを送り、官職や称号を求める

中国王朝も積極的に官位や称号を与えて、自国の影響下に取り込む

貴族という新しい社会的身分はどのように生まれ、定着していったのだろうか

§ 北朝と南朝の違いを整理しよう

	北朝	南朝
政権	(a 　　　　　　)の王朝で皇帝権が強大	(b 　　　　)の王朝で皇帝権は弱い
政治	(c 　　　　)政策 (d 　　　　)制の実施…大土地所有抑制	登用制度として(e 　　　　　　)の実施
社会	(f 　　　　)は支配者と接近し、特権を維持	(f* 　　　　)の大土地所有・官職独占が進み、 (g 　　　　)を形成 (h 　　　　)の開発

4　東アジア文化圏の形成　教 p.50 ～ 54

隋・唐の社会はどのような人々によって成り立ち、東アジア世界の中心へと発展したのだろうか。

1　突厥・ウイグル・ソグド人

❶突厥の台頭

6 世紀半ば、トルコ系遊牧民の([1]　　　　)が中央ユーラシアに領土を拡大

→西方…ソグディアナを支配下におく

　東方…中国の北朝を威圧→([2]　　　　)**貿易**で莫大な利益

隋の時代に東西に分裂→東突厥は唐に服属し、唐の対外拡大における軍事力として活躍

([3]　　　　　)…中央ユーラシアの遊牧民としてははじめて独自文字

❷ウイグルの興亡

8 世紀半ば、トルコ系の([4]　　　　　)が東突厥を滅ぼす

([5]　　　　　)で崩壊しかけた唐を援助、西方から伝来した([6]　　　　　)を国教とする

840年、([7]　　　　　)に敗れて滅亡。四散したウイグル人は唐の領内やオアシス地域に定着

→ウイグル人のあいだには仏教も広まり、ウイグル語訳・ウイグル文字の仏典や壁画を制作

❸ソグド人

ソグディアナなどのオアシス地域に住む([8]　　　　　)系民族。サマルカンドなどの都市国家を営む

([9]　　　　　)…中央ユーラシア一帯の通商ネットワークを形成

→西方からもたらされた物産や風俗が、中国で大流行

遊牧国家との共生関係

…遊牧国家に集積された([10]　　　)をはじめとする奢侈品をビザンツ帝国などと交易。外交官の役割も果たす

文化交流…様々な宗教を突厥やウイグルに伝える

([11]　　　　　)…ウイグル文字のもととなる→モンゴル文字や満洲文字へ継承

8 世紀、アラブ＝ムスリム軍に征服される→経済・文化的な役割はムスリム商人が担う

2　隋から唐へ

❶隋の統一

北朝の軍人**楊堅**([[12]　　　　])…([13]　　　)を建国(581)　都：大興城(([14]　　　　))

→589年、南朝を倒して中国を統一

([15]　　　　)：儒学の試験で官僚を採用する→中央集権化

第 2 代[[16]　　　　]…江南を華北と結ぶ([17]　　　　　)を完成→周辺諸国へ遠征

→([18]　　　　　)遠征失敗→各地で反乱がおこり、隋は滅亡

❷唐の成立と拡大

北朝の**李淵**(高祖)…隋を倒して、([19]　　　)を建国(618年)　都：([*14]　　　　)

第 2 代太宗([[20]　　　　　])…東突厥を破る→遊牧諸民族は太宗を河汗とみなす

第 3 代[[21]　　　　]…百済・高句麗を破り、西突厥を服属させる→最大版図を築く

支配下に入った諸民族に自治を認めつつ、([22]　　　　　)に監督させる

3 唐代の制度と文化

❶唐代の統治制度

律令国家…(23　　)や(24　　)といった法制にもとづく

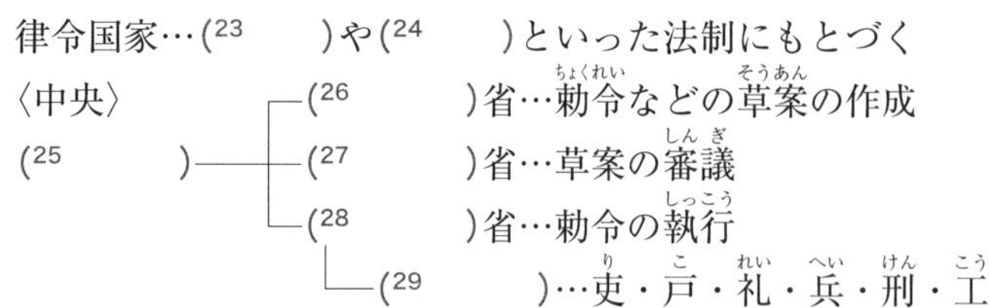

〈中央〉
(25　　)──┬(26　　)省…勅令などの草案の作成
　　　　　├(27　　)省…草案の審議
　　　　　└(28　　)省…勅令の執行
　　　　　　└(29　　)…吏・戸・礼・兵・刑・工

〈地方〉…州県制

(30　　)制…成年男性に土地を均等に支給

小家族単位で、穀物((31　　))・絹・麻布((32　　))などの税や力役((33　　))を課す

❷長安の繁栄

諸国の使節や留学生・商人など様々な人々が集まる

仏教・道教・キリスト教の一派の(34　　)・祆教(ゾロアスター教)、マニ教の寺院を建立

有能な外国人は官僚として取り立てられる…ソグド人の活躍

イラン系の風俗が流行。海路でムスリム商人が来航し、(35　　)・**広州**などの港町が発展

❸文化の発展

仏教…[36　　]・[37　　]がインドから経典をもち帰る

→浄土宗(38　　)など中国独特の宗派も成立

儒学…科挙の導入によって盛んに。[39　　]らが『五経正義』で経典の解釈を整理

文学…[40　　]・[41　　]らの詩人が名作を生み出す

隋王朝と唐王朝の関係を系図から読み取ろう。

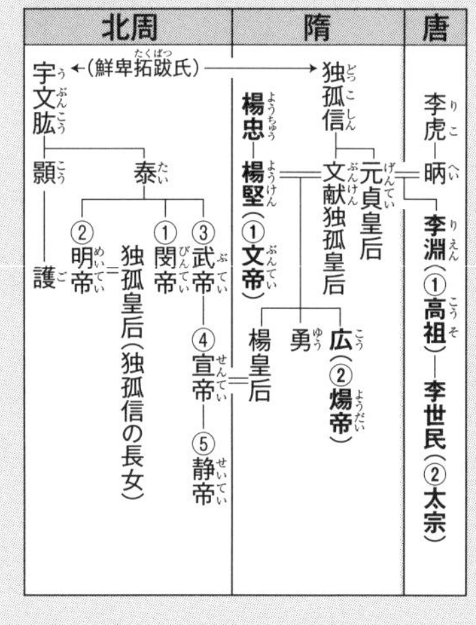

問1． 隋の楊堅は、北周(北魏系の王朝)とどのような関係にあるだろうか。

(　　　　)

問2． 隋の煬帝と唐の李淵は、どのような血縁関係にあるだろうか。

(　　　　)

問3． 問1・2のような関係は、唐にどのような影響を与えたと思うか。

(　　　　)

4 唐と近隣諸国

(42　　)の形成…唐の制度や文化が外交関係を介して近隣諸国へ広がる

チベット…7世紀に[43　　]が(44　　)を建国

チベット文字やチベット仏教を生み出す

雲南地方…8世紀後半(45　　　)が勢力を広げる。漢字など唐の文化を受容

朝鮮半島…7世紀に唐と(46　　　)が連合して百済・高句麗を滅ぼす

(47　　　)制…血縁にもとづく身分制度を基盤に、中央集権を進める

(48　　　)が保護され、都:(49　　　)を中心に仏教文化が繁栄

中国東北地方〜朝鮮半島北部…高句麗の滅亡後に(50　　　)成立

唐の制度を導入し日本とも通交する

日本…(51　　　)・(52　　　)をおくって中国文化の摂取につとめる

大化改新→律令にもとづく国づくりを進める

唐の長安にならって平城京や平安京などの(53　　　)をつくる

「日本」という国号や「天皇」の称号を正式に制定

天平文化…国際的な唐文化の影響で開花

5 唐の変容と五代

❶唐の統治体制と諸制度の限界

唐の均田制…全国一律の土地配分は不可能。兵役…一部の州の農民のみ

→不均衡・格差の不満によって、多くの農民が逃亡

高級官僚の貴族は、大土地所有を認められて(54　　　)を経営。経済基盤とする

❷則天武后の治世

[55　　　]…7世紀末に即位。科挙官僚を積極的に任用→政治の担い手が貴族から官僚へ変化

❸玄宗の治世

8世紀前半、没落する農民がふえ、均田制・租調庸制が崩れる

[56　　　]…農民からの徴兵にかえて、傭兵を用いる**募兵制**を採用。辺境に置いた(57　　　)に軍団を指揮させる

❹安史の乱

755年、(57*　　　)の一人である[58　　　]と史思明が反乱

(5*　　　)の援軍で鎮圧されたが、(45*　　　)や(46*　　　)が侵攻

→政府は弱体化し、節度使が自立化

❺唐の変質と滅亡

財政再建─┬780年、(59　　　)…実際に所有している土地に応じて夏・秋2回の税を課す
　　　　　└塩の専売

(60　　　)…875年、塩の密売人の黄巣が蜂起→全国に拡大

10世紀初め、(57*　　　)の[61　　　]によって滅亡

❻五代十国と社会の変容

(62　　　)…唐の滅亡後、約50年間に華北では5王朝が交替、地方で10あまりの国が興亡

貴族が経済上の基盤である荘園を失って没落

→小作人((63　　　))に土地を貸して小作料をとる新興の**地主層**が力を強める

文化面…形式化した貴族趣味を離れた個性的な技法を追求する動き

呉道玄の山水画や顔真卿の書法

[64　　　]や[65　　　]…古文の復興を主張→漢代以前の文体に注目し自由な表現を追求

隋・唐の繁栄は、どのような人々によって支えられていたのだろうか。あなたがもっとも重要だと考える人々の働きについて、説明してみよう。

唐の社会変容について、㋐〜㋓にあてはまる語を答えなさい。

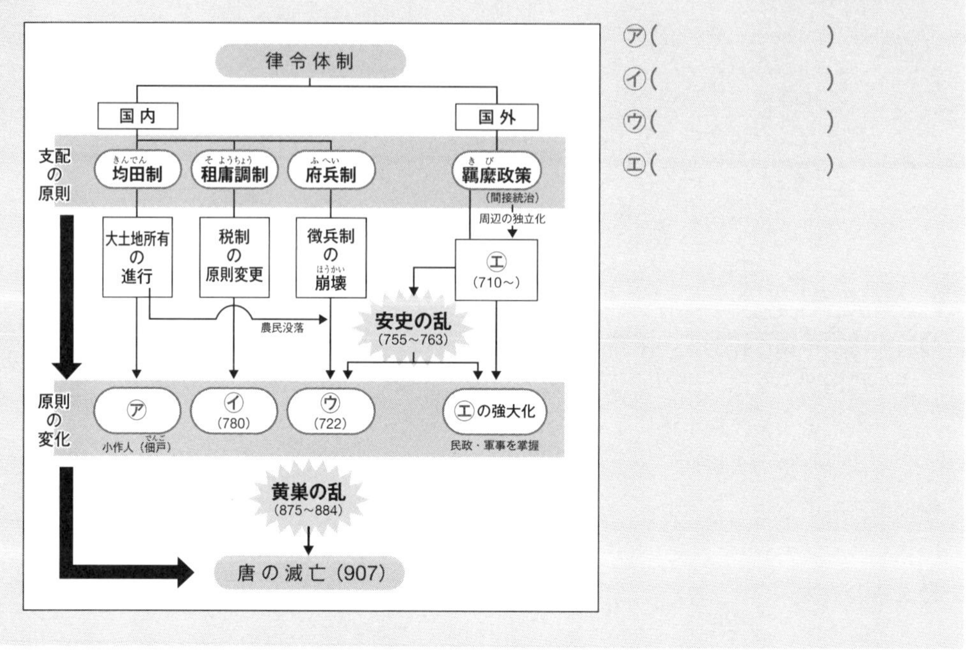

㋐(　　　　　　　　)
㋑(　　　　　　　　)
㋒(　　　　　　　　)
㋓(　　　　　　　　)

㊔ p.54

探究しよう

唐の女性はどのような生活をしていたのだろうか

唐代には、周辺地域との交流を背景に国際的な文化が花開いた。人々は様々な民族の文化を受け入れ、男性だけでなく女性のあいだにも流行した。

> 昭陽殿（しょうようでん）の中における君寵（くんちょう）第一人のお方〔楊貴妃（ようきひ）〕は、天子と一つお車に召し、天子におともをし、天子のおそばに侍っておられた。お車のさきばらいの女官（にょかん）たちは弓と矢とを腰にたばさみ、その真っ白な馬はこがねのくつわをかみくだいていた。彼女たちが身をひるがえし、天にむかってふりあおいで雲まに矢を放つと貴妃さまのにっこりされる御前に、ねらいたがわず夫婦鳥が射落とされてくるのであった。
> ああ、その明るいひとみ、白い歯のお方はいまどこにおられるのであるか。

〈資料３　杜甫「哀江頭」〉（二次元コード掲載）　杜甫が、人々の遊楽の地となっていた長安城の東南の曲江で詠んだ作品。亡くなった楊貴妃の華やかさを思い出しつつ、安史の乱で変わり果てた長安の姿を嘆き、世の無常を哀しんでいる。この場面では、宮中の女官達が馬に乗り矢を放っている様子が詠まれている。

Question 1　資料1～3から、あなたは唐代の女性たちにどのようなイメージをもつだろうか。

Question 2　資料2・3より、唐代の貴族の女性たちがポロに興じたり、馬に乗って外出や狩猟をおこなう習慣があったことには、どのような背景があるのだろうか。

Question 3　隋・唐の時代の東アジアにおいて、則天武后のように活躍した女性君主はいたのだろうか。インターネットなどで調べてみよう。

Work　唐代における農家や商家の女性たちは、どのような生活をしていたのだろう。調べてみよう。

第3章

南アジア世界と東南アジア世界の展開

南アジアでは、仏教やヒンドゥー教などの宗教が成立した。宗教の多様な展開は、南アジアと東南アジアにおける文化や思想にどのような影響を与えたのだろうか。

1 仏教の成立と南アジアの統一国家

㊎ p.55 ～ 57

仏教は南アジアの諸国家にどのように受容され、新しい文化・思想を生み出したのだろうか。

❶ 都市国家の成長と新しい宗教の展開

前6世紀頃…都市国家が生まれ、商工業も活発化

→(1　　　　　　)(武士)や(2　　　　　　)(商人)が勢力をのばし社会が大きく変化

(3　　　　　　)哲学…(4　　　　　　)教の祭式至上主義を転換して、内面の思索を重視。輪廻転生からの解脱を説く

[5　　　　　　]の**仏教**…正しいおこないによる輪廻転生からの解脱

[6　　　　　　]の**ジャイナ教**…苦行と不殺生による解脱

→仏教とジャイナ教は、(4*　　　　　　)教の権威やヴァルナ制を否定

→(4*　　　　　　)教は民間信仰を吸収。シヴァ神などが主神となるヒンドゥー教が芽生える

❷ 統一国家の成立

❶マウリヤ朝(前317頃～前180頃)

前4世紀末、ガンジス川流域にインド初の統一王朝である(7　　　　　　)**朝**が成立

前3世紀の[8　　　　　　]**王**…南端部を除くインドの大部分を統一

(9　　　　　　)(法、倫理)による統治、仏教を保護、**仏典の結集**や各地への布教

[8*　　　　　　]王の死→財政難やバラモン階層の反発でマウリヤ朝は急速に衰退

❷クシャーナ朝(1～3世紀)**と大乗仏教**

後1世紀、バクトリア地方から進入した(10　　　　　　)**朝**が西北インドを支配

→2世紀の[11　　　　　　]**王**のときが最盛期

(12　　　　　　)との交易により大量の金がインドにもたらされる→金貨の発行

(13　　　　　　)**仏教**…自身の悟りより人々の救済を重視

→(14　　　　　　)**信仰**…出家しないまま修行をおこなう意義を説く

→自身のみの悟りを目的に出家者がきびしい修行をおこなう旧来の仏教を利己的と批判

：(15　　　　　　)仏教

(16　　　　　　)の誕生…ヘレニズム文化の影響。(17　　　　　　)を中心とする仏教美術とともに伝播

→中央アジア・中国・日本に影響

③ インド洋交易と南アジアの諸王朝

南インドの独自性…([18]　　　　　　)系の人々の居住地域。タミル語を使用した文芸活動

インド洋交易…([19]　　　　　)(モンスーン)を利用

1世紀頃、ローマ帝国との交易が活発化。東南アジア・中国への航路も開発

→地中海〜南インド〜東南アジア〜中国へ至る「([20]　　　　　)」の形成

→南インドの諸国家の繁栄。綿布などを輸出、香辛料(こうしんりょう)や絹(きぬ)・茶・陶磁器(とうじき)を輸入

([21]　　　　　　　　)**朝**(前1〜後3世紀)…デカン高原〜インド洋沿岸で勢力保持

仏教やジャイナ教が盛ん。北インドから多くのバラモンがまねかれる

→北インドと南インドとの文化交流が進む

当時の南アジアの人々は、宗教にどのような役割を求めていたのだろうか。仏教の多様な展開から考えてみよう。

古代インドの王朝の領域を示した、以下の地図A・Bをみて、問1〜3に答えなさい。

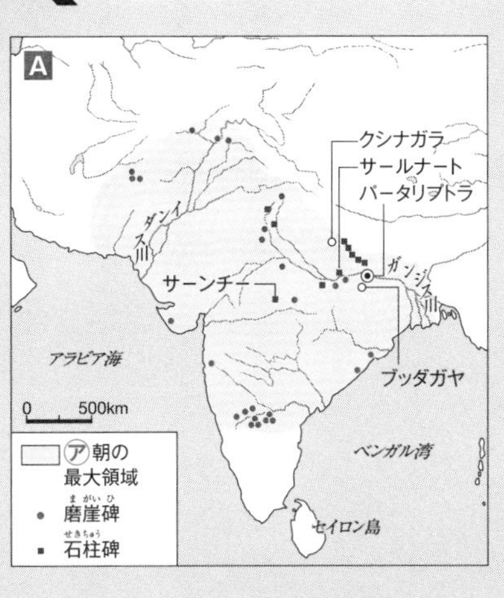

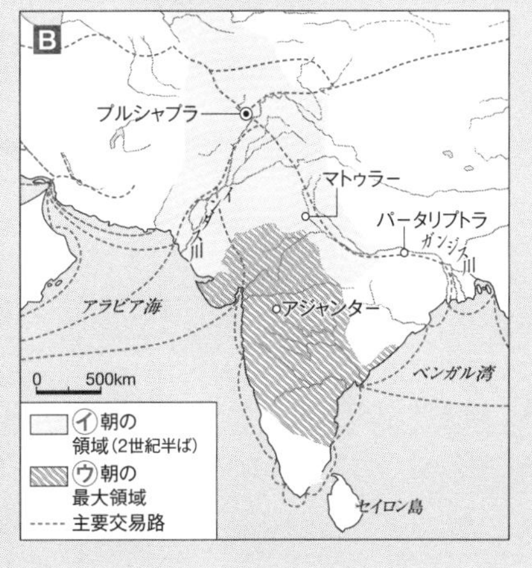

問1. ㋐・㋑・㋒の王朝名は何か。

㋐(　　　　　　) ㋑(　　　　　　　) ㋒(　　　　　　　)

問2. ㋐の王朝の第3代の王が領域内にたてさせた、Aの地図中の●■の磨崖碑・石柱碑にはどのような勅令を刻ませたのか。(　　　　　　)

問3. ㋑・㋒の王朝が交易をおこなった地中海周辺の国家は何か。(　　　　　　)

2 インド古典文化とヒンドゥー教の定着

㊌ p.58 ～ 59

ヒンドゥー教が定着した結果、南アジア諸国の文化・思想はどのように変化したのだろうか。

❶ グプタ朝とインド古代文化の黄金期

❶グプタ朝(320頃～550頃)

第３代[1　　　　　　　　　　　　]…南アジア北部全域を統治

仏教やジャイナ教が盛んとなり、中国(東晋)から[2　　　　　]が訪れる

バラモンの復権→バラモンの言葉である(3　　　　　　　　　)**語**が公用語化

→バラモン教に民間信仰が融合して(4　　　　　　　　)**教**が成立

❷インド古典文化の黄金期

『(5　　　　　　)』…日常生活の規範などを定めた

長編叙事詩…『(6　　　　　　　　　)』『(7　　　　　　　　)』

(3＊　　　　　　　　　)文学が栄える…戯曲『シャクンタラー』：詩人[8　　　　　　　]作

十進法や(9　　　　)**の概念**が生み出される

美術…純インド的な(10　　　　　)**様式**が成立

❸グプタ朝の衰退とヴァルダナ朝

遊牧民(11　　　　　　)の進出による混乱や地方勢力の台頭で衰退→６世紀半ばに滅亡

７世紀、[12　　　　　　]**王**が(13　　　　　　　)**朝**をおこして南アジア北部の大半を支配

→唐から来た[14　　　　]を保護

→王の死後分裂。インドにおける仏教も次第に衰退

❷ 地方政権の展開とヒンドゥー教の浸透

地方王権：イスラーム勢力進出前(８～10世紀)

…統一的な中央政権が存在せず、多数の地方王権からなる時代

北インド…(15　　　　　　　　)と総称されるヒンドゥー諸勢力が抗争

支配の正当性を誇示…巨大なヒンドゥー教寺院の建立。井戸や貯水池の建設

南インド…(16　　　　　　)朝の繁栄

灌漑施設の建設…安定した農業生産を実現。「海の道」での活発な交易活動

国内ではヒンドゥー教が広がる

最盛期：10～11世紀…セイロン島や東南アジアへ軍事遠征。中国の北宋に商人使節を派遣

多様な南アジア世界にまとまりを与える要素となったものは何であったのだろうか。

古代インドの王朝の領域を示した以下の地図について、問1～3に答えなさい。

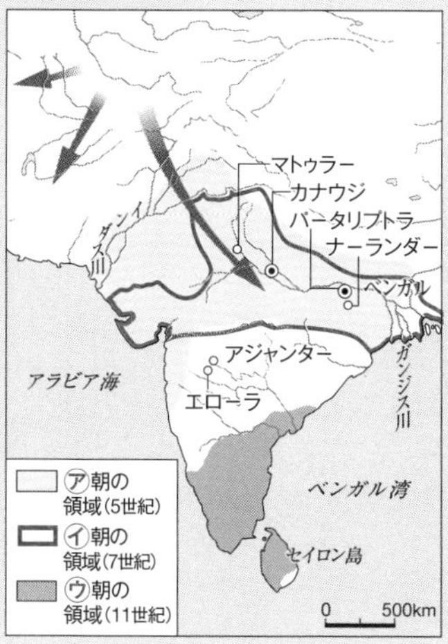

マトゥラー
カナウジ
パータリプトラ
ナーランダー
ベンガル
インダス川
ガンジス川
アジャンター
エローラ
アラビア海
ベンガル湾
セイロン島
㋐朝の領域(5世紀)
㋑朝の領域(7世紀)
㋒朝の領域(11世紀)
0 500km

問1． ㋐・㋑・㋒の王朝名は何か。

㋐(　　　　　　　　)
㋑(　　　　　　　　)
㋒(　　　　　　　　)

問2． 中国東晋の法顕と唐の玄奘が訪れた王朝を㋐～㋒からそれぞれ選べ。　法顕(　　　　　)　玄奘(　　　　　)

問3． 地図中の矢印は、㋐の王朝の衰退の一因となった異民族の進出を表す。この異民族の名称は何か。

(　　　　　　　　　　　　　　)

㊖ p.59

探究しよう

ヒンドゥー教が人々に信仰された理由を考えよう

ヒンドゥー教は特定の教祖や教義をもつものではなく、いわば様々な信仰や生活習慣の集合体である。『ラーマーヤナ』『マハーバーラタ』などの叙事詩や『マヌ法典』などの膨大な法典が、ガンジス川における沐浴やカースト制にもとづく社会秩序など、ヒンドゥー教徒としてのおこないや義務を定めている。

主神はブラフマー神、ヴィシュヌ神、シヴァ神である。ブラフマー神は世界を創造し、これをヴィシュヌ神が維持・支配し、シヴァ神がさらに新しい創造のために破壊することを繰り返す。また、神々は多様な別称をもち、様々な神に化身する。

ヒンドゥー教は輪廻から解脱する方法として3つの道を説く。そのうち、「信愛（バクティ）の道」は、信仰を神への愛と崇拝におき、人として具現化された神を対象とした。バクティ信仰はおもにヴィシュヌ神やシヴァ神への信愛であり、崇拝する神の名を一心に繰り返したり、神への帰依を表した詩を歌いあげたりすることで解脱できるとした。このため、バクティ信仰は広く民衆に受け入れられ、ヒンドゥー教の定着に大きく寄与した。

〈資料１　ガンジス川での沐浴〉　ヒンドゥー教徒にとって、ガンジス川は聖なる川である。この川の水を浴びることで、信徒は清浄な身体になると信じられている。

早くここから去って、マーダヴァ
どうか立ち去って、ケーシャヴァ
蓮のような目をしたあの女のところに行けばいい
私に言い訳などしないで
＊「マータヴァ」「ケーシャヴァ」はクリシュナの呼び名。

（小尾淳『近現代南インドのバラモンと賛歌』一部改変）

〈資料３　『ギータ＝ゴーヴィンダ（牛飼いの詩）』〉　詩は美しい牛飼いの娘ラーダーが、嫉妬にかられ恋人のクリシュナ（ヴィシュヌの化身）を非難する場面であり、舞踊曲として人気がある。

ヴィシュヌ神の化身
1．マツヤ（魚）
2．クールマ（亀）
3．ヴァラーハ（猪）
4．ナラシンハ（人獅子）
5．ヴァーマナ（身体の小さい人）
6．パラシュラーマ（斧をもったラーマ）
7．ラーマ（王〈『ラーマーヤナ』の主人公ラーマ〉）
8．クリシュナ（英雄〈『マハーバーラタ』の英雄クリシュナ〉）
9．ブッダ（仏教の祖）
10．カルキ（終末に現れる白馬の人）

〈資料２　ヴィシュヌ神〉　ヴィシュヌは10以上の神格に化身し、世界の危機から人々を救うとされる。ヴィシュヌの化身は叙事詩の主人公や、神話で活躍する動物、魔族と戦うための姿であったりするが、ヒンドゥー教を否定するブッダ（仏教の祖）もその１つとなっている。

Question 1　資料2より、それぞれのヴィシュヌの化身の活躍について、インターネットなどで調べてみよう。そして、ブッダは、ヴィシュヌ神の化身としてどのような活躍を期待されていたのだろうかをまとめよう。

Question 2　Q1の答えをふまえ、ブッタをヴィシュヌ神の化身とすることはヒンドゥー教にとってどのような意味があるのか考えてみよう。

Question 3　資料3より、この詩は神への信愛として、神と人をどのような関係で表しているだろうか。

3 東南アジア世界の形成と展開

㊝ p.60 ~ 61

中国や南アジアの影響はどのように東南アジアに広がり、その文化・思想に影響を与えたのだろうか。

❶ 東南アジアの風土と人々

([1])部：インドシナ半島中心。長大な河川(かせん)がデルタを形成

→様々な言語を話す人々が入り組んで分布

([2])部：マレー半島～現在のインドネシア・フィリピン。河川・海が交通路

→おもにマレー系の諸言語を話す民族が移動

気候…大部分は熱帯雨林気候とサバナ気候

([3])など豊かな資源

→季節風を利用した交易によって([4])が成立

→([5])や中国、([6])教の影響を受けつつ独自の文明を形成

❷ 南アジア・中国文明の受容と東南アジアの国家形成

❶大陸部の文化と国家形成

ベトナム北部…前4世紀、中国の影響を受けた([7])などの独特の青銅器(せいどうき)や鉄製農具

南アジア・中国との交易が盛ん

→ ([8])…1世紀末、メコン川下流域に成立
　 ([9])…2世紀末、ベトナム中部に成立

❷「インド化」以降の大陸部

([10])の成立(6世紀)…メコン川中流域にクメール人が建国→扶南を滅ぼす

9世紀以降、都を([11])におく

12世紀、([12])を建造

([13])**朝**の成立(11世紀)…エーヤワディ(イラワディ)川下流域に成立

([14])から([15])**仏教**が伝来→タイなどの大陸部の各地に広まる

([9*])…インド洋から南シナ海を結ぶ海上交易で勢力維持

→南アジアの影響を強く受けた寺院群を築く

❸ベトナム

前漢時代以来、中国に服属

10世紀末、北宋から独立→11世紀初め([16])**朝**成立→国号を([17])(ダイベト)とする

→広域支配とはならず、チャンパーとも対立を続ける

❹諸島部

7世紀、([18])**海峡**(かいきょう)をぬけるルートが発達して交易が活発化→「インド化」の進展

([19])の成立(7～8世紀、スマトラ島)

海上交易に積極的に参加→唐にも朝貢使節を派遣

唐の僧[[20]]も来訪。([21])**仏教**が盛ん

([22])**朝**の成立(8～9世紀、ジャワ島)…大乗仏教国

仏教寺院([23])建設

あなたは、「海の道」が東南アジアに与えた影響について、交易による港市国家などの政治的影響とインド化という文化・思想的影響のどちらが重要であると考えるか。

東南アジアの王朝の領域を示した以下の地図A・Bをみて、問1～3に答えなさい。

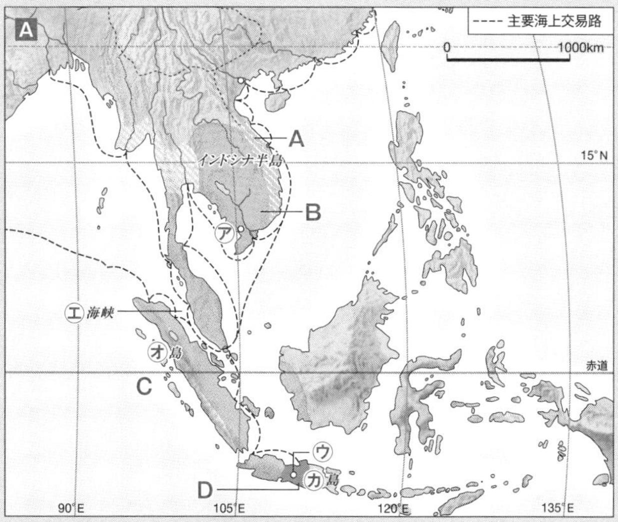

A
---- 主要海上交易路
0 1000km
インドシナ半島
A
B
㋐
15°N
㋓海峡
㋔島
C
赤道
㋒
㋕島
D
90°E
105°E
120°E
135°E

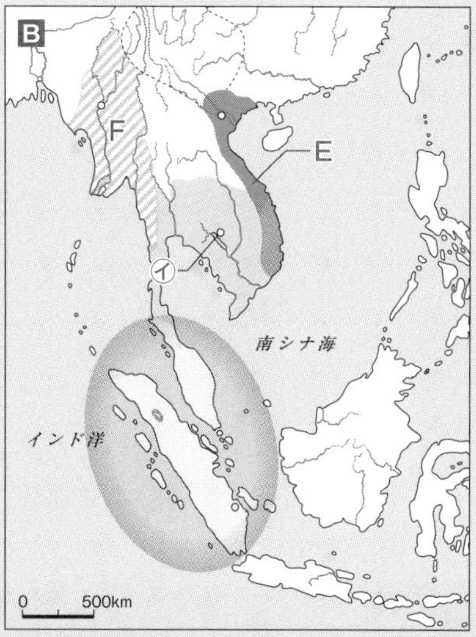

B
F
E
㋑
南シナ海
インド洋
0 500km

問1．A～Fの王朝名は何か。

A(　　　　　　) B(　　　　　　) C(　　　　　　)
D(　　　　　　) E(　　　　　　) F(　　　　　　)

問2．アンコール＝ワットとボロブドゥールの場所を㋐～㋒から選びなさい。

アンコール＝ワット(　　　　) ボロブドゥール(　　　　)

問3．㋓～㋕の名称を答えなさい。

㋓(　　　　　　)海峡 ㋔(　　　　　　)島 ㋕(　　　　　　)島

第4章

西アジアと地中海周辺の国家形成

西アジアや地中海周辺の地域において、イラン人やギリシア人、ローマ人は互いに興亡を繰り返した。彼らの興亡によって、どのような社会や文化が形成されたのだろうか。

1 イラン諸国家の興亡とイラン文明

㊙ p.62 ～ 64

西アジアで活躍したイラン系の人々は、どのような社会と文化をつくり出したのだろうか。

❶ アケメネス朝の興亡

アケメネス朝…前6世紀半ば、(1　　　　)人(ペルシア人)がメディアの支配から自立

第3代[2　　　　　　]…オリエント世界を再び統一

西：エーゲ海北岸～東：インダス川に至る大帝国建設

┌各州に知事((3　　　　　))をおいて全国を統治

　→「王の目」「(4　　　　)」と呼ばれる監察官(かんさつかん)を巡回(じゅんかい)させて中央集権をはかる

├(5　　　　　)人の海上交易を保護

└国道建設→(6　　　　)制を整備

アケメネス朝の統治…服属した異民族に寛容(かんよう)な政策

→前5世紀前半、ギリシア遠征((7　　　　　)**戦争**)失敗→地方の離反(りはん)が進む

→前330年、[8　　　　　　　]大王によって征服される

イラン人…(9　　　　　)教を信仰

善(光明(こうみょう))の神：アフラ＝マズダ ─┐
悪(暗黒)の神：アンラ＝マンユ(アーリマン) ─┘ この世は両者の闘争(とうそう)と説く

→最後には光明神が勝利し、人類に幸福がもたらされるとする

❷ パルティアとササン朝

❶ヘレニズム期の西アジア世界

前4世紀、[8*　　　　　　　]大王の東方(とうほう)遠征：アケメネス朝を滅ぼして大帝国建設

→大王の死後、征服した西アジアの領土はギリシア系の(10　　　　　　)**朝**が継承

前3世紀半ば、アム川上流のギリシア人が(11　　　　　　)建国

❷パルティア

前3世紀半ば、遊牧(ゆうぼく)イラン人がカスピ海東南部に(12　　　　　　)建国

→(10*　　　　　)朝から独立

前2世紀半ば、メソポタミアに進出→東西交易の利益を独占して繁栄(はんえい)

❸ササン朝の盛衰

(13　　　　)**朝**…3世紀、農耕を営むイラン人が(12*　　　　　　)を倒して成立

→イランの伝統を受け継ぐ統治をはかる

第2代[14　　　　　　　]　┌西：シリアに進出してローマ軍を破る
　　　　　　　　　　　　　└東：インダス川西岸に至る広大な地域を統合

5世紀後半、中央アジアの遊牧民(15　　　　　)の侵入に苦しむ

[16　　　　　　　]… 6 世紀、(15*　　　　　)を滅ぼす
ビザンツ帝国との戦いを優勢に進める→和平締結
7 世紀半ば、イスラーム教徒の(17　　　　)人により滅ぶ

3 イラン文明の特徴

❶アケメネス朝時代

オリエントの諸文化を統合。楔形文字を表音化した(7*　　　　　　)文字をつくる
(9*　　　　　　　)**教**を信仰→ユダヤ教やキリスト教に影響

❷パルティア時代

初期、ヘレニズム文化の強い影響→紀元 1 世紀頃、イラン伝統文化の復活
　→ギリシア・イランの神々をともに信仰。(7*　　　　　)語の公用語化

❸ササン朝時代

(9*　　　　　　　)教の国教化。教典『(18　　　　　　　)』の編集
(19　　　)教成立… 3 世紀、(9*　　　　　　)教・仏教・キリスト教を融合
　→西：北アフリカ、東：中央アジアから唐代の中国に伝播
建築・美術・工芸が大いに発達
　…イスラーム諸王朝が精巧な銀器・(20　　　　)器・毛織物の技術や様式を継承
　→東方では中国を経て、(21　　・　　)時代の日本にまで伝えられる

アケメネス朝・パルティア・ササン朝の社会・文化の違いを説明しよう。

王朝	アケメネス朝	パルティア	ササン朝
建国	イラン人が(a　　　　　)から独立	遊牧イラン人が(b　　　　)朝から独立	農耕イラン人が(c　　　　　)を倒して建国
都	スサ・ペルセポリス	クテシフォンなど	クテシフォン
政治	サトラップ制を基盤とする(d　　　　　)体制	サトラップ制を導入するが地方分権的	中央集権体制
経済	貨幣経済の確立 (e　　　　　)人の活動を保護	(f　　　　　)を押さえ、中継貿易で繁栄	東西交易路を押さえ、中継貿易で繁栄 海上交易も盛ん
文化	(g　　　　)文字の作成。 オリエント文化の統合	ヘレニズム文化の影響 →(h　　　　)の伝統文化の復興	ササン朝美術の(i　　　　)への伝播
宗教	(j　　　　　)教の拡大	ゾロアスター教の保護	ゾロアスター教の(k　　　)化 (l　　　)教の成立
滅亡	[m　　　　　　　]に滅ぼされる	(n　　　　)朝に滅ぼされる	(o　　　　　　　)に滅ぼされる

2 ギリシア世界

教 p.64 ~ 70

なぜ、ギリシア人は民主的な社会を形成できたのだろうか。

1 ポリスの成立と発展

❶ポリスの成立

ミケーネ文明崩壊後の混乱期…ギリシア人は農耕を基本とする小さな集落に分散

→([1])の普及により農業生産力の向上→土地・家畜を多く所有する貴族の力が増大

前8世紀、([2])と呼ばれる都市国家を建設

…有力貴族の指導のもとで**アクロポリス**(城山)を中心に人々が集住

ギリシア人…大規模な植民活動を展開→各地に([3])建設、経済活動の活性化

❷ポリスの特色

ポリスの構造…城壁で囲まれた市域・周囲の田園から構成

┌([4])(城山)…市域の中心にあり、神殿が建設される
└([5])(広場)…市場や集会の会場

政治的特色…各ポリスは独立した国家→統一国家を形成せず

文化的特色…共通の言語と神話、デルフォイのアポロン神の神託、4年に一度の([6])の祭典→同一民族の意識を維持

┌自分たち:([7])(ギリシアの英雄ヘレンの子孫)
└異民族:([8])(わけのわからない言葉を話す者)

2 市民と奴隷

❶市民と奴隷

市民 ┌([9])…血統を誇る富裕者。高価な武具と馬を所有する戦士
→前7世紀まで、([9*])が政治を独占する貴族政ポリスが一般的
└平民…貴族に従属せず→市民同士の関係は平等が原則

([10])…市民に隷属:借財により市民身分から転落した人、戦争捕虜、海外から輸入された異民族

→人格を認められず、売買の対象:市民との身分差拡大

❷アテネとスパルタの奴隷制度

([11])…奴隷制度がもっとも発達:個人所有の奴隷が一般的

→総人口の3分の1:家内奴隷・農業奴隷、手工業や銀山の採掘などにも従事

([12])…少数のスパルタ市民が多数の隷属民を支配

┌([13])…隷属農民
└([14])(周辺民)…商工業に従事

スパルタ市民による奴隷反乱への対応:貴金属貨幣の使用禁止。鎖国政策→市民団内部の結束

幼少時からきびしい([15])的規律にしたがって生活→強力な陸軍建設

§ アテネとスパルタの比較

	アテネ	スパルタ
ポリスの形成	(a　　　　　　　　　　)による	先住民を征服
社会構成	アテネ市民(54.5%) 在留外人(9.0%) (b　　　　　)(36.5%)	スパルタ市民(5.7%) (c　　　　　　　　　)(22.2%) (d　　　　　　　　　)(71.7%)
政治	(e　　　　　)政→民主政	国王や一部の市民による寡頭(かとう)政治
外交・軍事	開放的・海軍主体	(f　　　　　)政策・陸軍主体
経済	商工業発達	農業主体
文化	学問・芸術の発達	質実剛健、停滞
奴隷制	市民の(g　　　　　)所有。債務奴隷・購買奴隷	市民の共有・国有。征服奴隷

3 民主政への歩み

❶平民の地位向上

富裕化した平民の出現…交易活動・農業生産の拡大→みずから武具を購入

([16])**部隊**を形成…平民が軍隊の主力となり、国防における平民の役割が増大

→参政権を求めて貴族と対立。ポリスにおける民主政への歩みが始まる

❷アテネの民主化

前7世紀、[[17]]が慣習で決められていた法を文章に書き表す

→貴族による法知識の独占が破られる

前6世紀初頭、[[18]]が貴族と平民の調停者として改革をおこなう

→ ┌([19])額に応じた参政権を定める
　 └債務(借財)によって市民を奴隷とすることを禁止

→貴族と平民双方の不満解消せず

前6世紀半ば、[[20]]の僭主政治：独裁政治

→中小農民を保護し、平民層の力を伸張させる

前508年、[[21]]の改革

┌血縁による部族制を改革して貴族の基盤を崩す
└([22])…僭主の出現を防止→民主政の基礎が築かれる

4 ペルシア戦争とアテネ民主政

❶ペルシア戦争

原因…([23])朝の支配→ミレトスを中心としたギリシア人諸都市が反乱

経過…スパルタ・アテネが主力→([24])の戦い・([25])の海戦で勝利

→ポリスの独立を守る

❷アテネ民主政の完成

アテネの発展…ペルシア軍の再来に備える([26])**同盟**の盟主となる

→ ┌国外：強大な海軍力を背景にほかの同盟諸ポリスに対する支配を強める
　 └国内：軍艦の漕ぎ手として勝利に貢献した([27])市民の発言力が高まる

前5世紀半ば頃、将軍[[28]]の指導→アテネ民主政の完成

→ ┌**直接民主政**…成年男性市民の全体集会である([29])
　 │　　→多数決で直接国家の政策を決定。将軍の選出
　 ├役人や裁判の陪審員…貧富にかかわらず市民から([30])で選ばれる
　 └役人や政治家の責任は弾劾裁判などで追及

→奴隷・在留外人・([31])には参政権なし

5 ポリス社会の変容とヘレニズム時代

❶ペロポネソス戦争

アテネ…([26※])同盟により勢力を拡大→スパルタの反発

前5世紀後半、([32])**戦争**開始…ギリシア世界を二分

→ペルシアと結んだスパルタがアテネを破る→有力ポリス間の抗争継続

❷ポリスの変容とマケドニアの台頭

ポリスの変容…戦争と疫病(えきびょう)で市民の人口が減少。市民間の貧富の差の拡大

前4世紀後半、北方(ほっぽう)のマケドニア…[33　　　　　　　]が軍事力強化

→(34　　　　　　　)の戦いでポリス連合軍を破る：ギリシアを支配下におく

❸ヘレニズム時代

[35　　　　　　　]**大王**…前334年、ペルシア攻略のため**東方遠征**(とうほうえんせい)に出発

→ペルシアを滅ぼす：インド西北部まで軍を進め、東西にまたがる大帝国を築く

→大王の急死後、領土はディアドコイ(後継者)と呼ばれる将軍たちによって分割

→
- (36　　　　　　　)**朝マケドニア**(前276～前168)
- (37　　　　　　　)**朝シリア**(前312～前64)
- (38　　　　　　　)**朝エジプト**(前304～前30)

(39　　　　　　　)**時代**…東方遠征から(38*　　　　　　　)朝エジプトの滅亡までの約300年間

アレクサンドロス大王の東方遠征とヘレニズム時代に関する以下の地図について、A～Cの王朝名と㋐～㋓の都市名を答えなさい。

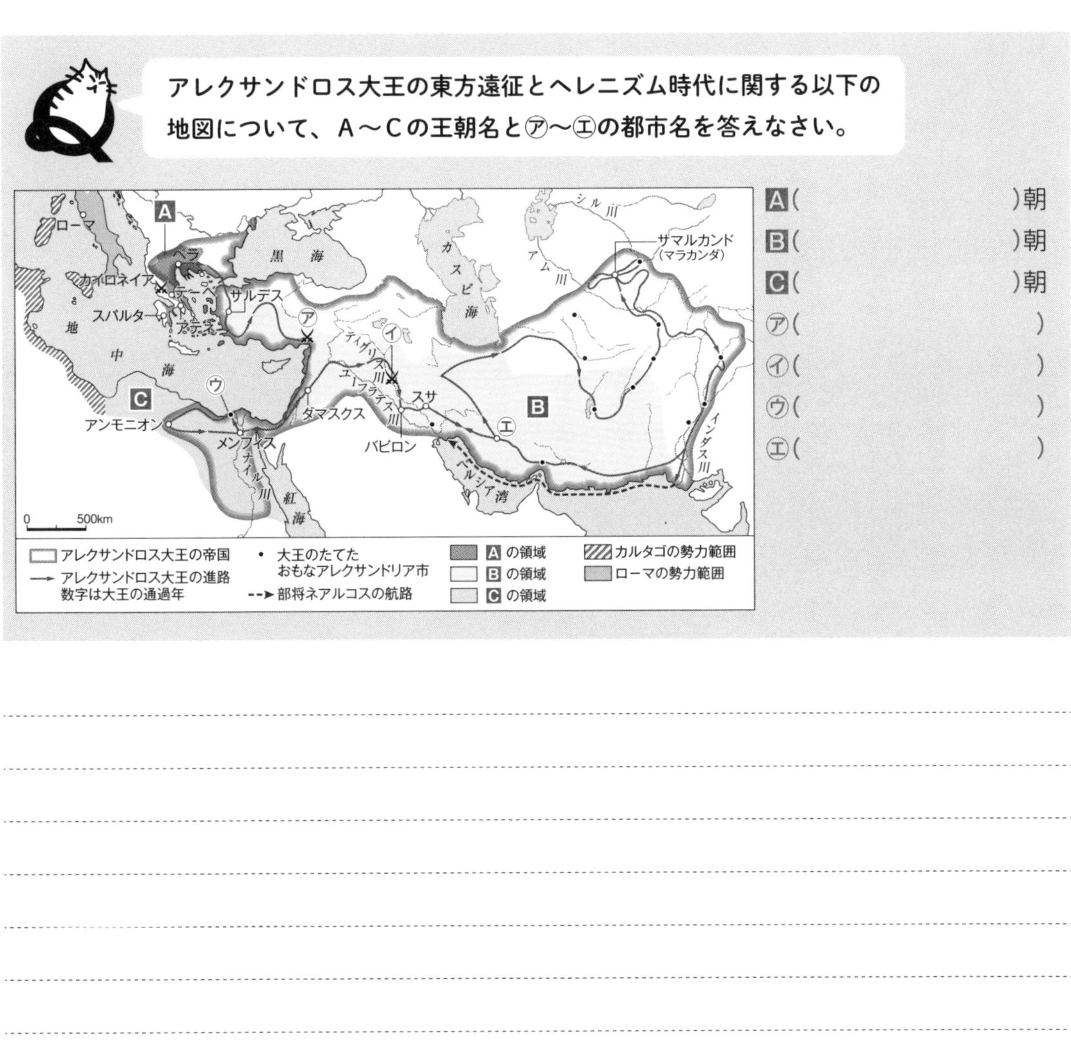

A(　　　　　　　)朝
B(　　　　　　　)朝
C(　　　　　　　)朝
㋐(　　　　　　　)
㋑(　　　　　　　)
㋒(　　　　　　　)
㋓(　　　　　　　)

6 ギリシアの生活と文化

❶ギリシア文化の特色

明るく合理的で(40　　　)中心的な文化…文化遺産はヨーロッパ近代文明の模範とされる

文化の基盤：市民が対等に議論するポリスの精神風土

→ ┌余暇を政治の議論や体育の訓練に使う
　 └公私ともにバランスよく能力を発揮することを理想とする

❷ギリシア人の宗教と文学

(41　　　　　)**12神**など多くの神々を信仰…神々は人間と同様の姿や感情をもつとされる

→[42　　　　　]…神々と人間との関わりを叙事詩としてうたう→文学の始まり

❸イオニア自然哲学

自然現象を神話でなく合理的に説明…イオニア地方のミレトス中心

[43　　　　]…万物の根源を水と考える

ピタゴラス…「ピタゴラスの定理」を発見

❹演劇

民主政の祭典として演劇のコンテスト開催

「三大悲劇詩人」としてアイスキュロス、[44　　　　　　　]、エウリピデスが活躍

喜劇作家[45　　　　　　　　]…政治問題を題材

❺哲学の創始

市民生活に重要な弁論を教える職業教師((46　　　　　　))の出現

[47　　　　　]…真理の絶対性を説く→哲学(知を愛する営み、フィロソフィア)を創始

→民主政に批判的、市民の誤解と反感を受けて処刑

[48　　　　　]…理想国家のあり方を説く

[49　　　　　　　]…自然・人文・社会など多くの学問を体系化

歴史…過去のできごとを神話ではなく、史料の批判的な探究から説明

歴史記述の祖：[50　　　　　　]やトゥキディデス

❻ヘレニズム文化

ギリシア人の美意識…調和と均整の美しさ

(51　　　　　　　)：ドーリア式の傑作

「(52　　　　　　　　)」：ヘレニズム彫刻の代表的作品

(53　　　　　)**文化**…ギリシア文化が東方にも波及。各地域の文化と融合し独自の文化の成立

(54　　　　)**主義**(コスモポリタニズム)…ポリスの枠にとらわれない考え方が誕生

哲学…個人の心のやすらぎが重んじられる

┌(55　　　　　)派…精神的な快楽を求める
└(56　　　　)派…禁欲を徳とする

自然科学の発達…エジプトの(57　　　　　　　　　)に王立研究所(ムセイオン)創設

┌[58　　　　　　　]…平面幾何学を集大成
└[59　　　　　　]…数学・物理学の諸原理を発見

ギリシア美術様式…西アジアに普及→インド・中国・日本にまで影響

ギリシアの民主政は現代の民主主義とどのような点で異なっていたのだろうか。

	アテネ	現代(日本)
参政権	(a　　　　)・在留外人・女性を除く、成年男子市民	18歳以上の男女
立法	(b　　　　)での直接民主政	代議制・政党制による間接民主政
司法行政	・官職は(c　　　　)で選ばれる ・将軍は(d　　　　)で選ばれる ・(e　　　　)裁判所	・専門職の官吏(公務員) ・軍隊はシビリアンコントロール ・三権分立
社会	奴隷制社会	市民社会

㊓ p.68 ～ 69

探究しよう

アレクサンドロス大王はどのような人物だったのだろうか

アレクサンドロス大王は弱冠20歳で王位を継承し、様々な偉業を成し遂げた。人々は彼の人生に注目し、古来より数多くの彫像や絵画、文献を残している。現代でもアレクサンドロスの名にちなんだ名前の人は多い。

〈資料１　アレクサンドロス大王（左）**とペルシア王ダレイオス３世**（中央、戦車上の人物）**の戦い〉**　兜をとって奮戦するアレクサンドロス大王と、混乱するペルシア軍が描かれている。ローマ時代のモザイク画。

〈資料２　アレクサンドロス〉　家庭教師アリストテレスの知性は、生涯彼に影響を与えた。エジプトの神殿に礼拝し、アケメネス朝の宮廷儀礼を採用したことは、東方的専制として部下の反発を受け、２度にわたる暗殺の陰謀がおきた。

> その間、皆の憤慨が全陣営にみなぎっていた。すなわち、彼（大王）は父のフィリッポスと違い、祖国の名前さえ否認して、ペルシア人の風習を受け入れたというのである。その祖国の風習のおかげで彼はペルシア人を打ち破ったというのに。
>
> （森谷公俊『王宮炎上』一部改変）

〈資料３　ローマ時代の伝記作家ユスティヌスの大王像〉

> ……ササン朝ペルシアでは、アレクサンドロスは「悪魔」に仕立てあげられた。彼は、ゾロアスター教の悪神アンラ＝マンユが善を滅ぼすために送り込んだ「三大悪王」の一人となり、「呪われた」という形容詞をつけて呼ばれる邪悪な侵略者としてあらわれる。
>
> （澤田典子『アレクサンドロス大王』一部改変）

〈資料４　ササン朝時代の大王像〉

> イスラーム世界では、アレクサンドロスは『コーラン』に登場する英雄「二本角の人」と同一視されている。彼は、イスラーム教の敬虔な信徒、聖戦の闘士、預言者、哲人王としてもてはやされた。
>
> （澤田典子『アレクサンドロス大王』一部改変）

〈資料５　イスラーム世界における大王像〉

Question 1　教科書本文と資料1・2から、アレクサンドロス大王はどのような人物だと思うか。

Question 2　資料3～5では、アレクサンドロス大王はどのような人物として描かれているだろうか。

Question 3　アレクサンドロスに関して、資料3のローマ時代の伝記作家のイメージ、資料4のササン朝時代のイメージ、資料5のイスラーム世界のイメージがつくられた理由を考えてみよう。

資料３：

資料４：

資料５：

Work　アレクサンドロスに影響を受けた歴史上の人物を調べてみよう。

3 ローマと地中海支配

㊬ p.71 ～ 76

地中海を支配したローマ人はどのような社会や文化を形成したのだろうか。

1 ローマ共和政

❶ローマの起源と共和政の仕組み

([1])…前1000年頃、イタリア半島に南下した古代イタリア人の一派ラテン人が建設した都市国家

前６世紀末、先住民([2])人の王を追放→共和政樹立

貴族と**平民**の身分差…貴族が最高官職の([3])(執政官)や**元老院**の議員などを独占
→ローマの支配権を掌握

❷平民と貴族の身分抗争

平民…([4])として国防に重要な役割→政治への参加を求め、貴族との抗争開始

前５世紀前半、平民を守る権限をもつ([5])と平民会の設置

前５世紀半ば、([6])法制定…従来の慣習法を文章で書き表す

前367年、([7])**法**…([3*])の１人は平民から選出

前287年、([8])**法**…平民会の決議が元老院の許可なくローマの国法となる
→平民と貴族との政治上の権利はほぼ同等となる

❸ギリシア民主政とのちがい

┌従来の貴族に富裕な平民が加わって新しい支配階層の形成→政権の独占
└([9])が指導権を保持

2 地中海征服とその影響

❶イタリア半島の統一とポエニ戦争

征服活動…中小農民の重装歩兵が軍事力の中核→近隣の都市国家を征服
→前３世紀前半、全イタリア半島を支配
([10])：征服された諸都市と個別に同盟を締結
…異なる権利と義務を付与→団結・反抗を予防

([11])**戦争**…西地中海を支配するフェニキア人植民市([12])と３回にわたり戦う
→([12*])の将軍[[13]]に苦戦→最終的に勝利をおさめる

前２世紀半ば、東方のヘレニズム世界にも進出→地中海全体をほぼ制覇

❷ローマ社会の変化

長期の征服戦争→中小農民は農地の荒廃で没落
→無産市民として都市ローマに流入。([14])から輸入される安い穀物で生活

支配階層…([14*])からの税により莫大な富を入手
→農民が手放した土地の買い占め。征服により拡大した公有地を入手
→戦争捕虜である奴隷を使う大土地所有制(([15]))による農業経営を展開
→市民間の経済的格差がさらに拡大し、共和政の土台を大きくゆるがす

3 内乱の1世紀

❶国内混乱の激化

前2世紀、[16　　　　　]**兄弟**が護民官に選出…農民の没落による軍事力低下に危機感

→大土地所有者の土地を没収し、貧しい市民への分配を試みる→大地主の反対で失敗

有力な政治家…自分が保護する私兵による暴力で抗争

→共和政は機能せず、「(17　　　　　)」と呼ばれる混乱へ

前1世紀、剣闘士[18　　　　　]が率いる奴隷の大反乱：混乱は頂点へ

❷三頭政治と内乱の終結

前60年、第1回**三頭政治**…実力者ポンペイウス・[19　　　　　]・クラッスス

→盟約を結んで(9*　　　　　)に対抗し、政権を握る

[19*　　　　　]の独裁…(20　　　　　)(現在のフランス地域)遠征の成功

→ポンペイウスを倒し独裁官に就任。社会の安定につとめる

→共和派の[21　　　　　]らによって暗殺される

前43年、第2回三頭政治…カエサルの養子[22　　　　　]、アントニウス、レピドゥス

→(23　　　　　)の海戦…オクタウィアヌス、エジプトの女王[24　　　　　]と結んだアントニウスを破る→内乱の終結

4 ローマ帝国

❶帝政の開始

オクタウィアヌス：前27年、元老院から(25　　　　　)(尊厳者)の称号を与えられる

元老院など共和政の制度を尊重。市民のなかの第一人者((26　　　　　))を自称

→(27　　　　　)**政**(プリンキパトゥス)と呼ばれる政治体制。事実上の皇帝独裁

❷ローマ帝国の繁栄

「(28　　　　　)」(パクス＝ロマーナ)：アウグストゥス帝から約200年間、空前の繁栄と平和が続く

ローマの最盛期…(29　　　　　)時代(96～180年)

ローマ(30　　　　　)**権**…3世紀、帝国の全自由人に与えられる

商業活動の繁栄→(31　　　　　)貿易で中国・東南アジア・インドから絹・香辛料を輸入

5 帝国の変容

❶軍人皇帝時代

帝国の財政…五賢帝最後の[32　　　　　]帝の治世末期頃から行き詰まる

→3世紀、(33　　　　　)の時代(235～284年)：各地の軍隊が独自に皇帝をたてて争う

北：(34　　　　　)人、東：(35　　　　　)朝…侵入激化→帝国は分裂の危機におちいる

❷社会の変化

軍事力の増強…重税を課されて(36　　　　　)が衰退

→(36*　　　　　)を逃げ出した富裕層：田園に大所領を経営

→下層市民などを小作人((37　　　　　))として働かせる小作制((38　　　　　))を実施

→従来の奴隷制にもとづくラティフンディアにとってかわる

6 帝国の東西分裂と西ローマ帝国の滅亡

❶専制君主政の成立

[39]帝…3世紀後半に即位。専制君主政((40))を確立

- 四帝分治制…帝国を東と西にわけ、それぞれを正帝と副帝の2人が統治
- 諸改革の断行…軍隊の増強、徴税の仕組みの刷新
- 皇帝を神として礼拝させる→専制君主として支配

[41]帝…[39*]帝の政策継承し、帝国を再統一

- 迫害されてきた(42)教を公認
- 財源の確保…(37*)を土地に縛りつける→身分・職業を世襲化
- 新首都をビザンティウムに建設→(43)と改称
- 巨大な官僚体制の構築→重税により属州の反乱

❷帝国の分裂と滅亡

帝国の混乱
- 膨大な数の軍隊と官僚を支えるための重税→属州の反乱
- 375年、(34*)**人の大移動**

[44]**帝**…395年、帝国を東西に分割して2子にわけ与える

(45)**帝国**：ローマ中心。(34*)人大移動の混乱→476年滅亡

(46)(ビザンツ)**帝国**：首都コンスタンティノープル

…首都を中心に商業と貨幣経済は繁栄→1453年まで存続

§ ローマ帝国の衰退の要因を整理してみよう

土地制度	経済	軍事
(a)		(e)の没落
・「ローマの平和」→奴隷供給減少		↓
・低い生産性	軍隊の経費増大	傭兵・私兵の増加
↓	↓	↓
(b)の拡大	(c)への重税	軍隊の質的低下
↓	↓	↓
	都市の没落	軍人の横暴・治安の悪化
	↓	↓
自給自足的大所領の独立化・属州の自立化	(d)の衰退	(f)人の侵入

ローマ帝国の領域の拡大に関する以下の地図について、A・Bの地域名と㋐〜㋒の地名を答えなさい。

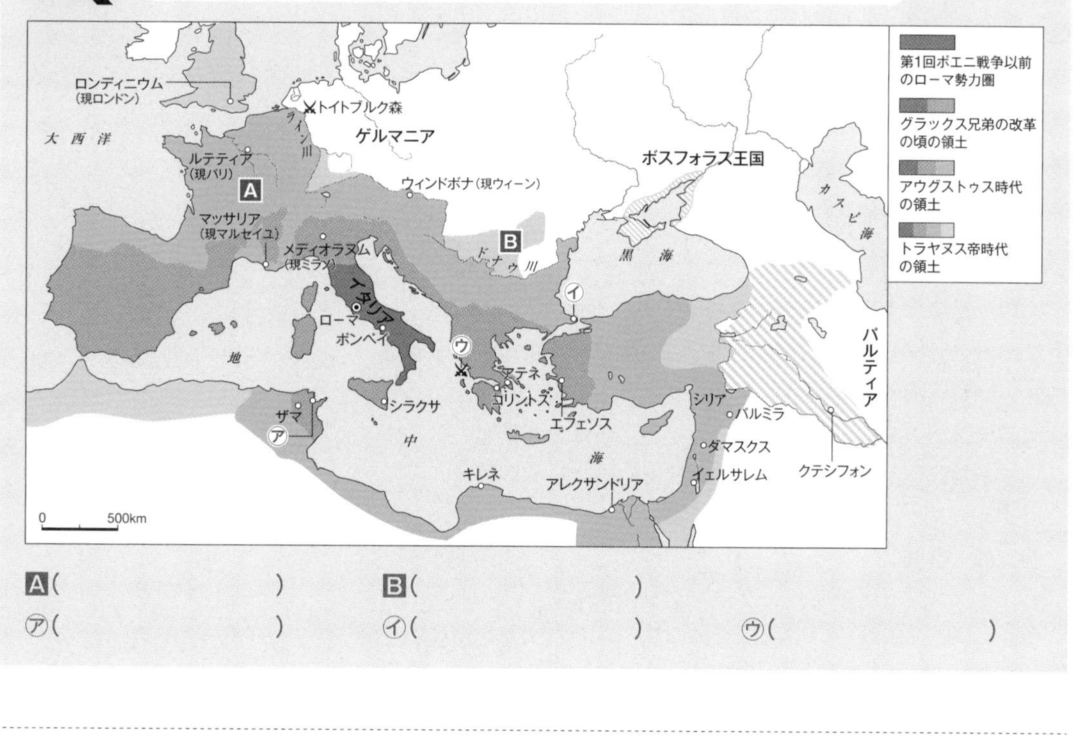

A（　　　　　　　　　） B（　　　　　　　　　）

㋐（　　　　　　　　　） ㋑（　　　　　　　　　） ㋒（　　　　　　　　　）

7 ローマの生活と文化

❶文化的特色と意義

特色…ギリシア文化を吸収し、実用面ですぐれた能力を発揮

意義…地中海世界全体にギリシア・ローマの古典文化を広める

┌ローマ字…今日ヨーロッパの大多数の言語で使用
└(47 　　　　)語…近代に至るまで教会や学術の国際的な公用語

❷土木・建築

都市整備…浴場(よくじょう)・凱旋門(がいせんもん)・闘技場(とうぎじょう)((48 　　　　　　　))・道路・水道橋(すいどうきょう)

都市下層民の期待…「パンと(49 　　　　　)」→都市文化が開花

❸ローマ法と暦

ローマ法…十二表法を起源。当初ローマ市民だけに適用

→ローマの世界帝国化…万人(ばんにん)が従う普遍的(ふへんてき)な法律の必要性

→帝国内の全人民に適用される(50 　　　　　)に成長

ローマ法の集大成(しゅうたいせい)：『(51 　　　　　　　)』…6世紀、東ローマ帝国で編纂

→近代へと継承され、今日の日本の民法にも影響

グレゴリウス暦(れき)(現在の西暦)…カエサルが制定した(52 　　　　　)暦から作成

❹文芸・学問

アウグストゥス帝時代…ラテン文学の黄金期(おうごんき)

→[53 　　　　　　　　　]らの作品：ギリシア文学の強い影響

散文…カエサル：『(54 　　　　　　　)』

弁論術(べんろんじゅつ)…弁論家[55 　　　　　]の活躍

歴史記述

・[56 　　　　　　]：『ローマ建国史』

・[57 　　　　　　]：『ゲルマニア』

・[58 　　　　　　　]：『対比列伝(たいひれつでん)』(『英雄伝』)…ギリシア人の活躍

自然科学…[59 　　　　　　　　　]：天動説→長くヨーロッパ人の宇宙観を支配

あなたは、人々を支配するもっともすぐれたローマ帝国の仕組みは何であったと思うか。

§ ローマ帝国の仕組みについて整理しよう

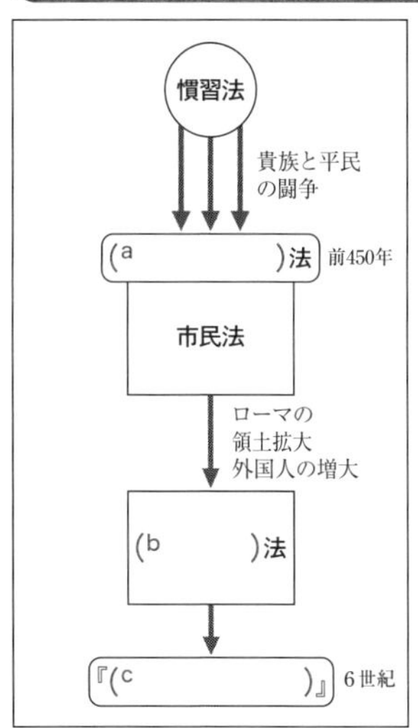

ラティフンディア		コロナトゥス
(d)戦争(前264～前146)以後	時期	(e)時代(235～284)以後
大土地所有者の直接経営	経営方法	コロヌス(小作人)に賃貸して耕作させる
(f) …多くは戦争の捕虜	労働力	(g) …没落農民、解放奴隷など
オリーヴ、ぶどう、家畜飼育	主要作物	穀物

元首政 (プリンキパトゥス)		専制君主政 (ドミナトゥス)
前27～後284年	期間	284年～
(h)(市民の第一人者)	語源	ドミヌス(奴隷の主人)
[i]	確立者	[j]帝
①共和政の伝統を尊重 ②元老院との共同統治(①②は形式上) ③事実上の独裁政治(帝政の開始)	政治	①共和政の伝統を全廃 ②元老院は事実上消滅 ③皇帝権の(k)化
皇帝と元老院の二元統治	属州統治	皇帝のみの一元統治
(l)中心 主力:(m)	軍隊	属州兵や外民族((n)人など)中心の傭兵 主力:重装歩兵

㊫ p.74

探究しよう

ローマの人々は「コンスタンティヌス帝の凱旋門」を通して何を感じたのだろうか

312年、コンスタンティヌスは西の正帝と戦って勝利した。帝国の半分を支配下においたことを記念して凱旋門がつくられた。その後もコンスタンティヌスは帝国の統一を進め、324年に全ローマの皇帝となった。

〈資料1　コンスタンティヌス帝の凱旋門〉　ローマ最大の凱旋門。高さ21m、幅26m。

〈資料2　コンスタンティヌス帝〉　彼は皇帝位を争った際、「キリスト（Χριστός）」のギリシア語表記の最初の２文字「ΧＰ」を兜につけて戦い、勝利をつかんだ。しかし現実主義者であった彼は、キリスト教の儀式や教会にとらわれず、「１人の人間を皇帝にするのは運命の女神の力だ」と言い放ったとされる。

Question 1　なぜ、コンスタンティヌス帝は凱旋門を建設したのだろうか。また、人々は凱旋門を通して何を感じたのだろうか。

Question 2　コンスタンティヌス帝の凱旋門はほかのローマ皇帝の凱旋門と違い、保存状態がよいのはなぜだろうか。コンスタンティヌス帝の宗教に関する功績から考えてみよう。

〈**資料3　トラヤヌス帝時代の浮き彫り**(ダキア遠征の場面)〉

〈**資料4　マルクス=アウレリウス=アントニヌス帝時代の浮き彫り**(抗争していたゲルマン人に対する寛容の場面)〉

Question 3　資料3・4の凱旋門の浮き彫りは、トラヤヌス帝、マルクス=アウレリウス=アントニヌス帝に関連するモニュメントにそれぞれ彫られていたものである。なぜ、コンスタンティヌス帝はほかの皇帝が制作させた浮き彫りを流用したのだろうか。

Question 4　凱旋門は近現代においても各地で建設されている。どのような凱旋門があるだろうか。また、その役割はどのようなものだろうか。インターネットなどで調べてみよう。

4 キリスト教の成立と発展

教 p.77 ～ 78

キリスト教が当時のローマ帝国に急速に広がった原因は何だろうか。

1 キリスト教の成立

❶ローマ支配下のパレスチナとイエス

パレスチナ(ローマの属州)…(1　　　　　)**教**の祭司：支配層としてローマに協力

→貧困に苦しむ民衆の声にこたえず

[2　　　　　]の主張…ユダヤ教の指導者たちを(3　　　　)の形式を守ることのみ重視と批判

→貧富の区別なくおよぼされる神の絶対愛・(4　　　　)愛を説く

→民衆は[2＊　　　　　]を救世主(メシア、ギリシア語で(5　　　　　　))と信じる

[2＊　　　　　]の処刑…ローマに対する反逆者として訴えられる

→30年頃、(6　　　　　　　)で十字架にかけられて処刑される

❷キリスト教の成立

[2＊　　　　　]復活の信仰…イエスの十字架上の死は人間の罪をつぐなう行為であったとの信仰が生まれる→(5＊　　　　　)**教**成立

ペテロや[7　　　　　]ら(8　　　　)たちの伝道活動…ローマ帝国内に拡大

→各地に信徒の団体である教会が組織される

3世紀までに、キリスト教は奴隷・女性・下層市民を中心に普及→上層市民にも拡大

『(9　　　　　)』…『旧約聖書』とともにキリスト教の教典となる

2 迫害から国教へ

❶迫害と公認

キリスト教誕生時のローマ…皇帝崇拝儀礼が強化

↔キリスト教徒…唯一絶対の神を信じる：皇帝への礼拝拒否、国家の祭儀に不参加

→ネロ帝の迫害(64年)から[10　　　　　　　　　　　]帝の大迫害(303年)まで、激しく迫害される

キリスト教の拡大…帝国全体に広がり続け、禁じれば帝国が混乱することが明確化

→コンスタンティヌス帝、313年の(11　　　　　)**勅令**でキリスト教公認

❷教義の統一と国教化

(12　　　　　)**公会議**：コンスタンティヌス帝が開催(325年)

┌正統教義：(13　　　　　　　)**派**…キリストを神と同一視

│　→のち(14　　　　　　)**説**として確立：正統教義の根本

└異端：(15　　　　　　)**派**…キリストを人間であるとする

教父(キリスト教思想家)…正統教義の確立、のちの神学の発展に貢献

→代表：[16　　　　　　　　　　　　]

[17　　　　　　　]帝…(13＊　　　　　　　)派を国教とし、他宗教を厳禁(392年)

→一般信徒を指導・監督する聖職者身分が成立。教会の組織化が進む

→ローマ帝国末期、(18　　　　　)と呼ばれる教会が、信徒をそれぞれ指導する

❸異端の拡大

アリウス派…北方(ほっぽう)のゲルマン人に広まる

([19]　　　　　　)**派**…キリストの神性と人性とを分離して考える

→([20]　　　　　　)**公会議**(431年)で異端とされる。唐(とう)代の中国に伝わり景教(けいきょう)と呼ばれる

ローマ帝国はなぜキリスト教を公認したのだろうか。

§ キリスト教の教義の確立を年表でまとめてみよう

313	ミラノ勅令…(a　　　　　　)の公認
325	ニケーア公会議
	…(b　　　　　　)派を公認とし、キリストを人間であるとする(c　　　　　　)派を異端とする
392	(a*　　　　　　)の国教化
431	エフェソス公会議…キリストの神性と人性とを分離して考える(d　　　　　　)派を異端とする
451	カルケドン公会議…キリストの神性のみを認める単性論を異端とする

第5章

イスラーム教の成立とヨーロッパ世界の形成

ローマ帝国の分裂によって混乱した地中海世界に、キリスト教とイスラーム教が広がった。こうした宗教にもとづいて、どのような国家・社会が形成されたのだろうか。

1 アラブの大征服とカリフ政権の成立

㊔ p.79 ～ 83

イスラーム教は、西アジア・北アフリカの社会をどのようにかえたのだろうか。

① アラブ軍による大征服

❶イスラーム教成立以前の西アジア

([1]　　　　　)朝…6世紀、ホスロー1世のもとで国力を回復→ビザンツ帝国と勢力を競う

アラビア半島のアラブ諸部族…オアシスを中心に遊牧や農業、隊商交易に従事

〈イスラーム教成立以前の西アジア〉

❷イスラーム教の成立

[[2]　　　　　]…メッカの商人。自らを唯一神([3]　　　　)の言葉を預けられた**預言者**として、イスラーム教を創始(610年頃)

多神教を批判、([3*]　　　　)への絶対的帰依を説く

→富の独占に反対…メッカの大商人から迫害を受ける

→**メディナ**に移住(**ヒジュラ**)

…信徒の共同体である**ウンマ**を建設(622)

メッカを征服(630)

→多神教の神殿であった([4]　　　　)をイスラーム教の聖殿とする

→多くのアラブ諸部族がムハンマドの支配下へ

〈メッカのカーバ聖殿〉

❸アラブ諸部族による征服活動

[[2*]　　　　　]の死→後継者(カリフ)の選出

「正統カリフ」の呼称…アブー＝バクルから[[5]　　　　]に至る4人のカリフ

アラブ＝ムスリム軍がアラビア半島外への征服活動を開始

→ササン朝を滅ぼし、ビザンツ帝国からエジプト・シリアを奪う

〈征服活動の成功理由〉

- ササン朝とビザンツ帝国の争いが続く→周辺各地が疲弊
- 東西キリスト教会の対立→エジプトやシリアの社会が混乱
- 戦利品の獲得…アラブ諸部族にとって大きな魅力

❹イスラーム教の教義

イスラーム教の聖典『([6]　　　　)(クルアーン)』がまとまり、教義の中心となる

六信五行：イスラーム教徒として信じるべきことと、行うべきこと

六信(信じるべきこと)	神、天使、各種の啓典、預言者たち、来世、神の予定
五行(行うべきこと)	信仰告白、礼拝、喜捨、断食、メッカ巡礼

❷ シリアのカリフ政権

カリフ位をめぐる対立激化…第4代カリフの[5]が暗殺される

(7)**朝**(661〜750)…シリア総督の[8]が建国

都：(9)

┌カリフ位世襲を開始→ウマイヤ朝を支持した多数派…(10)派
└アリーの血統を支持する人々…(11)派→ウマイヤ朝支配に反対

各地へ進出：中央アジアやインド西部、北アフリカやイベリア半島

→フランク王国内にも進出し、(12)**間の戦い**で敗北(732)

アラブ人と征服地の住民のあいだで対立が生じる

アラブ人	支配者集団	免税などの特権を与えられる
征服地の住民	被征服民	土地税((13))と人頭税((14))が課せられる →イスラーム教に改宗しても免除されず

イスラーム政権の広がりを示した地図について、以下の問1～4に答えなさい。

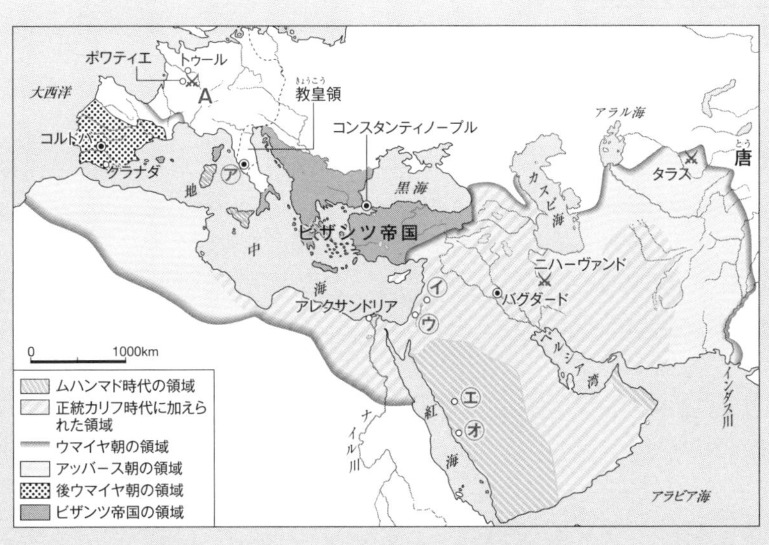

問1. ムハンマドがイスラーム教を創始した都市名と、地図中の記号を答えなさい。

都市名( ) 位置( )

問2. ムハンマドが622年にウンマを形成した都市名と、地図中の記号を答えなさい。

都市名( ) 位置( )

問3. 732年にウマイヤ朝と戦って勝利した、地図中のAの国名は何か。

国 名( )

問4. ウマイヤ朝の都となった都市名と、地図中の記号を答えなさい。

都市名( ) 位置( )

3 アッバース朝の繁栄

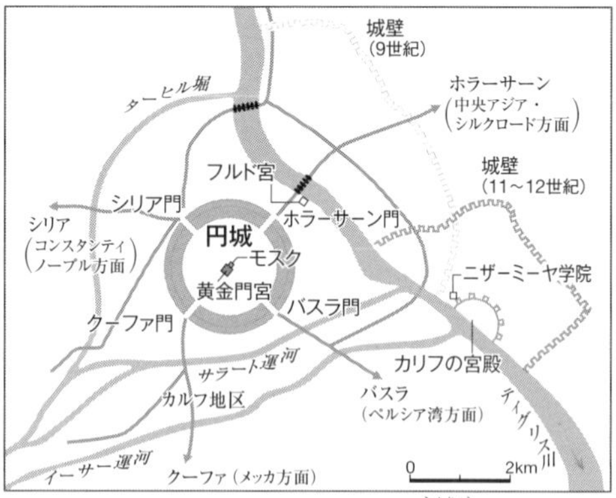

❶アッバース朝の成立

イラン人など異民族のあいだにイスラーム教を受け入れる新改宗者が増加

→アラブ人支配層への不満の高まりに乗じて

(7* 　　　　)朝を滅ぼす

国家の中心：シリア→イラン・イラクへ移動

新都(15 　　　　)を造営

〈(15* 　　　　)の円城〉

❷統治の仕組み

アラブ人の特権は失われる

イスラーム教徒：人頭税は免除 ─ イスラーム教徒であれば税制上は平等

イスラーム教徒で農地をもつ者：例外なく土地税が課される

イスラーム法((16 　　　　))にもとづく統治

→イスラーム法学者((17 　　　　))たちが活躍

最盛期：[18 　　　　　　　　]の時代

→『(19 　　　　)』(『アラビアン＝ナイト』)にも登場

4 イスラーム文化の成立

❶学問の興隆

インド・イラン・ギリシアなどの文化的な伝統が融合

インドからは数学がもたらされ、(20 　　　　)**数字**誕生

翻訳の活発化…9世紀以降、(15* 　　　　)を中心に

ギリシア語文献(哲学・医学など)の(20* 　　　　)語への翻訳が盛んとなる

アリストテレスの哲学…イスラーム神学の形成に重要な役割を果たす

医学…中央アジア出身の[21 　　　　　　　　]が、ギリシア・ローマ時代以降の医学の成果を『医学典範』にまとめる

『(6* 　　　　)』やムハンマドの言行に関する学問や(20* 　　　　)語言語学が発達

→イスラーム法の整備が進む

❷文学

『(19* 　　　　)』(『アラビアン＝ナイト』)

…インド・イラン・アラビア・ギリシアなどの説話の集成

❸美術・建築

(22 　　　　)の発達…(23 　　　　)などの装飾として、植物や文字を文様化

中国から(24 　　　　)が伝来…アッバース朝の文化を支える

5 イスラーム政権の多極化

後(7 *　　　　　)**朝**(756～1031)

(7 *　　　　　)家の一族がイベリア半島に逃れて建国

首都(25　　　　　)を中心に高度なイスラーム文化が開花

君主がカリフの称号を用いるようになる

サーマーン朝(875～999)…イラン系

(26　　　　　)**朝**(909～1171)…(11 *　　　　　)派の一派が北アフリカに建国

エジプトを征服して首都(27　　　　　)を建設

君主は当初からカリフを名乗る

(28　　　　　)**朝**(932～1062)…(11 *　　　　　)派イラン系の軍事政権

(29　　　　　)朝の弱体化に乗じ、(15 *　　　　　)に入城して実権を握る(946)

→(29 *　　　　　)朝の支配は名目的となり、各地に多様な政権が並立

→イスラーム文明圏の拡大

10世紀後半のイスラーム政権の多極化を示した地図をみて、A～Eの王朝名を答えなさい。

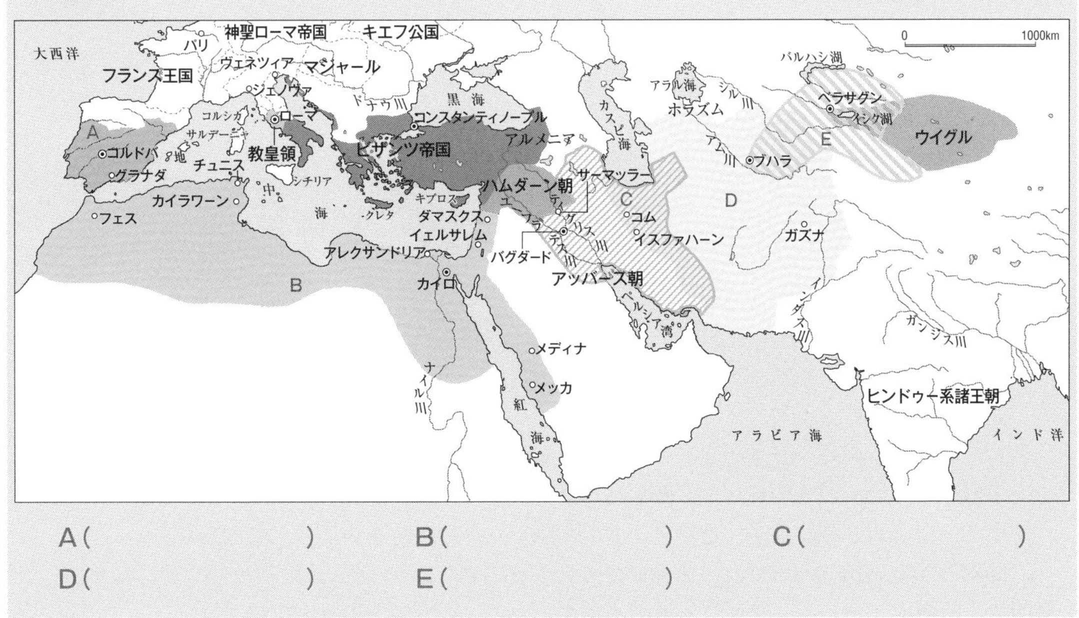

A(　　　　　　　　)　B(　　　　　　　　)　C(　　　　　　　　)

D(　　　　　　　　)　E(　　　　　　　　)

アッバース朝の政治・経済・文化は、イスラーム教とどのように関連していたのだろうか。

2 ヨーロッパ世界の形成

㊫ p.83 ～ 90

キリスト教を基盤とすることで、どのような国家・社会が形成されたのだろうか。

1 ヨーロッパの風土と人々

ヨーロッパの範囲…ユーラシア大陸西端、ウラル山脈から大西洋まで

〈アルプス山脈以北〉平坦で、([1]　　　　　)川・ドナウ川などが重要な水路となる

〈大西洋に面した地方〉湿潤・温暖な([2]　　　　　　　)気候：穀物栽培や牧畜に適する

→ケルト人・**ゲルマン人**が活動

〈大陸東部〉乾燥して寒冷な([3]　　　　　)気候

→**スラヴ人**、マジャール人らアジア系の人々が活動

〈中央部の山脈より南の地中海沿岸地域〉山がちで大河がなく、夏暑く乾燥する([4]　　　　　　)気候

→ギリシア人・イタリア人らが活動

2 ゲルマン人の移動とイスラーム勢力の侵入

❶ゲルマン人の社会

ゲルマン人…原住地はバルト海沿岸

数十の小部族にわかれ、重要な決定は成年男性による([5]　　　　)でおこなう

([6]　　　　　)人を西に圧迫→紀元前後頃にはローマ帝国と境を接する

ローマ帝政後期になると、人口が増加して耕地が不足

→ローマの下級官吏・傭兵・コロヌスとして平和的に移住

ゲルマン人の小部族…軍事的指導者である王のもとにまとめられて大部族へと成長

❷ゲルマン人の大移動

アジア系の([7]　　　　)**人**…4世紀後半、ヨーロッパへ侵入

→圧迫されたゲルマン人の一派([8]　　　　　)人の南下開始(375)

→ドナウ川を渡ってローマ帝国領内に移住(376)

ローマ帝国内につぎつぎとゲルマン人の部族国家が建国される

→([8*]　　　　　)人…ローマを略奪(410)→ガリア西南部とイベリア半島に移動して建国

([7*]　　　　)人…5世紀前半にパンノニア(現在のハンガリー)を中心に大帝国をたてる

→西ローマ帝国とゲルマンの連合軍に敗れて衰える

❸西ローマ帝国の滅亡とイスラーム勢力の侵入

ゲルマン人傭兵隊長オドアケル…西ローマ帝国を滅ぼす(476)

7世紀：イスラーム勢力が地中海地域に急速に拡大

8世紀：ウマイヤ朝がイベリア半島から侵入→([8*]　　　　　)王国を滅ぼす(711)

3 ビザンツ帝国の成立

❶ビザンツ帝国(東ローマ帝国)**の特徴**

([9]　　　　　)とギリシア古典文化を融合した独自の文明を形成

首都：([10]　　　　　　　　　)(旧名ビザンティウム)→ヨーロッパ最大の貿易都市として繁栄

政治：巨大な官僚制によって専制支配を維持

皇帝：([9*]　　　　　　　)会を支配→政治・宗教両面における最高の権力者

❷ビザンツ帝国の最盛期

[[11]　　　　　　　　]**大帝**の治世(在位527～565)…北アフリカやイタリアに進出

→一時的に地中海のほぼ全域の支配を復活

『([12]　　　　　　)』を編纂(へんさん)、([13]　　　　　　　　　)の建立(こんりゅう)

中国から養蚕(ようさん)技術を取り入れ、([14]　　　　)産業の基礎を築く

ゲルマン人とスラブ人の移動について、地図中の㋐～㋔に当てはまる民族の名称を答えなさい。

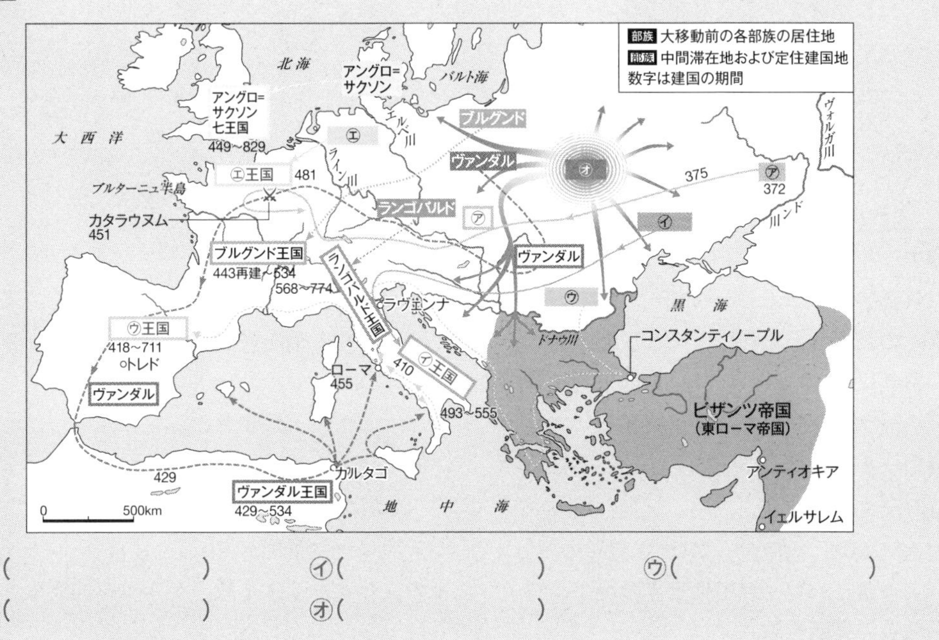

㋐(　　　　　　)　㋑(　　　　　　)　㋒(　　　　　　)

㋓(　　　　　　)　㋔(　　　　　　)

4 フランク王国の発展

❶メロヴィング朝の統一

フランク王国…フランク人がガリア北部に建国。最有力国として台頭

[[15]　　　　　　]がフランク王に即位：([16]　　　　　　　)**朝**成立(481～751)

全フランクを統一し、正統派の([17]　　　　　　)派に改宗

→6世紀半ばには全ガリアの統一を達成

8世紀、([16*]　　　　　　)朝の権力衰退

→([18]　　　)(行政・財政の長官)のカロリング家が台頭

❷イスラームの侵入とカロリング朝

西ゴート王国を滅ぼしたイスラーム勢力がガリアに侵攻

→宮宰(きゅうさい)[[19]　　　　　　　]が([20]　　　　　　　　　)**間の戦い**で撃退(732)

カロリング朝の成立…カール=マルテルの子[[21]　　　　]が、メロヴィング朝を廃して創始

❺ ローマ＝カトリック教会の成長

❶ローマ教会の発展

([22]　　　　　　　　　　)**教会**…フランク王国と協同して西ヨーロッパ世界の形成に貢献

ローマ教会…([10]＊　　　　　　　　　　)**教会**とともに五本山のなかで最有力

→西ローマ帝国滅亡後、([10]＊　　　　　　　　　　)教会から分離

→ゲルマン人への布教や修道院運動などによって西ヨーロッパに勢力を拡大

→権威強化をはかり、([23]　　　　)(法王)の称号を用いはじめる

❷東西教会の対立と教皇領の始まり

ビザンツ皇帝[[24]　　　　　　　]…([25]　　　　　　　)を発布(726)

ローマ教会…ゲルマン人への布教に聖像を必要としたため反発→東の教会との対立が深まる

→ビザンツ皇帝に対抗できる強力な政治勢力を求めてフランク王国に接近

ローマ教皇が、[[19]＊　　　　　　　　　　]の子[[21]＊　　　　　]のフランク王位継承を認める

→返礼に[[21]＊　　　　　]はイタリアに侵攻し、([26]　　　　　　　)地方を教皇に寄進

：教皇領の始まり

❻ カール大帝

❶カール大帝(シャルルマーニュ)の業績

外部勢力を撃退し、西ヨーロッパの大半を征服→全国を([27]　　)に分割…地方の有力豪族を各州の長官である([28]　　)に任命→([29]　　　　　)を派遣して伯を監督させる

宮廷に[[30]　　　　　　　]らの学者を多数まねく

→ラテン語による文芸復興(([31]　　　　　　　　　　　　))がおこる

❷カールの戴冠

ローマ教皇[[32]　　　　　　]…カールをビザンツ皇帝に対抗できる後ろ盾と認める

→800年、カールにローマ皇帝の帝冠を与えて「西ローマ帝国」の復活を宣言

→西ヨーロッパ中世世界の誕生：ローマ以来の文化とキリスト教、ゲルマン的要素をもつ

❸教会の東西分裂

ローマ教会…ビザンツ皇帝への従属から独立

→分裂─┬─教皇を首長とするローマ＝カトリック教会
　　　　└─ビザンツ皇帝を首長とする([9]＊　　　　　　　)会

❼ 分裂するフランク王国

❶カールの帝国の分裂

帝国の実態：カールと([28]＊　　)との個人的な結びつきで成立

→カール死後、内紛がおこり、東・西フランクとイタリアの３つに分裂

→カロリング王家はすべて断絶

❷東フランク(ドイツ)

ザクセン家の王[[33]　　　　　　　　]…**マジャール人**・スラヴ人の侵入を退け、北イタリア制圧

→教皇からローマ皇帝位を与えられる(962)…([34]　　　　　　　　　　)(962〜1806)の成立

ドイツ王が皇帝位を兼任→皇帝はイタリア政策を重視したため、ドイツでは諸侯が自立

❸西フランク(フランス)

パリ伯[35　　　　　　　]が王となる…(36　　　　　)朝(987〜1328)の成立

→王権はきわめて弱い状態

❹イタリア

(34＊　　　　　　　)の介入やイスラーム勢力の侵入などで混乱が続く

以下の説明文を参考にして、地図中の記号㋐〜㋓に該当する適切な語句を答えなさい。

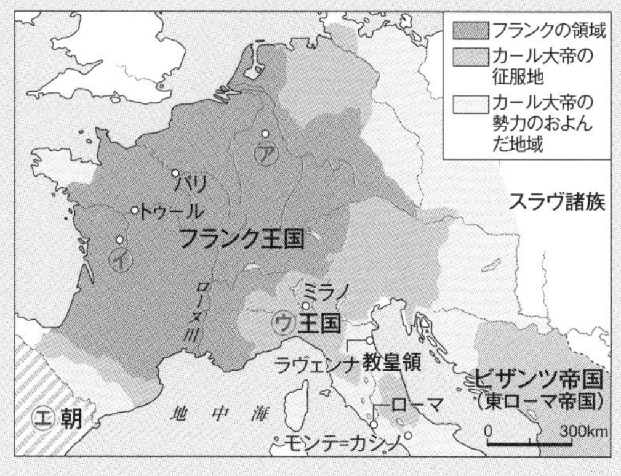

㋐フランク王国の都で、カール大帝がここに動物園もつくった。　(　　　　　　)

㋑カール＝マルテルがイスラーム勢力を撃退した戦いが近郊でおこなわれた都市。　(　　　　　　)

㋒カール大帝が征服した北イタリアのゲルマン人部族都市。　(　　　　　　)王国

㋓イベリア半島に建てられたイスラーム王朝　(　　　　　　)朝

8 外部勢力の侵入とヨーロッパ世界

❶西ヨーロッパの混乱とノルマン人の活動

8〜10世紀の西ヨーロッパ…スラヴ人・マジャール人・イスラーム勢力などが侵入

→混乱の時代が続く

ノルマン人…スカンディナヴィア半島・ユトランド半島に居住するゲルマン人の一派

→商業や海賊(かいぞく)・略奪(りゃくだつ)行為を目的に海上遠征

10世紀初め、北フランスに(37　　　　　　)**公国**を建国

→[38　　　　　　　　　　　]…大ブリテン島に侵入してイングランドを征服

→(39　　　　　)**朝**(1066〜1154)を建国

12世紀前半、(40　　　　　)**王国**(ノルマン＝シチリア王国)を建国

[41　　　　　]を首領とする一派(ルーシ)がスラヴ人地域に進出

→9世紀に**ノヴゴロド国**、(42　　　　　)**公国**を建設…ロシアの起源

❷ノルマン人の移動の終息

ノルマン人の原住地…デンマーク・スウェーデン・ノルウェー建国。キリスト教化が進む

→移動は終息し、北欧は西ヨーロッパ世界に組み込まれる

9 封建社会の成立

11～12世紀に、西ヨーロッパ中世世界の基本的な骨組みができる

❶封建的主従関係

民族移動やノルマン人の侵入といった社会不安→有力者たちが自分の安全を守るために形成

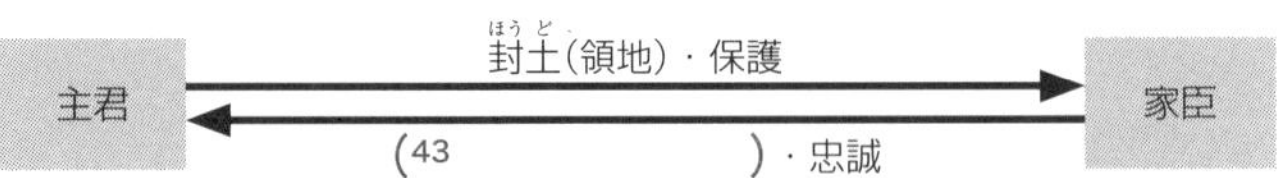

❷荘園制

有力者は、領地を所有する領主として農民を支配(所有地を**荘園**と呼ぶ)

(44)**制**の導入：耕地を3つにわけて年ごとに順次利用する仕組み

〈荘園での生活〉

(45)…多くは不自由身分の農民

領主への義務
- **賦役**：領主直営地での労働
- **貢納**：自己保有地からの生産物の納入
- 結婚税・死亡税、パン焼きかまど・水車の使用料

手工業者も居住。自給自足的な現物経済が支配的

〈領主の権利〉

- (46)**権**：国王の役人の荘園への立ち入りや課税を拒否
- (47)**権**：荘園の領民を裁く

あなたは、ヨーロッパ世界が形成されるうえで、もっとも重要なできごとは何であったと思うか。その根拠も説明しよう。

㊙ p.87

探究しよう

カール大帝が象を手に入れたかったのはなぜだろうか

東アジアの周王やメソポタミアの王など、古代の諸地域において、めずらしい動物を収集・飼育することは、支配者の権威や富を誇示するためであることが多かった。

キリスト教が広がると、中世ヨーロッパの王侯や聖職者たちのあいだでは、政治的な目的だけではなく宗教的な目的のために、動物を収集・飼育することが目指されるようになった。『旧約聖書』では、人が動物たちと仲良く暮らした「地上の楽園」があったとされている。彼らは動物を収集することで、楽園をこの世に再現しようとした。

例えば、カール大帝は、百獣の王ライオンやエキゾチックな孔雀など多種多様な動物を飼育していたが、人々が圧倒される動物として象を求めていた。ローマ帝国の崩壊以来、400年以上象をヨーロッパでみた者はいなかった。また、キリスト教において、象は賢明で貞潔な生き物とされ、人々に人気のある動物でもあった。カール大帝は、交流のあったバグダードのカリフ、ハールーン＝アッラシードに使者をおくった。カリフからは膨大な贈りものをもらったが、そのなかには希望どおり象もふくまれていた。大きな1頭の白象はアッバース朝初代カリフの名をとって「アブールアッバス」という名をつけられ、人々の人気を博した。

（溝井裕一『動物園の文化史』を参考に作成）

〈資料２　カール大帝に贈られた象〉

Question 1　カール大帝はどのような目的で動物を収集・飼育したのだろうか。

Question 2　カール大帝とハールーン＝アッラシードが交流していた理由を、当時の地中海世界の情勢をふまえて考えてみよう。

Question 3　アブールアッバスはどのような生涯を送ったのだろうか。また、カール大帝以外にも、象を手に入れた支配者はいるのだろうか。調べてみよう。

㊎ p.92 ～ 93

アプローチ

10～12世紀の各地の都市を比較してみよう

地球の温暖化もあって、10世紀前後、世界各地では人々が都市を形成し、規模を拡大する動きがみられた。成立した都市では、社会状況に応じて、しだいにその性格をかえていくことがよくみられた。エジプトのカイロとオーストリアのウィーンの比較を通して、第Ⅱ部で学ぶ時代について考えよう。

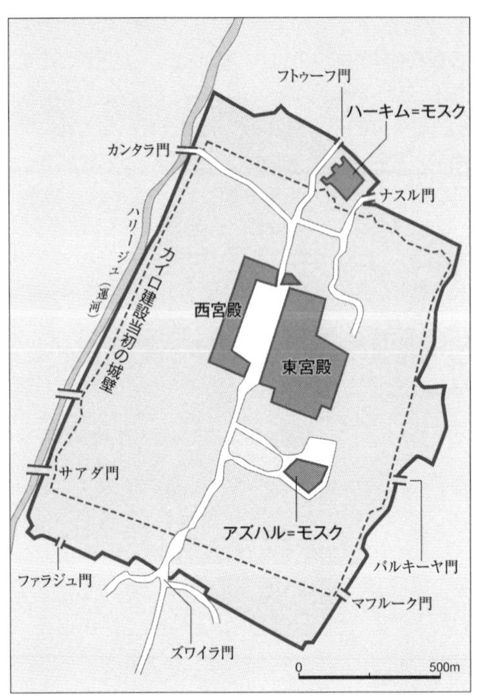

〈資料１　ファーティマ朝(909～1171年)時代のカイロ〉

カイロには、少なくとも2万軒をこえる商店があり、すべて君主に属し、多くは賃貸されている。そこには、隊商宿、公衆浴場などの公共施設が限りなく続き、すべては君主のもので、各個人は、住宅や自身が建築したもの以外を所有することはできない。……これらの住宅は、壮麗で、宝石やタイルや石でできている。（カイロ近辺の）フスタートのランプの市場と呼ばれるバーザールは、類例のないもので、世界各地からのあらゆる珍品が並んでいる。私は、そこでザンジバル産の象牙をみた。亀甲を埋め込んだ小箱や櫛やナイフ、精緻なマグリブ産のガラス工芸、アビシニア産の豹の毛皮や孔雀のような鳥なども並べられていた。　（三浦徹『イスラームの都市世界』一部改変）

〈資料３　1047年にカイロを訪れた旅行家ナーセル＝ホスローの旅行記〉

Question 1　資料1～3から、カイロという都市の特徴をあげていこう。

Question 2　資料4～6から、ウィーンという都市の特徴をあげていこう。

〈資料４　12世紀のウィーン〉

この都市は……長大な壁と堀によって囲まれている。堀は特に深く、城壁は数多くの塔と堡塁（ほうるい）によって強化されている。
……この都市には様々な聖遺物（せいいぶつ）やその他の宝物を備えた多くの教会があり、聖職者は高度な禄（ろく）を食（は）んでいる。
この都市の人口は５万人に上る。……この都市に運び込まれる食料品の数は膨大（ぼうだい）なものである。荷車に満載（まんさい）された卵、穀物（こくもつ）、粉、パン、肉、魚、鶏肉（とりにく）などが運び込まれるが、夕方には見当たらない。……ドナウ川を通じて輸出されるワインの量は途轍（とてつ）もないほどである。

（増谷英樹『図説　ウィーンの歴史』一部改変）

〈資料６　15世紀ウィーンを訪れたイタリア人の手紙〉

Question 3　資料3では11世紀のカイロ、資料6では15世紀のウィーンの経済活動が描かれている。２つの都市とも、物産が豊かな様子が描かれているが、そうした経済的繁栄の背景や理由について考えてみよう。

Question 4　カイロとウィーンという都市の共通点について考えてみよう。例として、建設された当時の状況、立地条件、中心施設などに注目してみよう。

Question 5　さらに調べたいことを問いにしてみよう。

第6章

イスラーム教の伝播と西アジアの動向

7世紀のアラビア半島に誕生したイスラーム教は、その後世界各地に広まっていった。イスラーム教が広まった地域と、どのような方法で広まったかについて、考えてみよう。

1 イスラーム教の諸地域への伝播

㊙ p.94 ~ 96

イスラーム教はどのような人々の活動によって各地に伝播したのだろうか。

① 中央アジアのイスラーム化

❶イスラーム化のはじまり

8世紀初め、アラブ軍が中央アジアのオアシス地域を征服：イスラーム教への改宗が進む

→(1 　　　　　　)**の戦い**(751)で、アラブ軍が唐(とう)軍を破る

(2 　　　　　　)**朝**(875~999)

…アッバース朝の地方政権として中央アジア・イラン東北部を支配

→トルコ人の騎馬戦士をカリフの親衛隊に(3 　　　　　　)(奴隷(どれい)軍人)として供給

❷トルコのイスラーム化

(4 　　　　　　)**朝**(10世紀半ば~12世紀半ば頃)

…(5 　　　　　　)の滅亡後、中央ユーラシアに西進(せいしん)したトルコ系遊牧集団が建国

イスラーム教を受容

10世紀末、(2※ 　　　　　　)朝を倒して中央アジアのオアシス地域にも進出

→中央アジアが「(6 　　　　　　)(トルコ人の土地)」と呼ばれるようになる

② 南アジアへのイスラーム勢力の進出

❶イスラーム勢力の進出

ヴァルダナ朝滅亡後、南アジア各地に諸勢力が割拠(かっきょ)

→10世紀末~、中央アジアのイスラーム勢力が軍事進出開始

(7 　　　　　　)**朝**(977~1187)…アフガニスタンを拠点

(8 　　　　　　)**朝**(1148頃~1215)…(7※ 　　　　　　)朝から独立→北インドへの軍事侵攻を繰り返す

奴隷王朝(1206~90)…南アジア初のイスラーム王朝　創始者：アイバク

→(9 　　　　　　)**朝**(1206~1526)のはじまり

…デリーを本拠にしたイスラーム系の5王朝の総称　奴隷王朝~ロディー朝まで

❷イスラーム教の拡大と文化の融合

インド古来の信仰┬(10 　　　　　　)：神への献身(けんしん)を求める
　　　　　　　　└ヨーガ：苦行(くぎょう)を通じて神との合体を求める

…イスラーム教の教えとの共通性があり、都市住民・(11 　　　　　　)差別に苦しむ人々に広まる

(12 　　　　　　)**文化**の誕生…(13 　　　　　　)語作品がペルシア語に翻訳(ほんやく)される

3 東南アジアの交易とイスラーム化

❶東南アジアと中国

8世紀頃、ムスリム商人が中国沿岸に進出→10世紀後半から、広州や泉州などに居留(きょりゅう)して交易

唐の国際秩序がゆるむ→中国の商人が([14])**船**で東南アジアに進出

10世紀後半、チャンパーや三仏斉(さんぶつせい)が宋(そう)に朝貢(ちょうこう)

13世紀後半に元軍が侵攻→陸と海の交易路は発展

ベトナム…([15])朝が元軍に勝利　ビルマ…([16])朝滅亡

ジャワ…元軍の干渉(かんしょう)排除→ヒンドゥー王朝の([17])**王国**成立

❷東南アジアのイスラーム化

交易ネットワークの拡大・ムスリム商人・神秘主義教団の活動

→13世紀末、スマトラ島に東南アジア初のイスラーム王朝成立

([18])**王国**(14世紀末～1511)…国際交易都市([18*])から発展

明(みん)との朝貢関係を利用→タイの([19])朝の影響力を排除

→明が対外活動を縮小すると、イスラーム勢力との関係を強化してタイの侵攻を阻止

イスラーム勢力の拡大…([18*])王国につづくイスラーム王朝が成立する

→スマトラ：([20])**王国**(15世紀末～1903)　ジャワ：([21])**王国**(1580年代末頃～1755)

4 アフリカのイスラーム化

❶東アフリカの状況

([22])**王国**(紀元前後頃～12世紀)…キリスト教徒の国

ナイル川流域と紅海(こうかい)方面を結ぶ交易で繁栄：([23])や奴隷、象牙(ぞうげ)をあつかう

東岸地域…モガディシュ・([24])・キルワなどの海港が活性化

([23*])や香料(こうりょう)、象牙などを輸出

ムスリム商人が、インド洋海域を結ぶ交易ネットワークに参加

季節風を利用して([25])船を操る

アラビア語の影響を受けた([26])**語**が共通語として用いられる

❷西アフリカの状況

([27])**王国**(7世紀頃～13世紀半ば頃)

…サハラ北部の岩塩(がんえん)と自国の([23*])を交換する隊商(たいしょう)交易で繁栄

北アフリカのイスラーム化以降、ムスリム商人による([28])が大きく発展

11世紀後半、ムラービト朝の攻撃を受けて衰退→西アフリカのイスラーム化が進む

([29])**王国**(1240～1473)…支配階級はイスラーム教徒

([30])**王国**(1464～1591)…支配階級はイスラーム教徒。北アフリカとの交易で繁栄

→ニジェール川中流の都市([31])…交易・イスラーム教の学問の中心地として発展

図と16世紀までのおもなアフリカの国々の地図をみて、1・2以下の問に答えなさい。

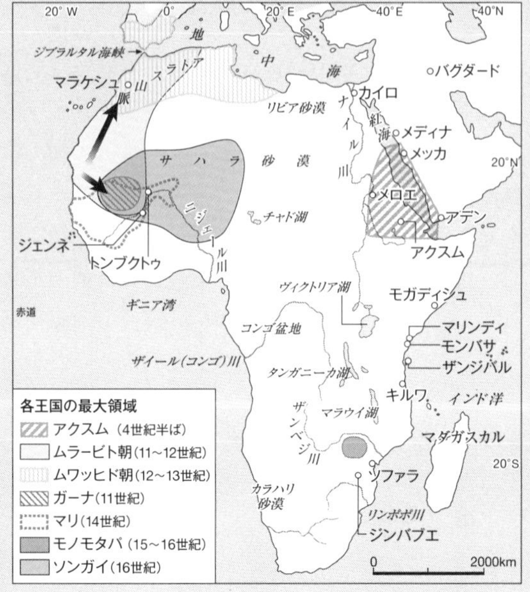

問1．図の人物が支配した地域を地図から選んで、 赤線で囲みなさい。

問2．図の人物の王国が繁栄した理由として考えられることをあげなさい。

（　　　　　　　　　　　　　　　　　　　　　　　　　）

イスラーム教の拡大と、軍事・商業の活動にはどのような関係があったのだろうか。

㊞ p.97

探究しよう

イスラーム文化の多様性をモスクから考えてみよう

7世紀のアラビア半島に生まれたイスラーム教は、やがて世界各地に伝播していった。それとともにイスラーム文化が広まっていく。それは教義や儀礼、法、暦、アラビア文字などの共通性を備えるとともに、各地の伝統や文化と融合して多様な姿をみせることになった。

教科書のp.82には、モスクの一般的な機能と構造が示されている。しかし、個々のモスクをみると、そこには各地の伝統的な建築文化が反映され、その姿は様々であることがわかる。

Question 1　資料1～4は各地の代表的なモスクである。それぞれのモスクに使用されている建築材料は何だろうか。

Work 1　世界各地の主な建築材料を調べてみよう。

Question 2　イスラーム文化が各地の伝統や文化を受け入れ、それらと融合してきたとすれば、これはこの4つのモスクのどんなところに見出すことができるだろうか。

Work 2　以下の宗教と密接に関係する、食べ物や飲み物は何か、調べてみよう。

イスラーム教：

キリスト教：

ユダヤ教：

仏教：

2 西アジアの動向

教 p.97 ～ 100

イスラーム勢力の拡大は、西アジアや北アフリカ・イベリア半島の社会にどのような影響を与えたのだろうか。

1 トルコ系遊牧民の西アジア進出とセルジューク朝

❶トルコ人の台頭

トルコ人…遊牧民であり、優秀な騎馬戦士

9世紀頃～、アッバース朝や各地のイスラーム政権が([1])として登用

❷セルジューク朝(1038～1194)

トルコ系の遊牧部族が中央アジアから西進して建国

ブワイフ朝を追ってバグダードに入城(1055)

→アッバース朝カリフから([2])(支配者)の称号を得る

〈統治〉・[[3]]らイラン人を登用

・([4])派の神学を奨励→([5])(学院)を各地に建設

・([6]) **制**…ブワイフ朝が創始。軍事奉仕の代償として軍人に農村などからの([7])**権**を付与する仕組み→のちに西アジアの諸政権が継承

〈文化〉・[[8]]…イスラーム諸学の完成者。([9])(スーフィズム)に傾倒

→([4*]) 派思想の展開に大きな影響を与える

・[[10]]…数学者・天文学者。ペルシア語で四行詩集(『([11])』)を著す→新たなペルシア語文学の世界を開拓

2 十字軍とアイユーブ朝

❶十字軍派遣の背景

11世紀後半、セルジューク朝が([12])帝国を破り、アナトリアの大半を支配下に入れる

→西ヨーロッパ側が十字軍運動をおこす

→第1回十字軍(1096～)が([13])を奪回

→その後200年にわたりシリア・パレスチナに十字軍国家が存続

❷十字軍派遣の影響

イスラーム教徒とキリスト教徒のあいだに対立をもたらす

↔西ヨーロッパと西アジアの文化的・経済的な接触や交流を促進

❸エジプト

([14])**朝**(1169～1250)

…クルド系軍人の[[15]](サラディン)が、ファーティマ朝を廃して建国

→([4*])派支配を回復。十字軍から([13*])を奪回(1187)

([1*])**朝**(1250～1517)

…([14*])朝に重用されていた([1*])の有力者が、スルタンの地位を引き継いで建国

❸ イル＝ハン国の西アジア支配

［[16]　　　　］率いるモンゴル軍が、アッバース朝を滅ぼす(1258)

→**イル＝ハン国**を建国→のちの君主がイスラーム教へ改宗

〈統治〉・イラン系の官僚を重用して、財政制度を整備

・モンゴルによるユーラシア大陸や海域の交通網の整備→東西交易が活発化

〈文化〉・東アジアの影響→写本絵画や陶器製造などの芸術が発展

・［[17]　　　　　　　　　　］…『集史』を編纂

・ハーフィズらの詩人が活躍→（[18]　　　　　　　　　　）**文化**が花開く

❹ マムルーク朝とカイロの繁栄

（[1*]　　　　　　）朝…十字軍国家を滅ぼし、さらに西進してきたモンゴル軍も撃退

小麦やサトウキビなどの農業生産が向上し、海上交易も発達

→首都（[19]　　　　）を拠点とする（[20]　　　　　　）**商人**が、香辛料交易で活躍

スルタンや有力な軍人…モスク、（[5*]　　　　　）、病院、聖者や自身の廟などを建設

→土地や市場(スーク、バザール)の商業施設などを（[21]　　　　）(ワクフ)して運営

〈文化〉・都市的な文化が花開き、百科事典や伝記集の編纂も進む

・［[22]　　　　　　　　　　］…『世界史序説』を著す

・民衆のあいだでは、神を身近に感じる（[7*]　　　　　）が広がる

❺ 北アフリカ・イベリア半島の情勢

❶北アフリカ

先住民（[23]　　　　　）**人**…11世紀半ば、イスラーム教への改宗が急速に進む

→（[24]　　　　　）**朝**、（[25]　　　　　）**朝**がモロッコに成立　中心都市：（[26]　　　　　　）

❷イベリア半島：後ウマイヤ朝の滅亡以後，小国家が乱立

キリスト教徒による国土回復運動(（[27]　　　　　　）)が始まると、対抗して（[24*]　　　　　）

朝や（[25*]　　　　　）朝が進出

→イベリア半島南部ではイスラーム教とアラビア語の受容が進み、12世紀には住民の大半がイスラーム教徒になる

（[28]　　　　）やコルドバなどの諸都市…毛織物業や交易で繁栄

（[29]　　　　）**朝**(1232～1492)…イベリア半島最後のイスラーム王朝

→1492年、キリスト教徒勢力により滅亡：（[27*]　　　　　　）の完成

→ムスリムの一部は北アフリカへ。半島に残った大半はキリスト教に改宗

❸イスラーム文化

［[30]　　　　　　　　］…アリストテレスの著作に注釈を加える

→のちに（[31]　　　　　）語に翻訳され、12世紀ルネサンスにつながる

［[32]　　　　　　　　　　］…『大旅行記』を執筆

（[33]　　　　　　）**宮殿**…（[29*]　　　　）朝がグラナダに建設

9～13世紀にかけて、トルコ系の人々はどのような活動をしたのだろうか。

第7章

ヨーロッパ世界の変容と展開

5世紀に西ローマ帝国が滅亡すると、ヨーロッパには様々な民族が侵入した。そうした混乱期に、東西ヨーロッパでは、どのような政治的・宗教的な変化がおこったのだろうか。

1 西ヨーロッパの封建社会

㊚ p.101 ～ 104

8世紀以降、様々な民族の侵入が続く西ヨーロッパではどのような体制が成立したのだろうか。

1 教会の権威

❶教会の権威確立と弊害

ローマ=カトリック教会…中世西ヨーロッパ社会全体に普遍的権威（けんい）を確立

ピラミッド型の階層制組織

→教会は領主化し、農民から(1　　　　　　)を徴収（ちょうしゅう）

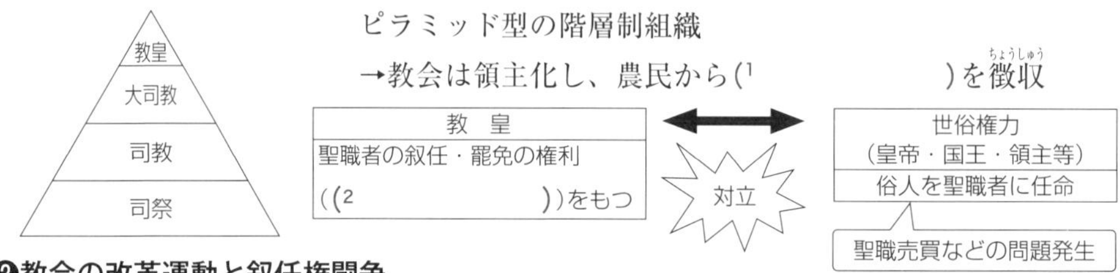

❷教会の改革運動と叙任権闘争

10世紀以降、フランスの(3　　　　　　)**修道院**を中心に改革運動がおこる

教皇[4　　　　　　]の改革…聖職売買や聖職者の妻帯（さいたい）を禁止。聖職者を任命する権利((2*　　　　　　))を世俗（せぞく）権力から教会に移して教皇権の強化をはかる

→ドイツ国王(のち神聖ローマ皇帝)[5　　　　　　]が反発：**叙任権闘争**

→教皇は[5*　　　　　　]を破門（はもん）し、ドイツ諸侯も国王の廃位を決議

→(6　　　　　　)**の屈辱**(1077)…[5*　　　　　　]はカノッサで教皇に謝罪

(7　　　　　　)**協約**(1122)…皇帝はドイツ以外での叙任権を事実上放棄→叙任権闘争終結

13世紀、[8　　　　　　]の時代に教皇権は絶頂期をむかえる

2 十字軍とその影響

❶十字軍運動期の西ヨーロッパ

11世紀頃～、(9　　　　　　)**制**の普及や犂（すき）・水車の改良などによる農業生産の増大

→この時期は気候も温暖で、人口も飛躍的に増加

西ヨーロッパ世界の拡大の動き…開墾（かいこん）運動や干拓（かんたく）、エルベ川以東への(10　　　　　　)、イベリア半島の国土回復運動、**十字軍運動**

❷十字軍運動

(11　　　　　　)朝が聖地(12　　　　　　)を占領し、アナトリアに進出

→ビザンツ皇帝がローマ教皇に救援を求める

→教皇[13　　　　　　]が(14　　　　　　)宗教会議(1095)で、聖地回復の戦いを提唱

〈経過〉第1回十字軍(1096～)：(12*　　　　　　)を占領→(12*　　　　　　)**王国**を建国

(15　　　　　　)十字軍：(16　　　　　　)商人の要求でコンスタンティノープルを占領

約200年間で7回の十字軍が派遣（はけん）されるが、聖地回復は最終的には達成されず

〈影響〉宗教面…遠征の失敗で教皇の権威はゆらぐ

　　政治面…諸侯が没落する↔遠征を指揮した(17　　　　)**の権威**が高まる

　　経済面…十字軍の遠征ルートにあったイタリアの諸都市が繁栄する

　　文化面…ビザンツ帝国やイスラーム世界から文物が流入→西ヨーロッパ人の視野が拡大

3 商業の発展

❶都市・商業の発達

封建社会の安定と農業生産力の上昇…商業の活性化をうながす

　→各地で余剰生産物を交換する定期市が開催

ムスリム商人・ノルマン人の商業活動や十字軍運動→貨幣経済や遠隔地貿易の発達

❷地中海商業圏

イタリアの**港市**：(16*　　　　　　)・ジェノヴァ・ピサなど

　…(18　　　　)貿易でアジア産の(19　　　　　)・宝石、中国産の絹織物など奢侈品を輸入

内陸都市：(20　　　　　)・フィレンツェなど…(21　　　　　)業や金融業で栄える

❸北ヨーロッパ商業圏(北海・バルト海周辺)

北ドイツの諸都市：(22　　　　　　　)・ハンブルク・ブレーメンなど

　…(23　　　　　)・木材・穀物などをあつかう

(24　　　　　　)地方の都市：ガン(ヘント)・ブリュージュなど

　…(21*　　　　)生産で繁栄し、イギリスから原料の羊毛を輸入

地中海と北ヨーロッパの商業圏を結ぶ都市が発達…フランスの(25　　　　　　　　)**地方**：定期市で繁栄

4 中世都市の成立と市民たち

❶自治都市と都市同盟

(26　　　　　)…11世紀以降、諸侯や司教ら封建領主から自治権を獲得した都市

　北イタリア諸都市…一種の都市国家として完全に独立

　ドイツの諸都市…皇帝から(27　　　　　)を得て皇帝直属の自由都市(帝国都市)となる

　都市同盟の結成
　┌イタリア…(28　　　　　　　　)**同盟**
　└ドイツ…(29　　　　　)**同盟**　盟主：(22*　　　　　　　　)
　　　→共同で武力を保有し、14世紀には北ヨーロッパ商業圏を支配

❷都市の自治と市民たち

(30　　　　)…自治の中心になった同業組合

自由競争を禁じ、商品の品質・価格などを統制→たがいの利益を守る

　厳格な身分序列…(31　　　　)・職人・徒弟→同職(30*　　　　)組合員は(31*　　　)のみ

アウクスブルクの(32　　　　　)**家**…神聖ローマ皇帝に融資　｝富と権力をもつ

フィレンツェの(33　　　　　)**家**…一族からローマ教皇を出す　｝上層市民

周辺の荘園から農奴たちが自由を求めて流入

商業や金融業を営んだ(34　　　　　)人など社会的少数派の人々は、しばしば迫害を受ける

西ヨーロッパ中世都市は、現代の都市と比べどのような特徴をもっていたのだろうか。

2 東ヨーロッパ世界

教 p.104 ~ 106

6世紀以降に東ヨーロッパへ広がったスラヴ人は、周辺の大国の影響を受けながら、どのような国家形成を進めたのだろうか。

1 スラヴ人と周辺諸民族の自立

❶スラヴ人の移動

スラヴ人…原住地はカルパティア山脈北方→6世紀以降、東ヨーロッパ全体へ進出

(1　　　　)**人**…ロシア人・ウクライナ人など

9世紀：ノルマン人がノヴゴロド国、(2　　　　)**公国**を建国→スラヴ人に同化

10世紀末：キエフ公国の[3　　　　　　]…ギリシア正教に改宗

→ロシアのビザンツ化を進めて最盛期をもたらす

13世紀：モンゴル人が侵入→約240年間にわたってロシアを支配

15世紀：水陸の交通路をおさえた(4　　　　)**大公国**が勢力をのばす

[5　　　　　　]…モンゴルの支配から脱する(1480)

ビザンツ帝国最後の皇帝の姪と結婚、ローマ帝国の後継者を自任

→はじめて(6　　　　)(皇帝)の称号を用いる

農奴制を強化する一方、諸侯をおさえて強大な権力を握る

首都(4*　　　　)がギリシア正教圏の中心の地位を確立する

[7　　　　　　]…ロシア帝国の基礎をつくる

❷南スラヴ人…バルカン半島へ南下

〈(8　　　　)**人**〉ギリシア正教に改宗

12世紀に独立、14世紀前半にはバルカン半島北部を支配する強国となる

〈(9　　　　)**人**〉ローマ=カトリックを受容

14世紀末以降、(10　　　　)帝国の支配下に入る

→イスラーム教への改宗進む

❸西スラヴ人…(11　　　　)人・チェック人がローマ=カトリックに改宗

〈(11*　　　　)**人**〉10世紀頃、建国

14世紀、東方植民を進めるドイツ騎士団に対抗するため、リトアニアと同君連合を結ぶ

→(12　　　　)(ヤゲロー)**朝**リトアニア=ポーランド王国をたてる

…貴族による議会が発達し東ヨーロッパの強国となる

〈(13　　　　)**人**〉

10世紀、ベーメン(ボヘミア)王国を統一→11世紀、神聖ローマ帝国に編入される

❹非スラヴ系諸民族の自立

〈(14　　　　)**人**〉7世紀にバルカン半島北部で建国。スラヴ化してギリシア正教に改宗

ビザンツ帝国による支配→独立→14世紀、(10*　　　　)帝国に征服される

〈(15　　　　)**人**〉

10世紀末、パンノニア平原に**ハンガリー王国**を建国→ローマ=カトリックを受容

16世紀に(10*　　　　)帝国の、17世紀末にはハプスブルク家の支配下に入る

2 ビザンツ帝国の衰亡

❶支配権の縮小と軍備の再編

ユスティニアヌス大帝の死後、ササン朝やイスラーム勢力などの侵入を受けて支配圏が縮小

(16　　　　)**制**：7世紀以降、外敵の侵入に対処するために実施

帝国領を軍管区((16*　　　　))にわけ、その司令官に軍事と行政の権限を与える

→軍管区では、農民に土地を与えて兵役を課す屯田兵制を実施

→土地を所有する自由農民が増え、帝国の基盤となる

❷ビザンツ帝国の滅亡

10～11世紀前半、いったん勢力を回復

→11世紀後半には(17　　　　　　　)朝の侵入を受ける

11世紀末以降、(18　　　　　　　)**制**を実施…軍役奉仕と引きかえに貴族に領地を与える

→貴族が大土地所有者として勢力を拡大し、皇帝権力は衰退

13世紀初め、第4回十字軍に(19　　　　　　　　　　　　　)を奪われて混乱

1453年、(10*　　　　　)帝国に滅ぼされる

3 ビザンツ文化

特徴…ギリシア古典文化とギリシア正教の融合

7世紀以降、ギリシア語が公用語となる

→ギリシア語の古典研究が盛ん。キリスト教神学が学問の中心となる

建築…(20　　　　)と(21　　　　　)壁画を特色とする**ビザンツ様式**

代表的建築物：(22　　　　　　　　　)聖堂、サン＝ヴィターレ聖堂など

(23　　　　)美術…聖像禁止令の解除後、聖像画などが盛んに制作される

→イスラーム文明やイタリア＝ルネサンスにも影響を与える

地図のように、東ヨーロッパの宗教分布がギリシア正教とカトリックにわかれた理由を答えなさい。

(　　　　　　　　　　　　　　　　)

西ヨーロッパ世界と東ヨーロッパ世界は、おもな民族、宗教、社会制度などの点で、どのような違いがあるだろうか。

3 西ヨーロッパ世界の変容

㊖ p.107 ～ 111

13 世紀以降の西ヨーロッパの諸地域では、近代的な国家の形成に向けて、どのような歩みが始まったのだろうか。

1 封建社会の衰退

❶貨幣経済の浸透

領主…(1)から、生産物・貨幣で(2)をおさめさせるように変化

→農民は残りの貨幣を蓄えて経済力をつける

❷農民の地位向上

気候の(3)による凶作や飢饉、(4)(ペスト)の流行、戦乱などで人口が減少

→領主は労働力確保のために農民の待遇を向上させ、身分的束縛をゆるめる

→イギリス・フランス・西南ドイツなどで、(5)が増加

❸領主と農民の対立

経済的に困窮した領主が再び農民への束縛を強めようとする

→大規模な農民一揆の発生

フランスの[6]の乱(1358)

イギリスの[7]の乱(1381)

一揆はいずれも鎮圧されたが、領主層はますます窮乏化

(8)の発明(14～15世紀)…戦術が変化→中小領主であった(9)が没落

❹中央集権的な政治権力

都市の市民は市場を統一する権力の出現を望む

→国王は市民と協力し、諸侯をおさえて中央集権化をはかる

→諸侯や(9*)は廷臣となり、領地で地代を取り立てるだけの地主となる

2 教皇権の衰退

❶教皇と国王の対立

(10)の失敗や王権の強化→教皇の権威が衰えはじめる

(11)事件(1303)

…教皇[12]は聖職者課税に反対してイギリス・フランス国王と対立

→教皇はフランス国王[13]に捕らえられ、まもなく死亡

「(14)」(1309～77)

…教皇庁はローマから南フランスの(15)に移される

→約70年間、この地にとどまる

(16)(1378～1417)

…教皇がローマに戻ると、(15*)にも別の教皇がたち、対立状態が続く

→教皇と教会の権威は著しく失墜

❷教会への批判

イギリスの[17　　　　　　　]やベーメンの[18　　　　]

…聖書を信仰のよりどころとし、教会はその教えから離れていると批判(14世紀後半)

(19　　　　　　　)**公会議**(1414〜18)

…ローマの教皇を正統と認めて(16*　　　　　　)を終結させる

ウィクリフとフスを異端(いたん)と宣告。フスを火刑(かけい)に処す

→ベーメンでチェコ民族運動と結んだ[18*　　　　]派の反乱が続く([18*　　　　]**戦争**)

❸ イギリスとフランス

(20　　　　　　　)…貴族・聖職者・都市の代表が参加→王権の伸張に貢献

❶イギリス

ノルマン朝(1066〜1154)…征服により成立→強い王権

(21　　　　　　　　　　)**朝**(1154〜1399)…フランス西半部も領有

[22　　　　　]**王**…フランス王と争ってフランスにおける領地の大半を失う

教皇[23　　　　　　　　　　　　　]と争って破門(はもん)される

貴族の反抗で(24　　　　　　)(**マグナ=カルタ**)を承認(1215)

…課税には高位聖職者と貴族の会議の承認を必要とするなど王権を制限

→イギリス立憲政治の基礎が築かれる

〈身分制議会の整備過程〉

┌[25　　　　　　　　　　　　　　]が議会を開く(1265)→イギリス議会の起源

├(26　　　　　　)の招集(1295)

└14世紀半ば、上下院に分離┬上院(じょういん):高位聖職者、大貴族を代表

　　　　　　　　　　　　　└下院(かいん):州・都市を代表。地方地主の(27　　　　　　　)(郷紳(きょうしん))

❷フランス

(28　　　　)朝…王権は弱体

[29　　　　　　　　]…[22*　　　　　]王からイギリス領の大半を奪う

[30　　　　　　]…異端の(31　　　　　　　　)**派**(カタリ派)を征服→王権を南フランスに拡大

[13*　　　　　　　　]…教皇と対立

→聖職者・貴族・平民の代表者が出席する(32　　　　　　　)を開き(1302)、教皇をおさえて王権強化

4 百年戦争とバラ戦争

❶百年戦争(1339～1453)

〈原因〉

毛織物の産地(33　　　　　　)**地方**をめぐるイギリス・フランスの対立

フランス・カペー朝断絶→(34　　　　　　)**朝**(1328～1589)成立

→イギリス国王[35　　　　　　　　]は、母が(28＊　　　　)家出身であることからフランスの王位継承権を主張し、百年戦争が始まる

〈経過〉はじめは長弓兵を駆使したイギリス軍が優勢

→[36　　　　　　　　]の活躍でフランス南西部を奪う

フランス国内…(4＊　　　　)の流行などで荒廃し、シャルル7世の時代には崩壊寸前

→農民の娘[37　　　　　　　　]がオルレアンの包囲を破る→フランスの勢力回復

〈結果〉フランスの勝利…ほぼ全土からイギリス軍を追い出す

長期の戦争のため、フランスでは諸侯・騎士が没落

→シャルル7世は大商人と結んで財政をたて直し、(38　　　　　)を設置するなど中央集権化を急速に進める

❷バラ戦争(1455～85)

(39　　　　　　　)家・ヨーク家によるイギリス王位継承の内乱

→内乱が長期にわたり、諸侯・(9＊　　　　)は没落

→(39＊　　　　　)派の[40　　　　　　]が(41　　　　　　　)**朝**(1485～1603)を開く

❸イギリスの隣接諸国

(42　　　　　)(ケルト系)…イギリスに併合される(1536)

(43　　　　　　　)…独立を保つ

5 スペインとポルトガル

❶国土回復運動

イスラーム勢力…イベリア半島の大半を支配

→約800年にわたって、キリスト教徒が**国土回復運動**((44　　　　　　　　))の戦いを続ける

回復された領土…カスティリャ・アラゴン・ポルトガルの3王国がたてられる

❷スペインとポルトガル

カスティリャ王女[45　　　　　　]とアラゴン王子**フェルナンド**が結婚

→両国が統合されて**スペイン王国**が成立(1479)

スペイン…イスラーム勢力最後の拠点であった(46　　　　　)朝のグラナダを陥落させる

→国土回復運動の完成(1492)→海外進出に乗り出す

ポルトガル…12世紀にカスティリャから独立

→15世紀後半に王権を強化し、アジア航路の開拓を進める

イベリア半島の国土回復運動の進展を示した地図について、問１・２に答えなさい。

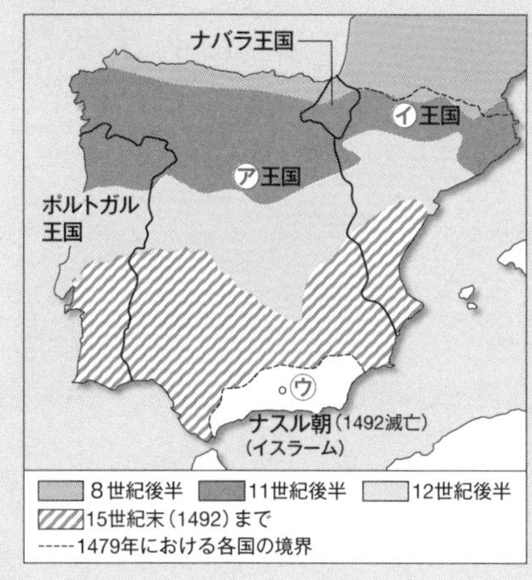

問１． 1479年に㋐と㋑が統合されてスペイン王国が成立したが、㋐と㋑の国名は何か。

㋐（　　　　　　）**王国**

㋑（　　　　　　）**王国**

問２． 1492年、スペインはイベリア半島のイスラーム勢力最後の拠点である㋒を陥落させた。㋒の都市名は何か。　㋒（　　　　　　）

6　ドイツ・スイス・イタリアと北欧

❶ドイツ（神聖ローマ帝国）

諸侯や自由都市の勢力が強く、歴代皇帝はイタリア政策で国内統治をおろそかにする

→「（47　　　　）**時代**」（1256〜78）：事実上皇帝が不在で、混乱が続いた時代

皇帝**カール４世**…「（48　　　　）」を発布（1356）

→神聖ローマ皇帝の選出権を聖俗の**七選帝侯**に認める

→15世紀以降、皇帝は（49　　　　）家から選ばれるようになる

14世紀以降、諸侯や自由都市など約300の**領邦**が分立する状態→統一は困難

（50　　　　）…ドイツ人による大規模な植民事業

12世紀から、スラヴ人やマジャール人が居住する（51　　　　）川以東の地への植民が始まる

→（52　　　　）領などの諸侯国が成立。15世紀以降は西ヨーロッパ向けの穀物生産増大

❷スイス

13世紀末、（49＊　　　　）家の支配に農民たちが反抗→独立闘争が始まる

15世紀末、神聖ローマ帝国から事実上独立→（53　　　　）**条約**で国際的に承認（1648）

❸イタリア

諸勢力が分立
- 南部：（54　　　　）王国とナポリ王国
- 中部：（55　　　　）
- 北部：ヴェネツィア・フィレンツェ・ジェノヴァ・ミラノなどの都市国家

教皇と皇帝が対立

→諸都市の内部で（56　　　　）（ゲルフ）と（57　　　　）（ギベリン）が争い、国内統一は困難

❹北欧

（58　　　　）**同盟**（1397）…デンマーク・スウェーデン・ノルウェーが締結

→デンマークの摂政［59　　　　］主導で同君連合を結成

15 世紀末のドイツ・スイス・イタリアの地図および図をみて、以下の問 1 ～ 3 に答えなさい。

問1．「金印勅書」で皇帝の選出権を認められた地域を 7 つあげなさい。

（　　　　　　　　　　　　　　　　　　　　　）

問2．問 1 のうち、図のＣが活動し、死後も彼を支持する人々の反乱が発生した地域を答えなさい。

（　　　　　　　　　　）

問3．Ｃを熱狂的に支持した、問 2 の地域のスラヴ系民族の名称を答えなさい。　（　　　　　　　　　　）

ヨーロッパで中世社会が崩壊した理由を、封建制・荘園という語を用いて説明してみよう。

㊟ p.108

探究しよう

西ヨーロッパ各国で、国王の権威はどのように変化したのだろうか

10世紀以降、皇帝・国王などの世俗権力と教皇のあいだで聖職者の叙任権を争う叙任権闘争が激化していた。13世紀の皇帝インノケンティウス3世は、フランス王、イギリス王、神聖ローマ皇帝を破門し、教皇権は世俗の皇帝や国王に優越することが明確になった。しかしその後、教皇の権威は衰えをみせ、国王は権威を高めていった。一方、国王に対し、その権限を制限するような動きもみられた。

Question 1 **資料1で教皇はどの人物であると推定できるだろうか。根拠をあげて説明してみよう。**

Work **キリスト教(カトリック、プロテスタント)、イスラーム教(スンナ派、シーア派)という一神教における宗教指導者の性格の違いを調べてみよう。**

カトリック：

プロテスタント：

スンナ派：

シーア派：

Question 2 **ローマ帝国の時代から、皇帝や国王とローマ教皇の関係はどのように変化したのだろうか。調べてみよう。**

Question 3 **資料2の議会以降、イギリスの国政においては、どのような事態が進行していくのだろうか。調べてみよう。**

4 中世文化

教 p.112 ～ 113

十字軍運動以降、ビザンツ帝国やイスラーム圏との接触が深まっていくなかで、文化的にはどのような変化がおこったのだろうか。

1 教会と修道院

中世の西ヨーロッパでは**ローマ＝カトリック教会**が絶大な影響力をもつ

修道院…修行の場であり、大きな文化的役割も果たした

(1　　　　　　　)修道会… 6 世紀、[2　　　　　　　　　　]がイタリアの(3　　　　　　　　)に開く

「(4　　　　　　　　　)」の戒律を修道士に課す

「(5　　　　　　)」という原則→労働を奴隷(どれい)の仕事と考えていた従来の労働観をかえる

12世紀以降、森林の開拓が進む(6　　　　　　)**時代**…シトー修道会などが先頭に立つ

[7　　　　　　　　　]…13世紀に修道会を建て、民衆の教化に大きく貢献

2 学問と大学

❶学問

神学が最高の学問↔哲学・自然科学はその下に置かれる

当時の学者・知識人であった聖職者たちは共通語である(8　　　　　)語を使用

(9　　　　　　　　　)…ビザンツ帝国やイスラーム圏に継承されていたギリシアの古典を(8*　　　　)**語**に翻訳(ほんやく)→学芸が発展

イスラーム科学の影響

…実験を重視する[10　　　　　　　　　　　　]の自然科学はのちの近代科学を準備する

(11　　　　　)**学**…キリスト教の信仰を論理的に体系化しようとする学問

→[12　　　　　　　　　　　]により大成され、教皇権の理論的支柱となる

❷大学の誕生

12世紀頃～、都市の発展を背景に、教授や学生の組合として始まる

主な学部：(13　　　)・(14　　　)・(15　　　　　)の３学部、基礎的な教養科目：自由七科

イタリアのボローニャ大学…最古の大学。(14*　　　)で有名

フランスのパリ大学…(13*　　　)で有名

イギリスのオクスフォード大学…独自の学寮(がくりょう)(コレッジ)制をもとに発展

3 美術と文学

❶教会建築

(16　　　　　　　)**様式**：11世紀～、厚い石壁(いしかべ)・小さな窓をもち、重厚(じゅうこう)さが特色

(17　　　　　　)**様式**：12世紀～、尖頭(せんとう)アーチ・高い塔、窓の(18　　　　　　　　　)が特色

❷文学

(19　　　　　　)：騎士の武勲(ぶくん)や恋愛をテーマに口語(こうご)(俗語(ぞくご))で表現された文学作品

代表作：フランスの『(20　　　　　　)の歌』、ドイツの『(21　　　　　　　　)の歌』、イギリスの『(22　　　　　　)王物語』など

南フランスやドイツでは、(23　　　　　　)が宮廷(きゅうてい)で騎士の恋愛をテーマに叙情詩(じょじょうし)をうたう

図A〜Cの所在地を地図の中から選び記号で答えなさい。

A（　　　　　　　　　）
B（　　　　　　　　　）
C（　　　　　　　　　）

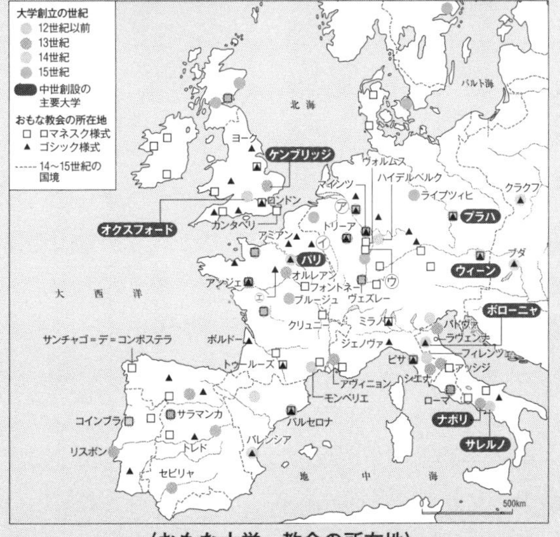

〈おもな大学・教会の所在地〉

あなたは、現代と比較して、ヨーロッパ中世の学問・芸術の特徴は何だと考えるか。

第8章

東アジア世界の展開とモンゴル帝国

東アジアに広く影響をおよぼした唐が滅亡すると、10〜13世紀にかけてアジア各地で様々な政治的変動がおこった。どのような政権が成立したか、その特徴を考えてみよう。

1 宋とアジア諸地域の自立化

㊙ p.114 〜 119

唐から宋にかけて、中国社会にはどのような変化がおこったのだろうか。

① 東アジアの勢力交替

唐の滅亡→近隣諸地域で政権交替があいつぎ、東アジア各地で独自の国家づくりが進む

❶モンゴル高原

キタイ(契丹、モンゴル系)：([1])の崩壊後に勢力を拡大

[[2]](太祖)…モンゴル高原東部に建国(10世紀初め)

→国号：キタイ、([3])(中国風)の双方を使用

渤海を滅ぼし、([4])を獲得して華北に進出

→狩猟民・遊牧民を([5])制、農耕民を([6])制でおさめる：二重統治体制

〈文化〉ウイグル文字と漢字の影響を受けた([7])**文字**を作成、仏教を受容

❷朝鮮半島：新羅の滅亡後、([8])が建国(918)

❸雲南：南詔の滅亡後、([9])が建国(937)

❹日本：9世紀末に([10])を停止

〈文化〉中国文化に日本文化の要素が加えられ、([11])**文字**などに代表される

([12])**文化**が栄える

律令体制の崩壊→武士が台頭し、12世紀後半には([13])が成立する

❺チベット：チベット系タングートの西夏が建国(1038)

〈文化〉漢字をまねて([14])**文字**を作成→仏典を翻訳

❻ベトナム：([15])(李朝)が成立

〈文化〉仏教や儒学を受容

❼東北地方

ツングース系の女真(ジュシェン)…キタイの支配下で狩猟・農耕を生業とする

[[16]]がキタイから自立して**金**をたてる(1115)

([17])…([5*])制にもとづく軍事・社会制度で女真人を統治

↔中国式の統治制度も採用

〈文化〉漢字や([7*])文字の影響を受けた**女真文字**をつくる

❷ 北宋と南宋

❶宋(北宋)(960〜1127)　首都：([18]　　　　)

五代の武将[[19]　　　　　]が建国→第２代の太宗が中国をほぼ統一

〈内政〉・皇帝の親衛軍を強化

・([20]　　　　)の整備…貴族にかわり科挙出身の官僚が政治の担い手となる

：([21]　　　　　)→中央政府の力は強化されるが、財政を圧迫

〈外交〉・キタイ：([4 *]　　　　　　)の帰属をめぐって対立

→和議：([22]　　　　　　)(1004)：宋が毎年多額の([23]　　　)や絹を贈る

・西夏：宋が毎年([23 *]　　　)や絹・茶を贈る

（〈内政〉〈外交〉により）財政難に陥る

11世紀後半、宰相の[[24]　　　　　]が**新法**と呼ばれる改革に着手

…([25]　　　　)や中小商工業者の保護・育成、治安維持や国境防備の民間委託など

→地主や大商人が反発、改革を支持する([26]　　　　)**党**と反対派の([27]　　　　)**党**の対立で混乱

([28]　　　　　)(1126〜27)…キタイを滅ぼした金が、宋に侵入

→上皇[[29]　　　　]と皇帝欽宗を捕虜とする

❷南宋(1127〜1276)：江南に逃れた[[30]　　　　]（欽宗の弟）によって存続　首都：([31]　　　　)

華北は金の支配下に。金に対する和平派と主戦派が対立→金と和議を結ぶ

…([32]　　　　)を国境とし、南宋は金に対して臣下の礼をとり毎年([23 *]　　　)や絹を贈る

地図と図を見て以下の問１〜３に答えなさい。

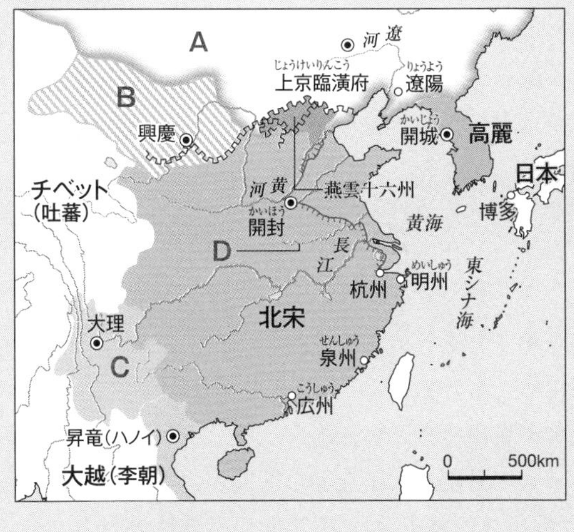

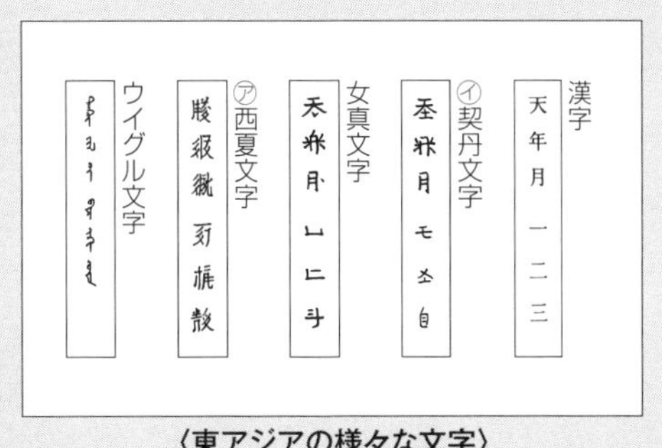

〈東アジアの様々な文字〉

問１． 図の㋐を使用していた王朝を地図中のＡ〜Ｃから選んで答えなさい。(　　　　　　　　)

問２． 図の㋑を使用していた王朝を地図中のＡ〜Ｃから選んで答えなさい。(　　　　　　　　)

問３． 北宋を滅ぼした王朝と、南宋の国境とされた川Ｄの名称を答えなさい。

(　　　　　　　　　　)

3 宋代の社会と経済

❶都市の経済発展

(18 *)…黄河と大運河の接点。華北の交易の拠点として栄える

城外や交通の要地に(33)・(34)と呼ばれる商業の拠点が成立

(35)(商人)・(36)(手工業者)などの同業組合が生まれる

❷江南の開発

長江下流域((37))の開発…政治の中心である華北と大運河で結ばれる

→低湿地の(38)や日照りに強い稲の導入が進み、穀倉地帯となる

❸海上交易・水運の発達

海上交易…絹や陶磁器・銅銭などを輸出

→宋代には、海上交易を管理する(39)が広州・泉州・明州などの港に設置される

陶磁器や茶・絹の生産も拡大→商品を運ぶ手段として水運が発達する

❹貨幣経済の発達

銅銭が大量に鋳造され、金・銀とともに取引に使用される

→銅銭は(40)**貿易**を介して日本にも大量に輸入される

遠距離間の取引では(41)・(42)と呼ばれる紙幣が利用される←唐代の手形が発展

❺新興地主層の成長

新興地主層(**形勢戸**)…(43)と呼ばれる小作人に耕作させ、大地主として勢力を拡大

→形勢戸出身の科挙合格者が増加→(44)(知識人階層)の多くを占める

→貴族にかわり地域社会の有力者となる

4 宋代の文化

〈特徴〉主な担い手:(44 *)→貴族的な華麗さから離れて、精神的・理知的な傾向

経済の発展→新しい庶民的な文化や革新的な技術を生み出す

〈工芸〉(45)・青磁…単色で簡素な陶磁器

〈絵画〉(46)…宮廷画家による写実的な絵画　代表作:「桃鳩図」

(47)…墨一色で描かれることが多い　代表作:「墨竹図」

〈文芸〉[48]ら…詩文の制作

講釈師によって語られる物語や歌と踊りをまじえた雑劇が庶民に流行

音楽にあわせてうたう(49)が盛んにつくられる

〈儒学〉(50)…宇宙・世界の根源的な原理を見出そうとする

正統な系譜として(51)を重視。華夷・君臣・父子などの区別が強調される

→[52]の『(53)』(編年体の歴史書)にも影響がみられる

南宋の[54](朱子)の学問((55))→朝鮮や日本にも多大な影響を与える

〈宗教〉禅宗…宋代に(44 *)のあいだで流行→日本では武士のあいだに広まる

→留学僧を通じて、(50 *)・漢詩文の技法など様々な文化が日本へ伝播

儒・仏・道の調和を説く(56)が開かれ、道教の革新をとなえる

〈科学技術〉(57)が普及→活字による印刷法(活版印刷術)も発明される

(58)や**火薬**も宋代に実用化→ヨーロッパに伝わる

図と 12 世紀の東アジアを示した地図をみて、以下の問 1 ～ 4 に答えなさい。

問1． 図のような紙幣が使用されるようになった理由は何だろうか。
（　　　　　　　　　　　　　　　　　　　　　　　　　　　　　　）

問2． 図の紙幣は何という王朝でつくられたのだろうか。（　　　　　　　　　　　　　　）

問3． 南宋の都の名称を答え、その場所を地図から選んで記号で答えなさい。
都の名称（　　　　　　　　　　　　　）　場所（　　　　）

問4． 陶磁器が盛んに生産された、現在の江西省にある都市名を答え、その場所を地図から選んで答えなさい。　都市名（　　　　　　　　　　　　　）　場所（　　　　）

宋代の社会・経済にはどのような特徴があったのだろうか。

㊙ p.117

探究しよう

宋代の開封はどのような都だったのだろうか

開封は黄河と大運河の合流地点に位置する都市であり、華北の交易の要衝として栄えた。当時の人物になりきって、開封を歩いてみよう。

私は国子監で学ぶ者である。今日は私の暮らす開封の街を皆さんに紹介したい。

開封の街は三重の城壁からできており、4本の運河が流れている。正店とは庭園をもつ高級酒楼のことで、開封にはそのような店が数多くある。瓦市とは盛り場のことである。

国子監からまっすぐ北上すると**竜津橋**にでる。竜津橋から州橋にかけては、夏には胡麻豆腐、砂糖をまぶしたかき氷、ボケの実エキスのジュース、緑豆の砂糖漬け、甘草で甘味をつけた氷水などが売られている。これらの店は午前零時頃まで商売をしている。

朱雀門は、宋の第2代太宗の太平興国4(979)年、改名された。この年、皇帝は北漢を併合し天下統一を果たしたが、遼に敗れ燕雲十六州の奪還に失敗した年である。

州橋とその東の**相国寺橋**は、大型船が通過できない平橋であったため、**汴河**をさかのぼってきた物資は相国寺橋より東側で荷下ろしされた。朱雀門を入ると大相国寺がみえる。大相国寺は開封最大の仏教寺院であり、皇帝の行幸も頻繁におこなわれた。

相国寺の境内では、毎月5回民衆の市場が開かれる。変わった動物や日常品など、様々なものが売られている。さらに地方から帰任した官僚が持参した各地の産物も出品されている。その裏側には占い師や不思議な術を見せる者もいて、賑わっている。

州橋を渡った御街の幅は約300mにおよぶもので、様々な儀礼がおこなわれた。

まっすぐ進むと宮城の宣徳門に至る。東華門の街路は**東華門街**と呼ばれ、開封で1、2を争うにぎわいである。東華門は、官僚が出退勤する通用門であり、宮中への物資の搬入口でもあった。一方西華門はめったに開閉せず、その門外には、殿前司という軍営やペルシアの宗教施設、**祆廟**があった。

宣徳門から東進すると金銀交易所があり、道の反対には潘楼酒店がある。界隈では毎日早朝から市がたち、羊の頭や臓物・かに・あさりといった食物が並ぶ。朝市がすんでも次々に店が出る。さらに進むと一帯には芝居小屋が50余ある。なかには数千人を収容できるものもあり、薬売り・古着売り・床屋・切り紙芸人・小唄うたいなどの店もあって、飽きることがない。

馬行街を北上すると旧封丘門である。この両側には、医院や薬屋が並ぶ。このほか、各種の店が並び、州橋の百倍はにぎやかで、車馬は道いっぱい、足を止めることができないほどである。本当に開封は活気にあふれた良い街である。

（孟元老〈入矢義高ほか訳〉『東京夢華録』を参考に作成）

Question 1

Work 1 資料中の太字の場所を赤で囲もう。

Work 2 地図中の距離約7.2kmは実測では6.8cmである。竜津橋から宣徳門が実測で1.8cmだとすると、距離は約何kmになるだろう。また徒歩1分の距離が約80mとすると、この距離は約何分で歩けるだろう。

Work 3 文章を参考にして、金銀交易所の位置に★印をつけよう。

Question 2　文中の太字や下線部の語句のうち、以下のものをインターネットや文献を使って調べてみよう。

運河：

酒楼：

朱雀門：

行幸：

祆廟：

Question 3　文中の波線部について、以下のことをインターネットや文献を使って調べてみよう。

国子監：どのような施設だろうか。

燕雲十六州：この土地の重要性は何だろうか。

官僚：宋代の官僚の社会的地位とはどのようなものだろうか。

金銀交易所：宋代はどのような通貨が利用されていたのだろうか。

Question 4　教科書の「清明上河図」や以下の文章を参照して、開封の街の一部を想像して描いてみよう。その際、説明文に、匂いや音なども想像して記入してみよう。

＊中国では古来、食肉としては羊が最上で、豚は下級とされた。血も凝固させて千切りに刻み、食用とした。また炒める、揚げる、蒸し焼きなど多様な料理法が開発されており、貯蔵された天然氷を砕いて砂糖をかけたものもあった。魚料理も多種あり、毎朝生魚が何千荷と運び込まれてきた。

Question 5　『東京夢華録』を読み、当時の人々の生活をより深く探究してみよう。

2 モンゴルの大帝国

教 p.119 ~ 122

13 世紀に入ると、中央ユーラシアから東西に広がる巨大なモンゴル帝国が出現した。「世界の一体化」という観点からモンゴル帝国成立の意義を考えてみよう。

1 モンゴル帝国の形成

❶大モンゴル国の形成

12世紀初め、キタイの滅亡→一族が西に逃れてカラキタイ(西遼)を建国

→中央ユーラシアの遊牧諸勢力の再編の動きが強まる

[1　　　　　](テムジン)…(2　　　　　)で即位(1206)

：モンゴル諸部族を統一して大モンゴル国をたてる

→軍事・行政組織の(3　　　　)をしき、強力な騎馬軍団を整備

金を圧倒したのち西方遠征に出発→ホラズム＝シャー朝を攻撃、(4　　　　)を滅ぼす

❷チンギスの一族による征服活動

[5　　　　]	カアン(最高君主、皇帝)を称し、(6　　　)を滅ぼして華北を領有
[7　　　　]	ロシアや東ヨーロッパを制圧して(8　　　　　　)国(ジョチ＝ウルス)を建国
チャガタイ	中央アジアにチャガタイ＝ハン国(チャガタイ＝ウルス)を建国
[9　　　　]	アッバース朝を滅ぼして(10　　　　　)国(フレグ＝ウルス)を建国
[11　　　　]	カアンを称し、(12　　　)を滅ぼして中国全土を支配

❸モンゴル帝国の成立：13世紀後半、中央ユーラシアとその東西を支配下におく

〈特徴〉・高い自立性をもつ諸政権が並立し、カアンのもとにゆるやかに連合

・民族も宗教も多様な人々によって構成される

・中央ユーラシア西部では、イスラーム化とトルコ化が進む

2 元の東アジア支配

❶元の成立と統治

[11*　　　　]…モンゴル高原～華北・チベット・高麗におよぶ地域を支配

→国名を**元**と定める　新都：(13　　　)(現在の北京)

日本や東南アジア半島部、ジャワに遠征

中国的な官僚制度で統治

┌モンゴル人：政策決定など中枢を担う

├(14　　　　)：中央アジア・西アジア出身者

…経済面で力をふるう

├(15　　　)：金の支配下にあった華北の人々

└(16　　　)：南宋の人々

実用的な能力のある者を登用…[17　　　　　]

：(13*　　　)の建造や暦の改良に従事

支配階級 ─ モンゴル出身〈1.4%〉
主要官僚を独占
(14*　　　)〈1.4%〉
おもに経済を担当

実務能力重視による人材の登用(科挙は軽視される)

(15*　　　)旧金朝治下の出身者〈14%〉
(女真人・契丹人・高麗人など)

(16*　　　)旧南宋治下の漢人〈83%〉

〈元の支配構造〉

❷元の経済

モンゴル帝国をおおう(18　　　)制と元の商業圏が連結

→大都が陸と海の物流・情報ネットワークの中心となる

おもに(19　　　　　)**商人**が陸と海の交易を担い、ユーラシアでおこなわれていた(20　　)経済が中国におよぶ

塩の専売や商業税によって莫大(ばくだい)な(20＊　)を集める

→(21　　　)(紙幣(しへい))を発行して(20＊　)の流通量の不足をおぎなう

利用価値が低下した銅銭は、(22　　　　　)によって日本に輸出される

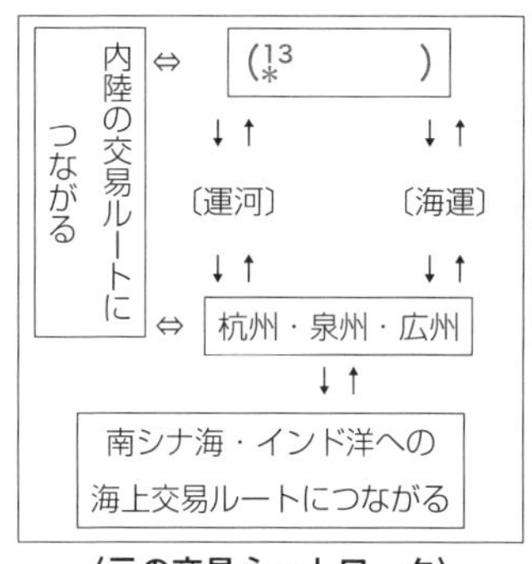

〈元の交易ネットワーク〉

❸元の文化

支配層のモンゴル人の多くは(23　　　　　　)を信仰

民衆のあいだでは(24　　　)と呼ばれる戯曲(ぎきょく)が流行

モンゴル帝国の地図について、以下の問1～3に該当する国名および地図中の記号を答えなさい。

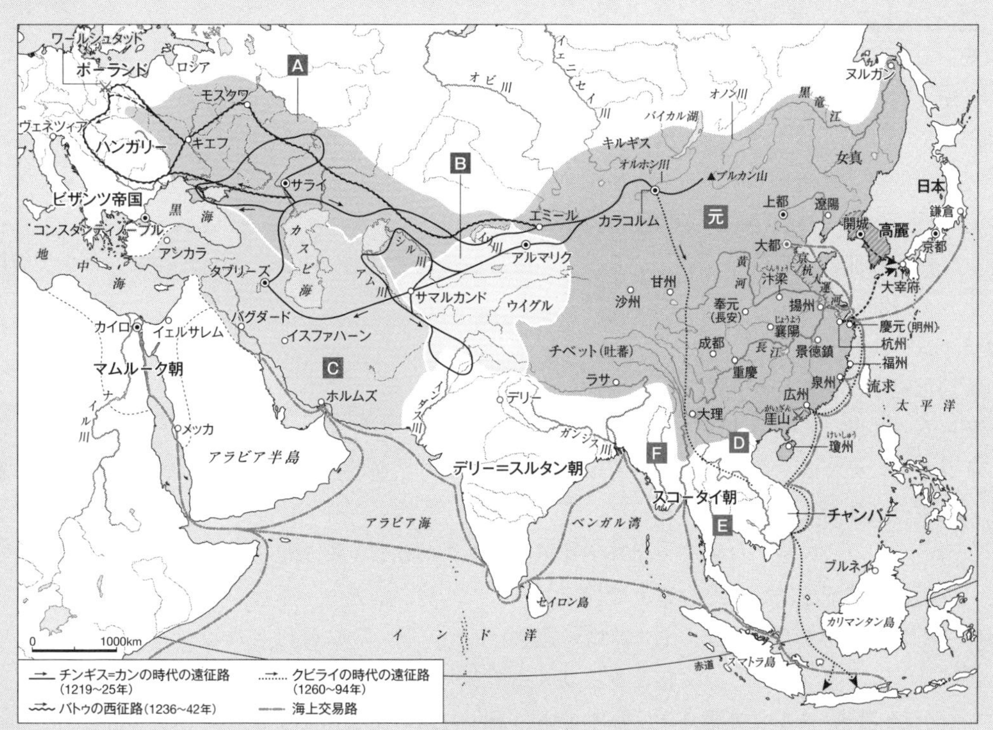

問1． バトゥがロシアや東ヨーロッパを制圧して建国した国はどこか。

国名(　　　　　　　　　　)　場所(　　　)

問2． フレグがアッバース朝を滅ぼして建国した国はどこか。

国名(　　　　　　　　　　)　場所(　　　)

問3． クビライの元軍を撃退した東南アジアの王朝はどこか。

王朝名(　　　　　　　　　　)　場所(　　　)

3 モンゴル帝国時代の東西交流

ユーラシアが統合→ヒトやモノ、情報の移動・流通が活発化

❶ヨーロッパからの使節・来訪者

[25]	教皇の使節としてカラコルムに至る
[26]	フランス王[27]の使節としてカラコルムに至る
[28]	(29)出身の商人 旅行中の見聞が『(30)』(『東方見聞録』)にまとめられ、ヨーロッパで反響を呼ぶ
[31]	教皇の使節として派遣され、大都で(32)を布教

❷文化の交流

〈歴史〉[33]…イル＝ハン国の宰相で、ユーラシア世界史の『集史』をペルシア語で著す

〈絵画〉中国から西アジアに絵画技法が伝来→(34)の写本絵画に影響

〈工芸〉(35)で、西方伝来の顔料を利用して白地に青色の模様を浮かべる陶磁器((36))を制作→海路により世界各地へ輸出される

4 モンゴル帝国の解体とティムール朝

❶モンゴル帝国の解体

疫病、気候変動による自然災害、飢饉や内紛の頻発→モンゴル諸政権の分裂・衰退が進む

(8*)国…14世紀末、[37]の攻撃を受けて弱体化

→15世紀、カザン＝ハン国やクリミア＝ハン国などに分裂

元…(21*)の濫発や専売制度の強化、飢饉の発生

→白蓮教徒による(38)などの反乱が各地で発生→明軍に追われてモンゴル高原に退く(1368)

❷ティムール朝

14世紀半ば、チャガタイ＝ハン国が東西に分裂→[37*]が台頭

ティムール朝(1370〜1507)…中央アジアに建国　首都：(39)

チンギス家の権威を尊重しつつ、トルコ系・モンゴル系遊牧民の軍事力とイラン系定住民の経済力や行政能力を結合

(40)の戦い(1402)…オスマン軍を破り、バヤジット1世を捕虜とする

→明への遠征を開始、その途上で[37*]が病死

→王朝は内紛を繰り返し、トルコ系の遊牧(41)に滅ぼされる

(42)文化とトルコ＝イスラーム文化が融合

〈文芸・芸術〉ペルシア語文学、写本絵画、トルコ語の文学作品など

〈建築〉(39*)にモスクやマドラサが建設される

〈科学技術〉[43]が天文台を建設→天文学や暦法が発達

資料Ⅰ、Ⅱを読んで以下の問１～４に答えなさい。

資料Ⅰ　中国の経済事情

　シナ人は、ディナール〔金貨〕やディルハム〔銀貨〕を商売に使わない。上述したように、〔外国との取引で〕彼らの国に利益として得られたそうしたもの（金貨や銀貨）のすべてについて、❶彼らは鋳塊に溶かしてしまうためであり、〔それに代わって国内における〕❷彼らの売り買いは、紙片によってのみ行われる。その１つひとつの紙片は手のひらほど〔の大きさ〕で、皇帝の印璽が押され、その紙片25枚が「バーリシュト」と呼ばれ、われわれの〔国にある〕１ディナール〔の価値〕に相当する。

（家島彦一訳注『大旅行記７』平凡社・東洋文庫より）

資料Ⅱ　キンサイの様子

　城郭内にはいたるところに無数の街区があるが、その間にあっても主要なのは10の区画であって、おのおの一辺が半マイルの正方形をなしている。…上記の主要10街区では、どこも高楼が櫛比して〔並び接して〕いる。高楼の階下は店舗になっていて、そこでは各種の手芸工作が営まれたり、あるいは香料・真珠・宝石など各種の商品が売られている。米と香料で醸造した酒のみを専門に売る店もある。この種の高級店舗では品物が常に新鮮でかつ安価である。…また、キンサイ市に12の工匠同業組合があると記されている。この12の組合とは重要な業種だけを限っての職種別の組合である。

（マルコ＝ポーロ著、愛宕松男訳『東方見聞録２』、木村尚三郎監修『世界史資料　上』東京法令出版より）

問１． 資料Ⅰの下線部❶について、中国ではなぜこのような使い方をするのだろうか。
（　　　　　　　　　　　　　　　　　　　　　　　　　　）

問２． 資料Ⅰの下線部❷に記述された紙片とは何だろうか。　（　　　　　　　　　　）

問３． 資料Ⅰの作者は、モロッコに生まれ、ユーラシアからアフリカまで約12万 km にもおよぶ旅をした14世紀の大旅行家である。この人物の名前を答えなさい。
（　　　　　　　　　　）

問４． 資料Ⅱは、南宋の都に関する記述である。この都の当時の中国での名称と、現在の名称を答えなさい。　当時（　　　　　　　　　）　現在（　　　　　　　　　）

モンゴル帝国の時代、宗教や文化などはどのように発展したか、具体例をあげて説明してみよう。

第9章

大交易・大交流の時代

15世紀末、ヨーロッパ勢力が海外進出を開始し、交易網が整備されていった。彼らは何を求めて海外進出をおこない、それはどのような影響を与えたのだろうか。

1 アジア交易世界の興隆

教 p.123 ～ 128

16世紀、ヨーロッパ勢力が海外進出を展開していた時代に、東アジアや東南アジアではどのような国家が成立していたのだろうか。

1 モンゴル帝国後のアジア

14世紀末、東アジア諸地域で新しい政治秩序が成立

(1　　　　　)朝と明朝が、二大帝国として繁栄

(1*　　　　　)朝の西方では(2　　　　　)帝国が、明朝の北方では(3　　　　　)系の諸集団が勢力を保持

日本…鎌倉幕府が倒れて南北朝が対立→14世紀末に南北朝が統合される

朝鮮…元に服属していた高麗を**李成桂**が倒し、(4　　　　　)が成立

2 明初の政治

❶明朝(1368～1644)**の成立**　都：(5　　　　)

紅巾の乱のなかから[6　　　　　]が台頭→(5*　　　　)で皇帝に即位([7　　　　　])

→元の帝室はモンゴル高原で王朝を維持

❷洪武帝の時代

〈国内の統治〉・六部を監督していた(8　　　　　)を廃止→皇帝に権力を集中

・農村で人口調査を全国的におこなって、租税や土地の台帳を整備

・(9　　　　)**制**を導入→民衆の統制を強化

・儒教的な6カ条の教訓((10　　　　))を広め、秩序の安定をはかる

・(11　　　　)を官学とし、唐にならって明律・明令を制定

・(12　　　　)**制**…一般の民戸と別に軍戸を設けて世襲とし、軍戸には税を免除して軍役を課す

〈対外政策〉・息子たちを王として北方に配置してモンゴルに対抗

・(13　　　　)…民間の海上貿易・海外渡航を禁止→(14　　　　　)を推進

❸永楽帝の時代

北平((15　　　　))を本拠とする燕王が、建文帝から帝位を奪う([16　　　　　])

(5*　　　　)から北平((15*　　　　))に遷都

積極的な対外政策：モンゴル高原に遠征

ムスリムの宦官[17　　　　]に命じ、インド洋からアフリカ沿岸まで数回の南海遠征を実施

③ 明朝の朝貢世界

(18　　　)(現在の沖縄)…15世紀初めに中山王が統一
　→明との(14 *　　　)で得た物資を用いて海上交易の要となる
(19　　　)**王国**…14世紀末にマレー半島に成立→[17 *　　　]の遠征をきっかけに台頭
マジャパヒト王国にかわって東南アジア最大の交易拠点となる
(4 *　　　)(1392～1910)　都：漢陽→漢城(現在のソウル)
(20　　　)などの討伐で活躍した[21　　　]が建国→明の朝貢国となる
科挙の整備や(11 *　　　)の導入など、明にならった改革をおこなう
15世紀前半、国王の世宗が(22　　　)(ハングル)を制定
日本…室町幕府の将軍であった[23　　　]が、明から「日本国王」に封ぜられる
　→(24　　　)を開始
ベトナムの(25　　　)**朝**(1428～1527、1532～1789)…明と朝貢関係を結び、明の制度を摂取
北方のモンゴル諸集団…明の物産を求めて、しばしば中国に侵入
　→(26　　　)：(27　　　)が明の皇帝を土木堡で捕らえる(1449)
　→明は(28　　　)を改修するなど守勢に転ずる

④ 交易の活発化

❶16世紀の世界

アジアの富を求めるヨーロッパ勢力の進出、東南アジアで香辛料などの輸出が急増
　→アジア諸地域は大規模な交易・交流の舞台となる
ポルトガル…16世紀初めにマラッカを占領
　→16世紀半ば、明から(29　　　)での居住を許可される
　→ムスリム商人はスマトラ島やジャワ島に新たな拠点をつくって対抗

❷北虜南倭

北方の(3 *　　　)や東南沿岸の(20 *　　　)の侵入…明の貿易制限の打破をめざす
　→モンゴル人・日本人だけでなく中国人も参加
　…日本の五島列島などを拠点に活動した王直など

❸朝貢体制の崩壊

明は交易制限を緩和…(3 *　　　)との交易場を設け、民間人の海上交易も許可
　→日本の(30　　　)やアメリカ大陸で採掘された(30 *　　　)が大量に中国に流入
　→民間交易の活発化とともに明の朝貢体制は崩壊に向かう

5 明代後期の社会と文化

〈社会・経済〉 国際商業の活発化→商工業が発展	
農 業	長江中流域の(31)(現在の湖北・湖南省)が新たな穀倉地帯として成長 →「(31*)熟すれば天下足る」と称せられる 農民は軍費の増大で税負担が増えて困窮
手工業	江西省の(32)に代表される**陶磁器**、**生糸**などが国際商品となる
商 業	(33)商人や徽州商人などの大商人が政府と結びつき広域で活動して莫大な富を築く
都 市	富裕な商人、(34)(科挙の合格者や官僚経験者)が都市で文化的生活を楽しむ 同郷出身者や同業者の互助・親睦をはかるため(35)や**公所**がつくられる
貨 幣	(30*)が主要な貨幣となる 〔海外からの銀の流入が影響〕
税 制	16世紀、(36)を導入…各種の税や労役を銀に一本化して納入する

〈文化〉 庶民文化や実学が発達	
文 学	(37)による書物の出版が急増 →『三国志演義』、『水滸伝』、『西遊記』などの**小説**が普及
儒 学	16世紀初め、王守仁([38])が朱子学を批判 …「だれしもその心に真正の道徳をもっている」と主張→(39)の成立
科学技術	『(40)』(李時珍著)、『農政全書』(徐光啓編)、『天工開物』(宋応星著)など
影響 ↑ キリスト教宣教師の活動	・イエズス会の[41]…日本での布教後、中国での布教をめざしたが実現せず ・[42]らが中国で布教→士大夫層がキリスト教を受容 ・「(43)」…[42*]が作製した世界地図 ・『崇禎暦書』(西洋暦法) ・『幾何原本』(ユークリッド幾何学) } [42*]に学んだ[44]が編纂に参加

6 東アジア・東南アジアの新興勢力

❶16世紀の東南アジア

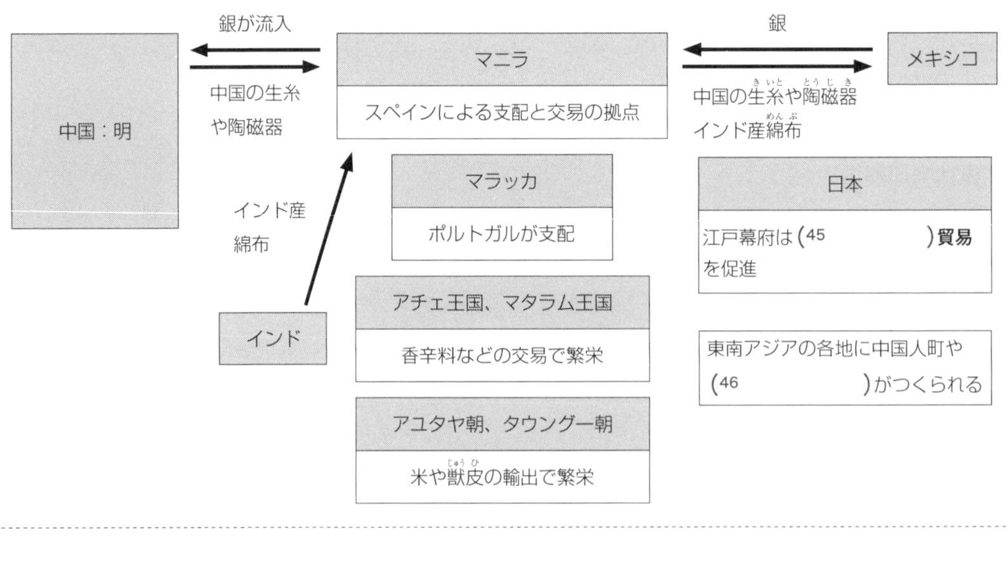

❷日本

織田信長、[47　　　　]が、南蛮貿易の利益を得つつ新式鉄砲を活用して統一を進める

→[47*　　　　]は朝鮮に侵攻

→明の援軍や朝鮮の[48　　　　]の水軍、民間の義兵の抵抗を受ける

→[47*　　　　]の死により日本軍は撤退

[49　　　　]が江戸幕府を開いて(45*　　　　)**貿易**を促進

統治の基礎を固めるため、キリスト教禁止や交易統制を強化

→1630年代に日本人の海外渡航やポルトガル人の来航を禁止(いわゆる「**鎖国**」)

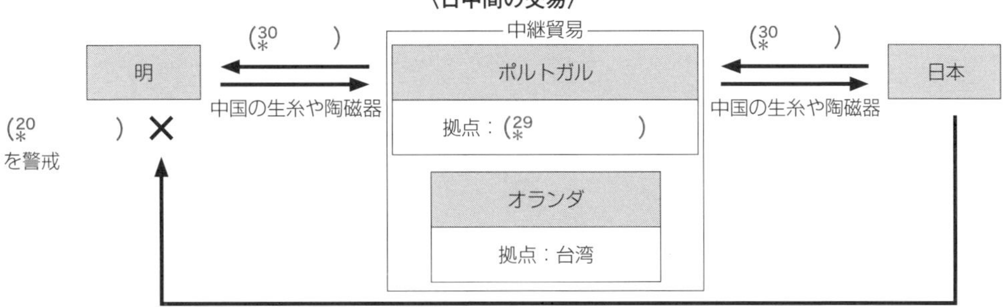

❸中国の東北地方

農牧・狩猟生活を営む(50　　　　)が住み、明の支配を受ける

→(51　　　　)や毛皮の交易の利益をめぐって部族内で対立

(52　　　　)の成立(1616)

[53　　　　]	(50*　　　　)を統一して後金を建国 (54　　　　)を編制・(55　　　　)**文字**を制作
第２代 [56　　　　]	内モンゴルのチャハルを従える 満洲人・漢人・モンゴル人に推戴されて皇帝と称す 国号を(57　　　　)と定める(1636) (4*　　　　)を服属させる

❹明の滅亡

あいつぐ戦乱で財政が悪化、立て直しも失敗し国内が混乱

→[58　　　　]の反乱軍に北京を占領されて、明は滅亡(1644)

ヨーロッパ人の来航は、東アジア・東南アジア地域にどのような影響をもたらしたのだろうか。

㊜ p.126

探究しよう

中国製品は、なぜ世界で人気だったのだろうか

16世紀は、ヨーロッパ諸国が、アメリカ大陸産の銀をたずさえ、インドや中国の物産を求めて来航する時代であった。様々な中国物産のうち、古来絹織物は法隆寺の「四騎獅子狩文錦」のように、世界各地で珍重されてきた。生糸や絹織物は、18世紀前半まで中国の対外交易品の主力であった。

Question 1 資料1や教科書の図8を参考に、生糸・絹織物の製造工程を調べてみよう。

Work 人類が利用してきた衣服の素材にはどのようなものがあるだろう。素材別に特徴などについて整理してみよう。さらに20世紀には新たな素材が登場するが、その素材についても調べてみよう。

麻：

毛：

綿：

新素材：

Question 2 中国の絹織物は、毛織物や綿織物と比べてどのような点が人気だったのだろうか。資料2・3も参照し、さらに調べてみよう。

2 ヨーロッパの海洋進出、アメリカ大陸の変容　㊇ p.128 〜 131

16 世紀に海外進出を本格化させたポルトガルやスペインは、どのような活動を各地で展開したのだろうか。

❶ ヨーロッパの海洋進出

ポルトガル・スペイン…アジア航路を開拓し、南北アメリカ大陸を「発見」

〈新航路開拓の背景〉

・イタリア商人の活動：13〜14世紀の地中海で活発に交易

・羅針盤（らしんばん）や新型帆船（はんせん）の実用化と地理学の知識増加

・オスマン帝国を経由するため、需要の高いアジアの（1　　　　　）価格が高騰（こうとう）

・イベリア半島での国土回復運動（（2　　　　　　　　））の進行

　→領土の拡大とキリスト教布教の熱意の高まり

❷ ヨーロッパのアジア参入

ポルトガルによるアジア航路の開拓

アフリカ西岸の探検：「航海王子」［3　　　　　　］の支援

　→［4　　　　　　　　　　　　］…喜望峰（きぼうほう）に到達（1488）

［5　　　　　　　　　　］…インドに到達（1498）

16世紀初め：東南アジアの（6　　　　　　）を占領

　→アジア内での中継貿易に乗り出す

16世紀前半：インド洋で活発に交易をおこなう

　…ムスリム商人を火器（かき）で圧倒、各地に要塞（ようさい）や商館を建築

16世紀後半：東アジアに進出、中継貿易で利益を得る

（以上）アジアのほぼ全域に交易網を広げ、拠点に（7　　　　　　）の教会を建設

交易の利益で首都（8　　　　　　）が繁栄（はんえい）

❸ ヨーロッパのアメリカ「発見」と征服

❶スペインによる探検・征服事業

［9　　　　　　　］の船団がカリブ海の島に到着（1492）

　→この地をインドと信じ、先住民（せんじゅうみん）を（10　　　　　　）（インディアン）と呼ぶ

［11　　　　　　　　　　　］の探検…「新大陸」であることが判明。「アメリカ」と呼ばれる

ポルトガル人［12　　　　　　］の船隊を援助→はじめて世界一周を達成（1522）

中南米に「征服者（せいふくしゃ）」（（13　　　　　　　　））の軍を送り込む

［コルテス…メキシコで（14　　　　　　）王国を滅ぼす

［ピサロ…ペルーで（15　　　　　　）帝国を滅ぼす

（16　　　　　　　　）制

　…キリスト教布教を条件に、「征服者」が先住民を使役し、貢納（こうのう）・賦役（ふえき）を課す

（17　　　　）（現在のボリビア）やメキシコの銀山で、先住民を強制労働に動員

　→［18　　　　　　　］が先住民の権利擁護のために活動

ヨーロッパから持ち込まれた疫病（えきびょう）で先住民が激減→（16*　　　　　　　）制は衰退

→労働力としてアフリカから(19　　　　　)が運び込まれる

❷**ポルトガルによる探検・征服事業**

ポルトガル人[20　　　　　]…インドに向かう途中でブラジルに漂着(ひょうちゃく)

→ポルトガル領となったブラジルにも多数の(19*　　　　　)が運び込まれる

❸**スペイン・ポルトガルによる中南米の植民地化**

〈支配者〉本国から派遣された官僚(かんりょう)
大農園((21　　　　　))の経営者 } 白人による支配体制が発達

〈被支配者〉先住民・黒人…(7*　　　　　)の信仰を受容

スペイン…フィリピンのマニラを拠点に(22　　　　　)を用いて太平洋を横断する交易ルートを開く→メキシコの銀と中国物産の交易をおこなう

4 「世界の一体化」と大西洋世界の形成

❶**「世界の一体化」が各地に与えた影響**

〈ヨーロッパ〉

(23　　　　　)…国際商業の中心地が、地中海沿岸から大西洋沿岸に移動する

〈アジア〉

ヨーロッパ人は在来の交易網に参入して利潤(りじゅん)をあげるにとどまる

→アジアの社会や文化にただちに大きな影響を与えず

〈中南米〉

ヨーロッパ人によって先住民の文明が滅び、キリスト教がもたらされる

ヨーロッパ人の入植と(19*　　　　　)の流入などで、現地の社会が根本から変質する

❷**「大西洋世界」の出現**：ヨーロッパと南北アメリカ大陸の結びつきがしだいに深まる

アメリカ大陸産の農作物
(ジャガイモ・サツマイモなど)
アメリカ大陸産の銀や(24　　　　　) } ヨーロッパに流入し、社会に大きな影響をおよぼす

ヨーロッパ人の活動によって「世界の一体化」が急速に進むなか、ヨーロッパ・アジア・中南米にはどのような影響があったのだろうか。

㊙ p.131

探究しよう

強大なアステカ王国をスペイン人が打倒できた原因は何だったのだろうか。

コルテスは400〜500人の兵士を率いて、アステカ王国を征服した。彼の征服が成功した理由として、①アメリカ大陸の人々が知らない動物や技術を駆使したこと、②現地の状況を利用したこと、③疫病の流行などがあげられる。

Work 1 右の16世紀のアメリカ大陸の地図に、赤道を赤い線で記入し、アンデス山脈（南北7500km、平均標高4000m）とメキシコ高原（平均標高1800m）を青い太線で着色してみよう。

Work 2 先住民の国名A・B・Cと都市名D・Eを考え、ワーク１の作業の結果と合わせ、どのような関係があるか考えてみよう。

Work 3 こうした地形に留意すると、この地では、どのような移動手段が便利だと考えられるだろう。

Question 1 アメリカ大陸の人々が知らなかった動物や技術とは何だろうか。

動物：　　　　　　　　　　　　技術：

Work 4 資料１をみると、コルテス軍を攻撃しているAの人と、対抗しているBの人々は武器や服装が異なっている。当時の状況についてふれた以下の資料と右図を見て、Bはどのような人々と考えられるか、あげていこう。

Question 2 当時のアステカ王国の状況はどのようなものだったのか、仮説を立ててみよう。

Question 3 異国からきた征服者に引き渡された、10代の女性マリンチェに対して、㋐当時の先住民、㋑現在のメキシコの人々、㋒当時のスペイン人征服者、㋓現在のあなた方、はどのような感想をもっただろうか。考えてみよう。

㋐

㋑

㋒

㋓

第10章

アジアの諸帝国の繁栄

16世紀の西アジア・南アジア・東アジアには、それぞれ広大な領土を統治する帝国が繁栄していた。それらはどのような帝国で、どのように国内を統治していたのだろうか。

1 オスマン帝国とサファヴィー朝

㊝ p.132 ～ 135

オスマン帝国は、16 世紀にはアジア・アフリカ・ヨーロッパにまたがる大帝国となるが、その広大な領土をどのように統治したのだろうか。

① オスマン帝国の成立と発展

❶オスマン帝国の成立

アナトリア西部に進出したトルコ人が、14世紀初め頃にスルタンを中心に建国

→バルカン半島へ進出

危機の時代：[1 　　　　　　　]がティムール軍に敗北

❷オスマン帝国の発展

[2 　　　　　　　]の時代：コンスタンティノープル（のちの（3 　　　　　　　））を攻略し、（4 　　　　　　　）を滅ぼす（1453）→ビザンツ帝国の中央集権的な統治制度を継承

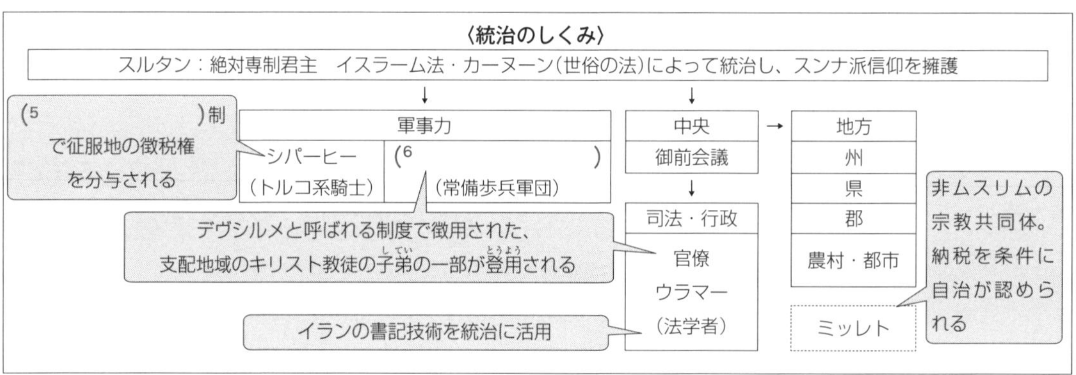

❸オスマン帝国の拡大

[7 　　　　　　　]の時代

：サファヴィー朝を退け、アナトリア東部を支配

→1517年、（8 　　　　　　　）朝を滅ぼし、イスラーム教の両聖都メッカとメディナの保護権を得る

[9 　　　　　　　]の時代：最盛期

（10 　　　　　　　）を征服

（11 　　　　　　　）を包囲（1529）

→ハプスブルク家に脅威を与える

（12 　　　　　　　）の海戦（1538）に勝利し、地中海の制海権を得る

神聖ローマ帝国
ポーランド王国
（3 ＊　　　　）
フランス王国
（11 ＊　　　　）
スペイン王国
ムガル帝国
イスファハーン
（12 ＊　　　　）
メッカ
オスマン帝国の最大領域
オスマン帝国の拡大方向
サファヴィー朝の最大領域
0　1000km

〈オスマン帝国とサファヴィー朝の最大領域〉

2 オスマン帝国下の社会

❶統治体制の変化

17世紀以降、(5*)制が衰え、(13)**制**が税制の主流となる

→18世紀には、各地で徴税を請負う地方有力者(アーヤーン)が台頭

キリスト教徒・ユダヤ教徒は、納税を条件に各宗教共同体の法に従って暮らすことが認められる(ミッレト制)

❷経済の発展

交易や商工業が発達し、都市が成長

都市の商工業者…信仰に関係なく組合(エスナーフ)を構成

長距離交易：特権商人がおこない、キリスト教徒やユダヤ教徒も従事

ヨーロッパとの交易：スルタンから、(14)(商業活動や居住の自由などの特権)を認められたヨーロッパ商人が活躍

❸文化の融合

都市では諸民族・諸宗教が共存、音楽・芸能・食文化で融合が進む

ビザンツ帝国の影響：大ドームの建築、イラン文化の影響：絵画や文学

3 サファヴィー朝とイラン社会

❶サファヴィー朝の成立

15世紀後半、神秘主義(スーフィズム)を掲げるサファヴィー教団がトルコ系遊牧民の支持を得る

16世紀初め(15)を占領して**サファヴィー朝**(1501～1736)を建国

支配者はイランの伝統的称号である「シャー」を使用

(16)派のなかでも穏健な(17)**派**を受容

→支配地域に(16*)派信仰が浸透

オスマン帝国に対抗：16世紀初め、(18)をめぐってオスマン帝国と戦う→敗北

❷最盛期：[19]の時代

(18*)をオスマン帝国から奪い返す

(20)を新たな首都に

→「世界の半分」と称されるほど繁栄

詩・絵画・工芸が発達：イラン産の絹糸を用いた絨毯は輸出品として重用される

〈(20*)の「王の広場」〉

オスマン帝国とサファヴィー朝が支持した宗派の違いは何だったのだろうか。

㊎ p.134

探究しよう

オスマン帝国はなぜ繁栄を謳歌できたのだろうか

スレイマン1世の時代、その強力な軍隊は周辺諸国に脅威を与え、整備された官僚制で広大な領地を支配した。またローマ帝国やモンゴル帝国と同様に広大な領土の交通路を整備し、イスタンブルに各地の産品とすぐれた人材を結集して、繁栄を現出した。

Work 14世紀から16世紀までのオスマン帝国の拡大の状況(教 p.132参照)と、18～19世紀までのオスマン帝国の縮小の状況(教 p.190参照)について、略図を作成してみよう。

14～16世紀

18～19世紀

Question 1 デヴシルメによって徴用された兵から編制された軍の強さの理由は何だろうか。

Question 2 資料2の橋が世界遺産となった理由として、オスマン帝国の建築水準の高さがあげられる。この橋を手がけたシナンも、デヴシルメによって徴用された人物であるが、彼の手掛けた建築物について、ほかにどのようなものがあるか調べてみよう。

2 ムガル帝国の興隆

㊎p.135 ～ 136

ムガル帝国は多数派のヒンドゥー教徒をどのように統治したのだろうか。

① ムガル帝国の成立とインド=イスラーム文化の開花

❶ムガル帝国の成立：ティムールの子孫[1　　　　　　]が、北インドに進出

→1526年、デリー=スルタン朝のロディー朝に勝利して**ムガル帝国**を建国

❷中央集権国家

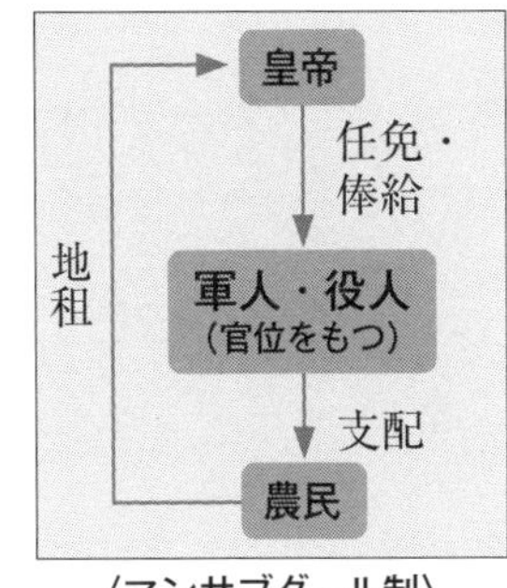

〈マンサブダール制〉

第3代皇帝[2　　　　　　]の統治…中央集権を進める

(3　　　　　　　　)制…皇帝が、維持すべき騎兵(きへい)・騎馬(きば)数とそれに応じた給与によって軍人や役人を等級づけ、官位(かんい)を与えた

全国の土地を測量して徴税(ちょうぜい)する

首都をデリーから(4　　　　　)に移す

ヒンドゥー教徒とイスラーム教徒の融和をはかる

→非イスラーム教徒に課していた(5　　　　　)を廃止

❸ムガル帝国の社会と文化

〈思想・宗教〉

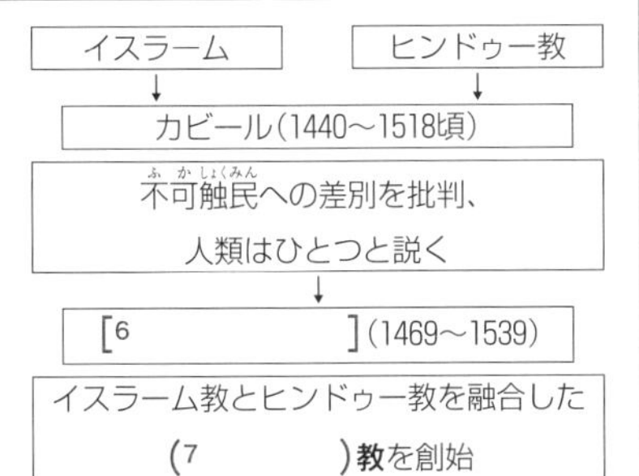

〈インド=イスラーム文化〉

言語	・公用語は(8　　　　　　　)語 ・地方語にペルシア語の語彙(ごい)を取り入れた (9　　　　　　　)**語**が成立する
建築	(10　　　　　　　　)…第5代皇帝シャー=ジャハーンが建設する →インド様式とイスラーム様式の融合
美術	(11　　　　　　)が多く描かれる …ムガル絵画、ラージプート絵画

❹ヒンドゥー王朝の繁栄

(12　　　　　　　　)王国…14世紀にデカン高原で成立したヒンドゥー王朝

インド洋交易により西アジアから馬を入手→軍事力を高め、南インドに支配を拡大

17世紀、イスラーム勢力との抗争で衰退(すいたい)→南インドでは地方勢力の自立化が進む

② インド地方勢力の台頭

❶第6代皇帝[13　　　　　　　　]の統治：領土が最大になる

イスラーム教に深く帰依(きえ)し、ヒンドゥー教徒らへの(5*　　　　　)を復活させる

→ヒンドゥー教徒の反発をまねき、帝国の弱体化が進む

❷ムガル帝国の衰退：[13*　　　　　　　　]の死後、地方勢力が台頭

西インド…17世紀半ばに(14　　　　　　　)**王国**が成立、ヒンドゥー国家の建設をめざす

西北インド…(7*　　　　)教徒が強大化

ベンガルやデカンなどに独立政権が成立

ムガル帝国の領域を示した次の地図と図Aについて、以下の問1～4に答えなさい。

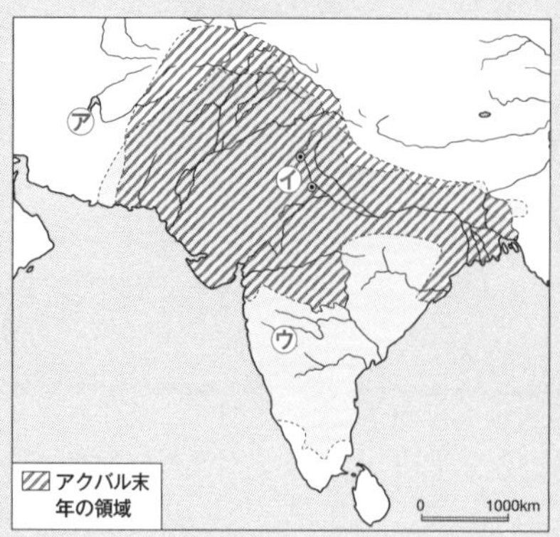

図A

問1．ムガル帝国に隣接し、その文化に大きな影響を与えた㋐の王朝は何か。
（　　　　　　　　　　）

問2．ムガル帝国のアクバルによって新たな都とされた、㋑の都市名を答えなさい。
（　　　　　　　　　　）

問3．都市㋑に建設された、図Aの建造物の名称を答えなさい。（　　　　　　　　　　）

問4．17世紀半ばに成立した、地図中の㋒のヒンドゥー国家の名称を答えなさい。
（　　　　　　　　　　）

イスラーム教徒が支配するムガル帝国では、どのような宗教政策が帝国の繁栄と衰退につながったのだろうか。

3 清代の中国と隣接諸地域

㊙ p.137 ～ 140

17 世紀、清朝は多数派である漢人をどのように支配していたのだろうか。

1 多民族国家・清朝

❶明の滅亡

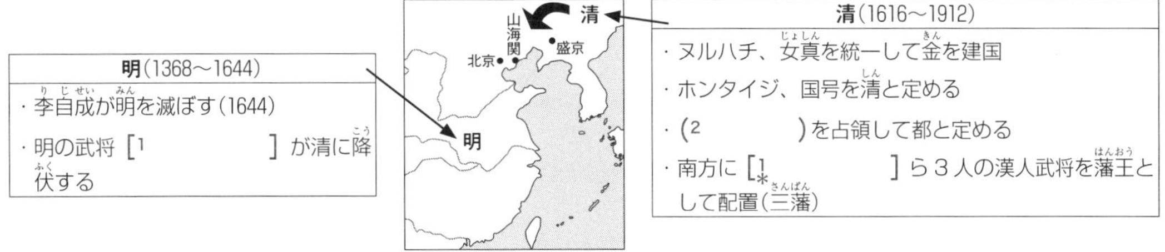

❷清による中国統一

第４代［3　　　］**帝**…中国を統一し清朝統治の基礎を固める

三藩の廃止決定をきっかけに反乱(三藩の乱)が発生→鎮圧

［4　　　］ら鄭氏一族が台湾を拠点に清への抵抗を続ける

→鄭氏一族を滅ぼして台湾を領土に加える(1683)→中国統一

清朝の皇帝…中国歴代王朝の伝統を継ぐとともに、モンゴル帝国の伝統を継ぐ遊牧君主

全盛期…17世紀後半からの約130年間

→第４代［3＊　　　］**帝**・第５代［5　　　］**帝**・第６代［6　　　］**帝**が、独裁的な権力をふるう

❸清の統治体制

［3＊　　　］帝…ロシアと(7　　　　)**条約**を結んで国境を定める

［6＊　　　］帝…遊牧国家(8　　　　)を滅ぼして東トルキスタン全域を占領

→「(9　　　)」と名づける

領域：直轄領と(10　　　)で構成：現在の中華人民共和国の領土の原型

(10＊　　　)…(11　　　)が統轄し、現地支配も存続

- モンゴル：モンゴル王侯
- チベット：［12　　　　］…黄帽派((13　　　　))の指導者
- 新疆：ウイグル人有力者(ベグ)

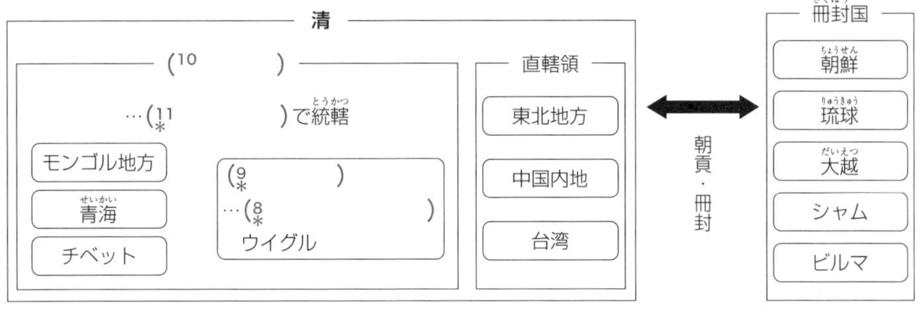

❷ 清朝と東アジア・東南アジア

❶**朝鮮**：明に冊封→侵攻を受けて清朝に服属

→清への反発から、(14　　　)(有力な家柄)のあいだに自分たちこそが正統な中国文化の継承者だと考える「(15　　　)」意識がめばえ、(16　　　)儀礼が徹底される

❷**琉球**：明・清に朝貢

17世紀に薩摩藩の(17　　　)氏に服属→日本と中国への両属状態となる

→日中双方の影響を受けた独自の文化が形成される

❸**江戸時代の日本**

〈対外関係〉「鎖国」後、外国との往来をきびしく統制→隣接諸国との交流は継続

窓口…(18　　　)〔⇔中国・オランダ〕、(19　　　)藩〔⇔朝鮮〕

薩摩藩・(20　　　)〔⇔中国〕、(21　　　)藩〔⇔アイヌ〕など

〈文化〉・(22　　　)を中心に、儒学が普及…幕府や諸大名が保護

・日本古来の精神を明らかにしようとする国学が盛んになる

・西洋科学への関心が高まる…オランダを通じて医学などが流入

〈経済〉輸入に頼っていた生糸など手工業産品の国産化が進む→経済の自立化が進む

❹**東南アジア**

諸島部…17世紀末以降、(23　　　)が支配権を握る

中国人の移住者((24　　　))が諸島部・大陸部で経済力をもつ

→会館などの相互扶助機関をつくって、東南アジア各地の社会に定着

18世紀の東アジアにおける貿易と使節に関する次の図について、以下の問1～4に答えなさい。

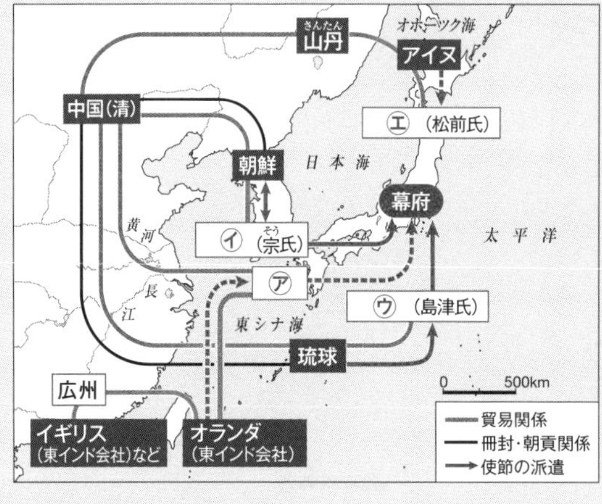

問1. 中国・オランダとの貿易の窓口となっていた㋐の地名は何か。(　　　)

問2. 朝鮮と日本の仲介役を果たしていた㋑の藩の名称は何か。(　　　)

問3. 17世紀に琉球を支配した、㋒の藩の名称は何か。(　　　)

問4. アイヌとの交易の窓口となった、㊁の藩の名称は何か。(　　　)

3 清代中国の社会と文化

❶清朝の支配構造

皇帝の２つの顔		
モンゴル帝国の伝統を継承する遊牧君主	中国歴代王朝の伝統を継ぐ皇帝	
・北方民族をハンとして統治 ・チベット仏教、イスラーム教を尊重	・明の統治制度をほぼ継承 ・儒学を保護し、科挙を実施 ・大編纂事業をおこして学者を保護…『康熙字典』(漢字字書)、『古今図書集成』(百科事典)、『四庫全書』(古今の書物の一大叢書)	
	〈漢人への懐柔策〉 同数の満洲人と漢人を、政府の要職につける	〈漢人への威圧策〉 漢人男性に(25　　　)を強制 (26　　　)や禁書で反清思想を弾圧
兵制…満洲・モンゴル・漢人で構成される(27　　　)の軍隊を要地に置く		

❷経済の発展

台湾の鄭氏の降伏後、海禁が解除される…海上貿易の発展

→(28　　・　　・　　)などを輸出

中国には(29　　)が流入

→18世紀半ば、乾隆帝は治安上の理由からヨーロッパ船の来航を(30　　　)１港に制限し、行商(特定の商人たち)に管理させる

18世紀以降、人口が急増する

←統治の安定、山地の開発、トウモロコシやサツマイモがアメリカ大陸から伝来

税制…18世紀初めから(31　　　)**制**を実施

：丁税(人頭税)を土地税にくりこんで一本化し、税制を簡略化

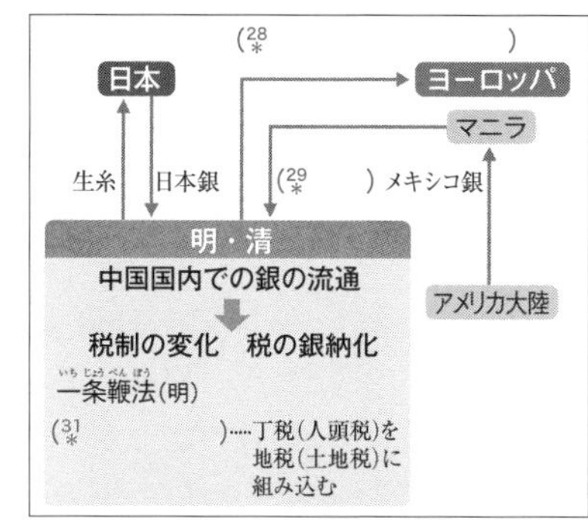

〈銀の流入と税制の変化〉

❸文化の発展

(32　　　)の発達…儒教経典の言葉の意味を厳密に研究

：[33　　　]らが、事実にもとづく実証的な研究の必要性を唱える

文学…『(34　　　)』などの長編小説が細密な筆致で上流階級の生活を描写

〈イエズス会宣教師の活動〉

	イエズス会士の名前	主な活動
明	マテオ＝リッチ	「坤輿万国全図」(世界地図)の作成
明	[35　　　]	大砲などの製作、北京の天文台長となる「時憲暦」の実施
清	フェルビースト	大砲などの製作
清	ブーヴェ・レジス	「皇輿全覧図」(中国初の実測図)の作成
清	[36　　　]	(37　　　)の設計に参加、ヨーロッパの画法を紹介

(38　　　)**問題**…イエズス会は、中国での布教において信者に祖先崇拝などの儀礼を認める

→教皇がこの布教方法を否定すると、雍正帝は(39　　　)を決定

❹中国文化がヨーロッパに与えた影響

(40　　　)(中国趣味)…中国的な図柄や主題を芸術に取り入れることが流行

啓蒙思想への影響…啓蒙思想家が中国の文化・制度を高く評価し、中国と西洋を比較する政治論が盛んとなる

清朝支配の拡大の様子を示した次の地図と図について、以下の問１～５に答えなさい。

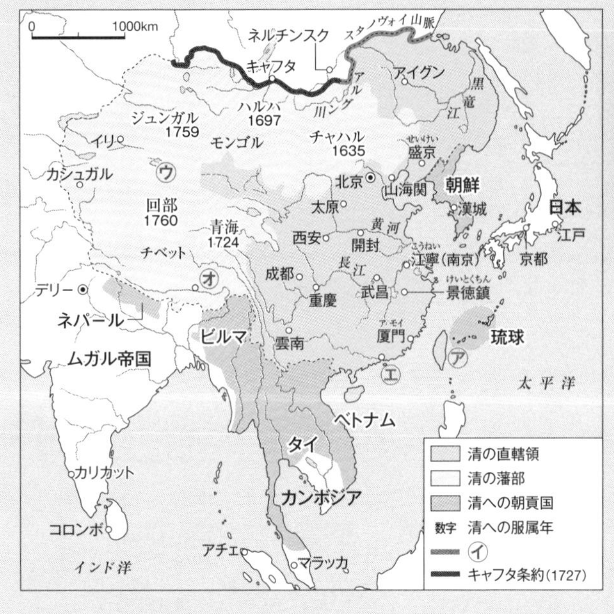

問１． 康熙帝が鄭氏一族を降伏させて獲得した㋐の島の名前は何か。　（　　　　　　　　　　）

問２． 清は数度にわたりロシアと国境に関する条約を結んだ。㋑の国境線は、何という条約で確定したか。　（　　　　　　　　　　）

問３． 乾隆帝が征服して支配領域に加わった㋒には現在何という自治区が置かれているか。　（　　　　　　　　　　）

問４． 1757年、乾隆帝はヨーロッパ船の来航を㋓の１港に制限した。㋓の地名は何か。　（　　　　　　　　　　）

問５． 図中の㋔に建てられ、チベット仏教の中心地となった右図の宮殿の名称は何か。　（　　　　　　　　　　）

1644 年以降における、清の中国支配の確立の過程について説明してみよう。

㊙ p.138

探究しよう

清はどのように多くの異民族を統治したのだろうか

満洲人のたてた清はゆるやかに諸民族を統合した。直接に統治した中国内地では儒教を重んじたほか、モンゴルやチベットでは仏教、新疆ではイスラーム教の信仰を尊重して、間接統治をおこなった。

Work 1　資料1の文字を見ると、満洲人の用いていた満洲文字は、モンゴル文字と似ている。これらの文字の起源を調べてみよう。そのうえで、この5種の文字の中で満洲文字・モンゴル文字と似ている文字との関係も調べてみよう。

Question 1　資料1から、清は領域内の諸民族に対して、どのような姿勢で望もうとしていたのだろうか。

Question 2　資料2からわかるように、満洲人は仏教を信奉していた。同じように仏教を保護するモンゴル系の国家に対し、清はどのように対応したのだろうか。

Work 2　雍正帝(教 p.137)に関する次の史料を読み、雍正帝を例に、清朝皇帝は中国統治にどのような姿勢で臨んだか、考察してみよう。

雍正帝は朝4時に起きて勉強や仕事を開始し、深夜まで政務を行った。全国の地方官から届く書簡に朱筆して一日50通以上返答したともいわれている。「バカにつける薬はないとはお前のことだ」「木石のように無感覚で人間とは思えない奴だ」などと厳しい口調で、ふがいない臣下を叱責している。 (宮崎市貞『雍正帝』中央公論新社より)	恭しく惟うに我朝、明末の乱、明位の移〔明の帝位が移る〕に当たり、東土より来たり、寇乱を掃除し、諸夏に撫臨し、一統して外なし〔統一の結果、外部というものがなくなった〕。至徳深仁もて、四海を淪合〔融合〕し、鴻功駿烈、両儀を焜耀す〔天地を輝かす〕。生民有りてより以来、未だ此くのごときの盛なる者あらざるなり。 (『大義覚迷録』「帰仁説」、歴史学研究会編『世界史史料4』岩波書店より)

第11章

近世ヨーロッパ世界の動向

近世に入ると、古代・中世を通じてはぐくまれた伝統が崩れ、現在につながる新しい動きがおこってきた。どのような点が異なっていたのだろうか。政治面・経済面・宗教面など様々な視点から考えてみよう。

1 ルネサンス

㊫ p.141 ～ 143

14世紀にイタリアでおこったルネサンス運動には、どのような特徴があったのだろうか。

❶ ルネサンス運動

中世末期ヨーロッパ：黒死病による多くの死者→生けるものとしての人間に大きな価値を見出す
自然界に働きかける技術への関心→自然とその一部である人間が肯定的なかたちで探究
多様な方面で展開された文化活動を(1　　　　　　)と呼ぶ
14世紀、(2　　　　　　)などのイタリア諸都市で始まる
　→16世紀、西ヨーロッパ各地に広まる
(3　　　　　　)家などの大富豪やフランス王・ローマ教皇などの権力者の保護のもと展開
　→既存の社会体制を直接に批判することはなかった

❷ ルネサンスの精神と広がり

❶ルネサンスの目的

人が現世を生きるための指針を得ること→古代ギリシア・ローマの文化を探究
　→人間中心の(4　　　　　　)(**人文主義**)の思想が礎

❷ルネサンス期の科学：自然の隠された性質を解明

(5　　　　　　)**説**や[6　　　　　　]の**地動説**
　→人間の地上界と神が属する天上界という世界観が改められる
錬金術は後世の化学の基礎、人体の解剖図の描写や動植物の観察がおこなわれる

❸様々なルネサンスの活動

〈建築〉古代建築の要素を取り入れ、均整と調和を重視→**ルネサンス様式**の成立
〈絵画〉油絵の技法が(7　　　　　　)を用いて確立
　　　近代絵画の基本…写実主義、キリスト教以外の主題の描写

❹重要な発明

中国伝来の(8　　　　)が改良→鉄砲・大砲の発明→戦術の変化→(9　　　　)の没落
　…(10　　　　)**革命**
(11　　　　)…ヨーロッパ人の海洋進出を可能に
[12　　　　　　]…(13　　　　　　)の改良・紙の普及→大量印刷が文芸の振興の後押し
　→宗教改革の一因となる

❺文芸

[14　　　　　　]：『神曲』…ラテン語ではなく各国語で著された先駆
[15　　　　　　]：人間は愚かでも幸福に生きていける→聖職者・学者を風刺

[16　　　　　　　　　　　　]：『ユートピア』…キリスト教の天国とは別の理想郷を示す
[17　　　　　　　　　　　　]：人間の情念を歴史劇で描き出す
[18　　　　　　　　　　　　]：『ドン＝キホーテ』…中世の騎士道を批判
[19　　　　　　　　　　　　]：『ガルガンチュアとパンダグリュエルの物語』…巨人親子の物語

ルネサンスの作品Ａ～Ｅを残した芸術家を答えなさい。

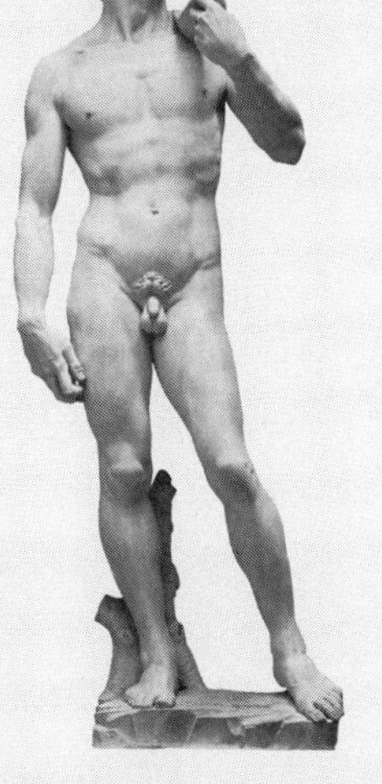

A(　　　　　　　　　　　　)　B(　　　　　　　　　　　　)
C(　　　　　　　　　　　　)　D(　　　　　　　　　　　　)
E(　　　　　　　　　　　　)

あなたは、ルネサンスをもっともよく象徴する芸術作品は何だと考えるか。理由をあげて説明してみよう。

2 宗教改革

㊔ p.143 ～ 145

ルターやカルヴァンは、救いを求める人々にどのような説をとなえたのだろうか。

1 宗教改革への動きとルター

❶ドイツにおける宗教改革

中世末期ヨーロッパ…疫病や戦争による社会不安のため信仰心が高まる

⇔聖職者の怠惰など教会の腐敗に対する不満も高まる

16世紀初め、ローマ教皇：(1　　　　　)の販売

…┌(2　　　　　　　　)大聖堂の改築資金を得るため
　└人はみな罪を背負っているが、購入すれば神に赦されると説く

[3　　　　　](ドイツ)…「(4　　　　　　　　　　　　)」発表(1517)

主張┌人は教会の導きではなく、みずから(5　　　　)を読むことで救われる
　　└聖職者は信徒に選ばれる、妻帯も許される→支持者の増加

→教皇から破門→反皇帝派諸侯に保護され、『(6　　　　　　)』のドイツ語訳完成

神聖ローマ皇帝[7　　　　　　　　]…オスマン帝国との戦闘→反皇帝派に介入できず

(8　　　　　　)**戦争**(1524～25)…ルターの考えに影響を受けたドイツ農民の一揆

→農奴制の廃止を掲げ急進化→ルターは一揆に反対、一揆を諸侯が鎮圧

❷ルター派とカトリック

ルター派諸侯…同盟を結成し、神聖ローマ皇帝と内戦

→(9　　　　　　　　　)**の和議**(1555)…諸侯は領邦の宗教をカトリックかルター派のどちらかに定める権利を得る→ルター派はドイツ北部や(10　　　　)に広がる

2 カルヴァンと宗教改革の広がり

❶カルヴァンの改革

16世紀、ドイツ以外でも宗教改革…これらの人々を(11　　　　　　　　　)と総称

[12　　　　　　　](フランス出身)…スイスの(13　　　　　　)で指導

┌(14　　　　)**主義**…信仰のあつい信徒を選出して牧師と共同で教会を運営する制度
│(15　　　　　)…救済は善行や信仰によらず、あらかじめ決められている
└→規律と勤勉によって職業に励むことが救済の前提条件

→(16　　　　　)の心をとらえ、フランスやネーデルラント、イギリスに伝わる

❷イギリスの宗教改革

国王[17　　　　　　　　]…宗教改革を主導→王位継承問題で教皇と対立

→(18　　　　)**法**(1534)…カトリックから離脱、国王を首長とする(19　　　　　　　　　　)を成立

女王[20　　　　　　　　]…(21　　　　)**法**(1559)制定

国教会はカトリック式の組織が継続→さらに改革を進める人々…(22　　　　　　　　　)

3 カトリック改革とヨーロッパの宗教対立

❶カトリック改革(対抗宗教改革)

(23　　　　　　　　　)(1545～63)…従来の教義の再確認、贖宥状の販売禁止、聖職者腐敗への対策

→豪華な表現を基調とする(24　　　　　　)**様式**の登場、(25　　　　　　)の制定、宗教裁判の強化

❷イエズス会

[26　　　　　　　　　　]や**ザビエル**らが結成

…厳格(げんかく)な規律(きりつ)と強い使命感、中南米やアジア諸地域で布教・教育活動

→南ドイツ・東欧でカトリックが復活

宗教改革の結果…西欧キリスト教世界の分裂、カトリック・プロテスタントの対立激化

以下の問1～3に答えなさい。

問1. 次の文章を読んで設問に答えなさい。

> 82条　もし、教皇がa教会をたてるというような瑣末(さまつ)な理由で、いともけがらわしい金銭を集めるため、b無数の霊魂(れいこん)を救うのならば、なぜ、あらゆることのうち、もっとも正しい目的である、いとも聖なる慈愛(じあい)と霊魂の大いなる必要のために、煉獄(れんごく)から〔霊魂〕を救い出さないのであろうか。

❶上の資料は何と呼ばれるものか。　(　　　　　　　　　　)

❷下線部aの教会の名前は何か。　(　　　　　　　　　　)

❸下線部bのためにおこなったことは何か。　(　　　　　　　　　　)

0　300km
ノルウェー王国
スウェーデン王国
スコットランド王国
リトアニア大公国
デンマーク王国
北海
バルト海
カンタベリー
ロンドン
ネーデルラント
神聖ローマ帝国
ポーランド王国
イングランド王国
ヴィッテンベルク
シュマルカルデン
ベーメン
大西洋
ア
コンスタンツ
フランス王国
ウ
ポルトガル王国
イ
教皇領
アドリア海
スペイン王国
地中海
ローマ
ナポリ王国
プロテスタント信仰が普及した地域
カトリック信仰の地域
カトリック信仰がある程度復活した地域
ルター派伝播
カルヴァン派中心地
カルヴァン派伝播

問2. 左の新旧両派の分布を表した地図を参考に㋐～㋒の都市名を入れなさい。

㋐諸侯が自身の領邦の宗教をカトリックかルター派のどちらかに定める選択権を認める和議が成立した都市(　　　　　　)

㋑カルヴァンが宗教改革をおこなった都市
(　　　　　　)

㋒カトリック側が、教義の再確認や贖宥状の販売を禁止した公会議をおこなった都市
(　　　　　　)

問3. カルヴァン派はヨーロッパ各地に伝播したが、各地域の呼称を答えなさい。

イングランド……(　　　　　　)　ネーデルラント…(　　　　　　)

スコットランド…(　　　　　　)　フランス…………(　　　　　　)

プロテスタントの成立は、世界にどのような影響を与えたのだろうか。

3 主権国家体制の成立

㊎ p.146 〜 149

主権国家体制とは、どのような経緯で成立したのだろうか。

1 イタリア戦争と主権国家体制

❶イタリア戦争とカール５世

([1] 　　　　)**戦争**…フランス国王がイタリアに侵入→神聖ローマ皇帝が対抗して開戦

[[2] 　　　　]…『君主論』：統治において正義よりも強さと利益を基本原理とすべきと説く

神聖ローマ皇帝[[3] 　　　　]…([4] 　　　　)家のスペイン王[[5] 　　　　]が即位

→相続によって西欧の西半分を支配、ヨーロッパの統一をめざした

→([6] 　　　　)帝国との戦い、宗教改革によって挫折→領土を長男と弟に二分して引退

❷主権国家体制

様々な国家が形式上は対等な立場、国境の画定、戦費を捻出するための徴税機構を強化

→([7] 　　　　)…中央に権力を集中させて国家としてのまとまりを追求するありかた

主権国家体制…16世紀半ばから17世紀にかけてヨーロッパで成立した国際秩序

([8] 　　　　)…近世ヨーロッパの主権国家の典型例。貴族の特権抑制、議会制限→中央集権化

→国王が定住して行政機能を集中させた首都、華やかな宮廷文化、常備軍と官僚機構の整備

2 ヨーロッパ諸国の動向

❶スペインの動向

カール５世の長男[[9] 　　　　]：全盛期を迎える

ネーデルラント・南イタリアの継承、([10] 　　　　)の王位も兼務

→広大な植民地を獲得し、「([11] 　　　　)」と呼ばれる

フランスと講和しイタリア戦争を終結

([12] 　　　　)**の海戦**(1571)でオスマン帝国を破る→西地中海へのイスラーム勢力浸透を阻止

カトリックの盟主を自任…イエズス会を支持、異端審問によってプロテスタントを弾圧

❷オランダ独立戦争

ネーデルラント：フェリペ２世の支配に対し、([13] 　　　　)派に現地貴族も加わって反乱

→南部(のちの([14] 　　　　))：スペインと協調、北部：[[15] 　　　　]の指導のもと抵抗

→独立を宣言(1581)→スペイン、事実上の独立を認める(1609)

のちに重税や疫病による経済の疲弊、ポルトガルとの同君連合の解消→17世紀国力衰退

❸イギリスの興隆

[[16] 　　　　] …オランダ独立を支援、フェリペ２世が派遣した ([17] 　　　　) 撃退(1588)、北米大陸への植民、([18] 　　　　)設立(1600)

農村での([19] 　　　　)→毛織物工業の発達

❹フランスの内戦

([20] 　　　　)**戦争**(1562〜98)…([20*] 　　　　)と呼ばれたカルヴァン派とカトリックとの対立

→ブルボン家の [[21] 　　　　] はカトリックに改宗し、([22] 　　　　) を発し信仰の自由を付与→宗教対立は終結

3 三十年戦争

❶戦争の背景と経過

神聖ローマ帝国内の混乱…アウクスブルクの和議以降も宗教対立、諸侯(しょこう)は政治面での自治権拡大をめざして皇帝と対立

→(23　　　　)(ボヘミア)におけるプロテスタント貴族の反乱をきっかけ

┌バルト海地域の覇権をめざした(24　　　　)などのプロテスタント国家
└ハプスブルク家の勢力を削(そ)ごうとしたカトリックの(25　　　　)

→帝国内の宗教対立から国家間の覇権争いへと拡大

軍事革命の技術を駆使(くし)→主戦場となったドイツ社会は甚大(じんだい)な被害

❷ウェストファリア条約(1648)

(26　　　　)と(27　　　　)の独立が正式に承認、神聖ローマ帝国で(28　　　　)派が公認

領邦国家に独自の外交権を承認→絶対王政の確立、帝国は国家としては形骸化(けいがいか)

各国が調印する国際条約という形式が整う→主権国家体制が法的に確立

16世紀半ばのヨーロッパについて、以下の問1～3に答えなさい。

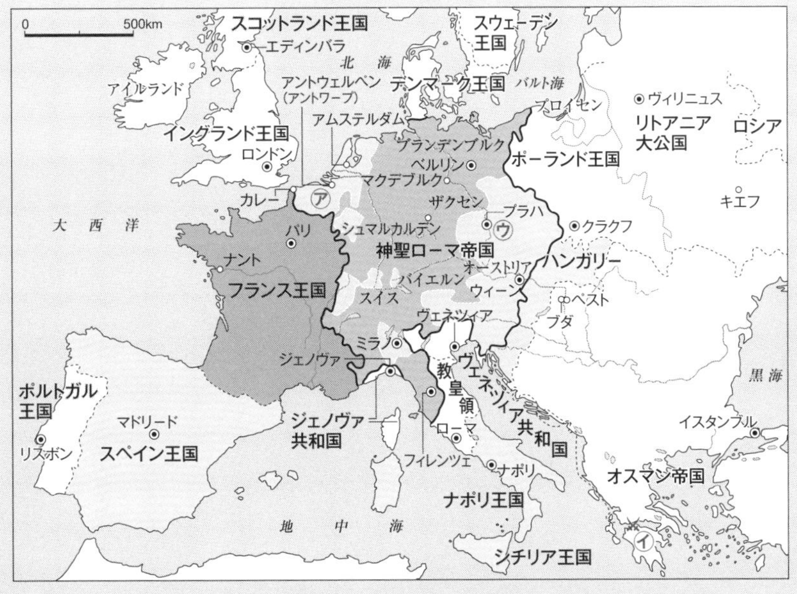

問1．地図中の[　]で示された地域を領土とした家系を何というか。　(　　　　)

問2．現在のオランダ・ベルギーにあたる㋐の地域は何と呼ばれたか。　(　　　　)

問3．㋑でおこなわれた海戦の名称を答えなさい。　(　　　　)の海戦

問4．三十年戦争のきっかけとなった㋒の地域は何と呼ばれたか。　(　　　　)

ヨーロッパの主権国家体制と東アジアの朝貢体制は、どのような点が異なるのだろうか。

㊥p.149

探究しよう　17世紀のヨーロッパは、どのような時代を迎えていたのだろうか

16〜17世紀のヨーロッパは気温が寒冷化し、飢饉(ききん)、疫病(えきびょう)、騒乱(そうらん)があいつぐ「危機の時代」となった。その一例として、カトリック勢力とルター派・カルヴァン派間に頻発(ひんぱつ)した宗教戦争がある。フランスのユグノー戦争、オランダ独立戦争が勃発(ぼっぱつ)するが、なかでもドイツ三十年戦争は諸国の介入をまねき、ドイツに大きな被害を与えた。

三十年戦争の平和条約を結ぶために、諸国の代表は、資料2のミュンスター市庁舎や、オスナブリュックに集まり、資料1の平和条約を1648年に締結した。

Work **17世紀のヨーロッパでは戦乱が相次いだが、西アジアや東アジアなどはどのような状況だったのだろうか。17世紀前後（16世紀後半から17世紀前半）の世界各地の状況について、教科書p.282の年表や、教科書の西アジアや東アジアのページを参照して、世界地図を作成したうえで、記入してみよう。**

Question 1　三十年戦争は、どのような特徴を持っていたのだろうか？

至高にして不可分の三位一体の御名において

すべての関係者に告知する。

かなり以前からローマ帝国内でおこった紛争と騒乱は、全ドイツのみならずいくつかの隣接諸国、とりわけフランス王国を巻き添えにし、そのため長期にわたる激しい戦争を引きおこした。当初は神聖ローマ帝国皇帝フェルディナント2世と、さらにその後継者フェルディナント3世と、フランス国王ルイ13世、さらにその後継者ルイ14世とのあいだで戦いがおこり、それによって多くのキリスト教徒の血が流され、諸国に大いなる荒廃がもたらされた。ようやく神の恩寵と、高貴なるヴェネチア共和国の助言によって、双方は安寧と平和を考えるに至り、この目的のため1643年７月にそれぞれの全権代表会議ウェストファリアのオスナブリュックとミュンスターに召集した。……全権代表はたがいに意見を取り交わし、臨席した神聖ローマ帝国の選帝侯、諸国の同意との承諾のもとに、神の栄光とキリスト教世界の平安のため、和平・友好の諸規定で一致し、以下のように取り決めた。以下諸規定。（著者訳）

〈資料1　ウェストファリア条約〉

Question 2　この平和条約により、主権国家体制、つまり国家同士が対等な立場で関係を築くという体制が確立したといわれる。そのような関係を築くのか、資料1から探してみよう。

Question 3　17世紀だけでなく、14世紀もユーラシア規模で寒冷化が発生し、反乱や戦争が頻発した。教科書を参照して、ワーク1と同様に、14世紀前後の世界各地の状況について世界地図を作成してみよう。そのうえで14世紀と17世紀の反乱や戦争をまとめ、気候の寒冷化と民族移動や反乱、戦争などとの関係を考えてみよう。

4 オランダ・イギリス・フランスの台頭

㊙ p.150 ~ 154

オランダ・イギリス・フランスの国制は、それぞれどのような特徴をもっていたのだろうか。

1 オランダの繁栄とイギリス・フランスの挑戦

❶オランダの繁栄

ネーデルラント…漁業・農業・毛織物業が発達、バルト海地域から穀物を輸入し西ヨーロッパの産品を輸出する(1　　　　)で繁栄

北部のオランダ…独立後、首都(2　　　　)を中心に造船・金融でもリード、学問においてもヨーロッパの中心に

❷オランダの海外進出

(3　　　　)設立(1602)→ジャワ島の(4　　　　)を拠点に香辛料交易を独占

ポルトガルにかわって日本との交易を維持→大量の銀をもちだす

❸オランダの衰退

北米大陸に進出→(5　　　　)を中心とする植民地を建設

→イギリス=オランダ戦争でイギリスが(5*　　　　)を奪う

→イギリスの名誉革命により同君連合を築いてフランスと対抗

→18世紀に海軍力が制限され、オランダの国力は衰退

2 イギリスの革命

❶ピューリタン革命

(6　　　　)朝…スコットランド出身の[7　　　　]が即位(1603)

…(8　　　　)をとなえ、議会を軽視

[9　　　　]…専制を強めたため議会との対立が強まる

→国王が強硬手段によって議会を抑えようとすると、革命が勃発(議会派 VS 王党派)

議会派のなかに信仰を迫害されていた(10　　　　)が多かったため、

(10*　　　　)革命ともいう

❷クロムウェルの独裁

議会派の[11　　　　]の指導のもと勝利→国王を処刑(1649)：(12　　　　)が成立

※王党派と結んでいた(13　　　　)を征服し大規模な土地没収をおこなった

[14　　　　]：『リヴァイアサン』…無政府状態の内乱を防ぐため、絶対的権力の必要性を説く

オランダに対抗するため産業を育成

(15　　　　)**政策**…高関税によって貿易収支の黒字と税収を増やすことをめざす

→オランダ船の排除を目的に(16　　　　)**法**制定(1651)→イギリス=オランダ戦争がおこる

[11*　　　　]の独裁→国民は厳格な統治を嫌う→没後、王政に傾く

❸王政復古と名誉革命

(17　　　　)(1660)…国王[18　　　　]が帰国

→政治体制を革命以前に戻す

→王権を重んじる(19　　　　)党と、議会を重んじる(20　　　　)党の対立

[21]…カトリック教徒で議会を無視

(22)**革命**…議会は王の娘婿であったオランダ統領オラニエ公ウィレム3世をまねく

→ウィレムは夫妻で**ウィリアム3世・メアリ2世**として即位

(23)制定…議会の権限と国王の権力の範囲を確定→立憲君主政開始

[24]:『統治二論』…国王権力は人民からの信託にもとづく((25)**説**)

→人民の(26)も正当化→アメリカ独立革命・フランス革命の根拠

❹議院内閣制の確立

スコットランドと国家合同→(27)**王国**を形成(1707)

→ステュアート王朝断絶後、ドイツから国王を迎える→18世紀前半[28]が首相

→(29)**制**を確立…内閣には議会と世論の信任が必要→各国の議会政治のモデルに

次の史料について、以下の問1～3に答えなさい。

議会の上下両院は……国民の古来の権利と自由をまもり明らかにするために、次のように宣言する。

1. 王の権限によって、議会の同意なく、法やその効力を停止できると主張する権力は、違法である。
4. 国王大権＊と称して、議会の承認をこえて、王の使用のために税金を課することは、違法である。
6. 議会の同意なく、平時に国内で常備軍を徴募し維持することは、法に反する。
8. 議員の選挙は自由でなければならない。
9. 自由な言論・討論・手続きについて、議会外のいかなる場でも弾劾・問責されてはならない。
13. あらゆる苦情の原因を正し、法を修正・強化・保持するために、議会は頻繁に開かれなければならない。

＊君主がもつとされた特別の権限 (江上波夫監修『新訳世界史史料・名言集』山川出版社より)

問1. この史料は、イギリスの王と議会が制定したもので、議会の権限と国王の権力の範囲を確定したものである。この史料の名称を答えなさい。 ( )

問2. この史料が制定されるきっかけとなった出来事は何と呼ばれるか。 ( )

問3. この史料が制定された時の2人の国王の名前を答えなさい。

(・)

3 フランスの絶対王政

❶絶対王政の確立

17世紀初め、(30)朝の国王が貴族をおさえて(31)を停止

→官僚を全国に派遣して統治、中央集権化を進める

対外政策…三十年戦争に介入し(32)家の勢力をおさえる

[33]の即位

(34)の乱鎮圧(1648)→貴族の統制を強め、(35)説を掲げる→絶対王政の確立、「(36)」の呼称、豪華な(37)宮殿はヨーロッパ文化の中心地、フランス語は外交・文化における国際語となる

❷重商主義政策と侵略戦争

[38]の登用…重商主義政策を展開→オランダに対抗

(39)の廃止→ユグノーの国外流出をまねく

侵略戦争に力を注ぐ→常備軍を増強

(40)**戦争**(1701～13)

→(41)**条約**…スペインに(42)朝が成立、フランスとの同君は認められず、北米大陸の領土の一部をイギリスに割譲

→フランスの覇権は失われる

4 イギリスとフランスの覇権争い

18世紀、西ヨーロッパの国際政治…イギリスとフランスの争い

イギリス
- 戦費のための税金徴収や国債発行→戦いを有利に進めた
- スペイン継承戦争→(43)など要衝を獲得、北米大陸で領土拡大
- スペインの中南米植民地に(44)を供給する特権を獲得
- 七年戦争、(45)戦争でも勝利
  →(46)**条約**→北米からフランスを駆逐

大西洋で(47)を展開

ヨーロッパ：武器・綿織物→アフリカ：奴隷→南北アメリカ：砂糖・タバコなどプランテーションの産品→ヨーロッパ

下の地図は大西洋の三角貿易をあらわしたものである。貿易で取り扱われたA～Hの商品は、それぞれ図中の①～③のどれにあてはまるものか選びなさい。

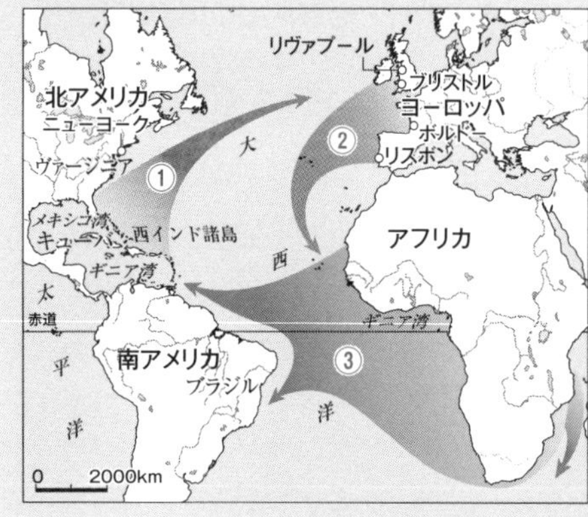

A タバコ ( )	B 奴隷 ( )
C 火器 ( )	D 砂糖 ( )
E 綿布 ( )	F コーヒー ( )
G ガラス ( )	H 綿花 ( )

17～18世紀に展開されたイギリス・フランスの対立は、どのような結果となったのだろうか。

5 北欧・東欧の動向

㊝ p.154 ～ 156

16～18世紀にかけて、北欧・東欧では、諸国家の激しい興亡がおこった。どのような国家が大国と呼ばれたのだろうか。

1 ロシアの大国化

❶ロマノフ朝の成立

16世紀、モスクワ大公国の[1　　　　　　　　]が独自の絶対王政(ツァーリズム)を確立

17世紀初め、(2　　　　　　　)**朝**が成立→新国王が選出

17世紀半ば、国境地帯の武装集団である(3　　　　　　　)を支援しつつ、(4　　　　　　　　)からウクライナ地方を奪う

❷ピョートル1世

西欧から多くの専門家をまねいて改革を進める

(5　　　　)**戦争**…スウェーデンに勝利してバルト海の覇権を握り、(6　　　　　　　　)を建設

東方に領土を広げ、中国の清と(7　　　　　　　)**条約**を結んで国境を定めた

❸エカチェリーナ2世

日本にも使節を派遣

啓蒙専制君主として改革を試みたが、農奴制は強化され[8　　　　　　　　]を指導者とする農民反乱がおこる

オスマン帝国から(9　　　　　　)半島を奪って黒海に進出

プロイセン・オーストリアとともに(10　　　　　　)を分割

2 ポーランドとスウェーデン

❶ポーランド

16世紀後半、王朝断絶→(11　　　　　　　)に移行

→17世紀、周辺諸国との戦争で財政破綻→弱体化

→18世紀後半、ポーランド分割により国家消滅

❷スウェーデン

16世紀前半、独立王国→絶対王政化

→三十年戦争でドイツにも領土獲得、(12　　　　　)海地域の覇者となる

→18世紀初め、ロシアとの(5※　　　　)戦争に敗北して地位が低下

3 プロイセンとオーストリアの動向

❶プロイセン

三十年戦争後、プロテスタント国家として絶対王政化を進める

→地方の領主貴族(13　　　　　　　)の農奴支配を認めるかわりに課税強化を認めさせ財源とする

官僚制を強化し、フランスから亡命した(14　　　　　　　)を受け入れて産業技術を活用

❷オーストリア

ハプスブルク家の当主がオーストリア大公と神聖ローマ皇帝を兼ねて中核をなす

→三十年戦争後、帝国は形骸化

オスマン帝国を(15　　　　)包囲(第２次)で撃退
→(16　　　　)条約(1699)…ハンガリー奪回、チェコ人のベーメン、マジャール人のハンガリーなど非ドイツ系地域を支配下にもつ
18世紀前半、ハプスブルク家で男子継承者がとだえる
→皇女[17　　　　]が大公位を継承
→プロイセン[18　　　　]が異議をとなえる→(19　　　　)**戦争**
→プロイセンが勝利、(20　　　　)地方を奪う
オーストリアはフランスと同盟((21　　　　))、プロイセンはイギリスと同盟した
→(22　　　　)**戦争**…プロイセンは辛勝して領土を確保、ポーランド分割→ヨーロッパの強国に

❸啓蒙専制主義

プロイセン・オーストリア・ロシア…東欧で勢力を広げた諸国
→**啓蒙専制主義**…様々な改革を導入→農業・商工業の奨励、宗教的寛容の実現
[18*　　　　](プロイセン)…「君主は国家第一の僕」と自称して改革を実施
アカデミーを復興、(23　　　　)宮殿を造営
→思想家[24　　　　]や音楽家バッハをまねく
マリア＝テレジアとその子[25　　　　](オーストリア)
…税制の改革、官僚制の整備、カトリック教会の統制を強め修道院を解散
エカチェリーナ２世(ロシア)…文芸の保護、社会福祉・地方行政制度の充実
プロイセン・オーストリア・ロシア…ヨーロッパ国際政治における地位の向上
→身分制など社会の根幹は変更されなかった

次の語句１～６に関係の深い人物を、語群ａ～ｆから選び記号で答えなさい。

1．修道院解散　2．君主は国家第一の僕　3．ツァーリズムの確立
4．ネルチンスク条約　5．プガチョフの反乱　6．外交革命

[語群]
ａ．ピョートル１世　ｂ．ヨーゼフ２世　ｃ．フリードリヒ２世
ｄ．イヴァン４世　ｅ．エカチェリーナ２世　ｆ．マリア＝テレジア

1(　　　)　2(　　　)　3(　　　)
4(　　　)　5(　　　)　6(　　　)

18世紀のプロイセン・オーストリア・ロシアにおいて、それぞれの代表的な為政者の統治はどのような特徴をもっていたのだろうか。

6 科学革命と啓蒙思想

㊔ p.156 ～ 158

17 世紀にヨーロッパでは、科学分野でどのような動きがみられたのだろうか。

1 科学革命

❶科学革命

近世…自然界に関する古代の著作の権威が崩れ、自然を新たに解釈しようとする動きが始まる

17世紀、ガリレイ・[1]…望遠鏡を駆使して天体の運動法則を解明

→観察と実験で自然界の法則を解明し、その法則が検証を経て確認されるという自然科学の手続きが確立

科学協会やアカデミーが創設され、専門的な科学者の活動する場が整備される

❷合理主義と経験主義

自然科学の前提…自然界を人間が正確に認識していること

(2)**主義**：[3](フランス)…神から与えられた人間の理性が正しいと認めるものは真実とみなしてよい

(4)**主義**：[5](イギリス)…人間の思考は獲得された知識の集積によって成立

観念論哲学：[6](ドイツ)…合理主義と経験主義の2つの立場を統合

❸自然法

[7]…人間に普遍的に共通するルールとしての(8)という概念が深められ、社会契約説がとなえられる

[9]…自然法を国家関係の分析に適用することで、国際法の考え方を創始

2 啓蒙思想

18世紀、人々に有用な知識を広め、幸福を増大させようとする思想

→為政者や世論を通じて行動を展開

❶経済学の発展

[10](フランス)や『諸国民の富(国富論)』の著者[11](イギリス)

…西欧社会の農業を中心とした自給自足的な段階から、分業と交換による商業段階へ移行しつつあると考える→(12)**派経済学**の創始

[11*]…市場は価格調整機能をもつ→特権や規制の緩和した方が国力の増大につながる：自由放任主義

❷啓蒙思想

[13]ら啓蒙思想家の著作が普及

→異なる宗派のキリスト教を容認する姿勢が広まり、宗教的対立は収束

[14]：『法の精神』…権力の分立と王権の制限を主張

[15]：『社会契約論』…間接的な議会制ではなく、個人が社会の統治に直接民主政のかたちで参加して主権者になるべきと論じる

[16]・**ダランベール**：『百科全書』

新聞・雑誌などの出版業が発達→ロンドンやパリのコーヒーハウス、カフェ、クラブ、サロンと

いった集いの場で読まれ、世論を形成

知識人…上流階級だけでなく、(17　　　　　　)(市民)からも生まれる

→都市の商業を基盤に富を蓄積し、宮廷文化とは異なる独自の文化を形成

→のちに経済力を基盤にして、政治の主役の座をめぐって貴族ら旧来の支配層と争う

参政権をもたない市民…食料価格・労働条件・課税などをめぐって暴動や一揆をおこす

以下の図Ａ～Ｅの説明文の空欄を埋めなさい。

A：[　　　　　　　]は万有引力の法則を発見した。「近代科学の父」と呼ばれたが、錬金術に傾倒したように「最後の魔術師」と呼ばれるルネサンス科学の継承者の面ももっていた。

B：[　　　　　　　]はイタリアのトスカナ大公の宮廷学者として、当時もっとも有力な科学者の1人であった。望遠鏡の観測により太陽に黒点が存在することを発表した。

C：[　　　　　　　]は社会契約説の立場に立つが、人民には政府に対する抵抗権があるとした。

D：国際法の考え方を創始した[　　　　　　　]は、フランス王アンリ4世から「オランダの奇跡」と称賛されたが、政争・宗教対立に巻き込まれ、苦難の晩年を過ごした。

E：[　　　　　　　]は、『社会契約論』を著して間接的な議会制ではなく、個人が社会の統治に直接民主政のかたちで参加して主権者となるべきだと論じた。

あなたは、科学革命の進展と啓蒙思想の広がりが、ヨーロッパ世界にどのような変化をもたらしたと考えるか。

㊕ p.157

探究しよう

科学革命は、ヨーロッパの人々にどのような影響を与えたのだろうか

17世紀のヨーロッパは、「科学革命の時代」と呼ばれるほど自然科学が発達した。中世では、アリストテレスの考えを取り入れてキリスト教神学が大成され、キリスト教会による世界観、たとえば惑星は地球中心にまわるといった天動説が支配的であった。しかしケプラーやガリレイらの証明によって天動説は否定された。さらにニュートンは、地上や天上を区別することなく、その運動を数学的に説明することに成功した。

Work 文学作品やテレビ、映画などで一番興味を持った科学的事項・現象を思い出してみよう。その事項・現象には、どのような原理が働いているのか、実現可能性はあるのかなどについて、考えてみよう。

Question 1 資料1について、この時ニュートンが思いついた理論とは何だろっか。

Question 2 アリストテレスの考えに影響されて大成されたキリスト教神学とは何だろうか。

Question 3 17世紀ヨーロッパの科学革命は、のちの時代におけるアジアに対するヨーロッパの優位の礎(いしずえ)となった。資料2を参考にして、それぞれの発見・発明・技術が、どのような意義をもち、後世にどのような影響を与えたか、考えてみよう。

㊖ p.160 ~ 161

アプローチ

19世紀の国際的な人々の移動について考えてみよう

1825年に、イギリスでストックトン - ダーリントン鉄道が開通し、以後急速に鉄道網が発達した。鉄道建設はヨーロッパ諸国にも広がり、フランスやドイツなどは1870年代には営業距離数でイギリスに追いついている。また、19世紀初めに試作された蒸気船は、風に左右されずに航行できたため、19世紀後半から20世紀初めにかけて、帆船にかわって海運の主力を担うようになった。

こうして、19世紀には産業革命と並行して交通革命がおこり、国際的な人の移動が盛んになった。人々はなぜ外の世界へと移動したのだろうか。そして、この時代の国際的な人の移動は、その後の世界にどのような影響をおよぼしたのだろうか。

Question 1　庶民のあいだに旅行が娯楽として定着し、海外旅行も盛んになったのには、どのような背景があったのだろうか。

Question 2　欧米社会での海外への人々の移動が盛んになったことは、その後の世界にどのような影響をおよぼしたのだろうか。

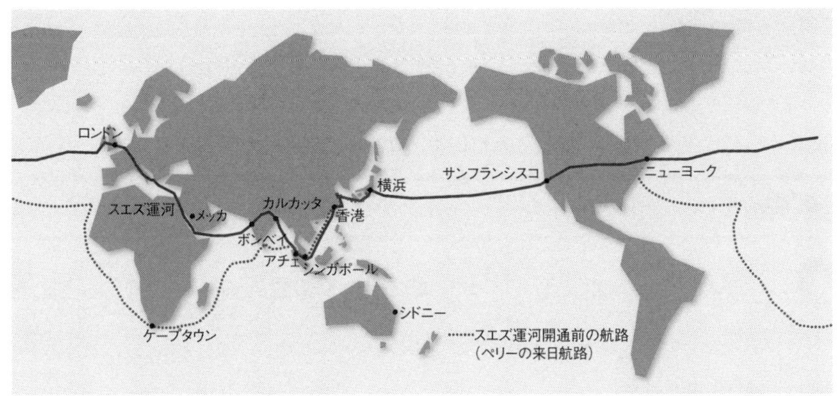

〈資料３　『80日間世界一周』の旅行程〉

航路	ケープ岬経由	スエズ運河経由
ロンドンーボンベイ	10,667	6,274
ロンドンーカルカッタ	11,900	8,083
ロンドンーシンガポール	11,740	8,362
ロンドンー香港	13,180	9,799
ロンドンーシドニー	12,690	12,145

（宮崎犀一ほか編『近代国際経済要覧』より作成）

〈資料４　スエズ運河開通による航路ごとの距離（単位＝マイル）〉

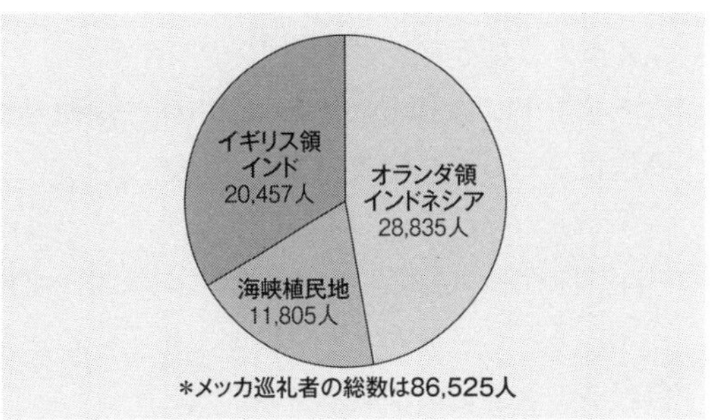

〈資料７　南・東南アジアからのメッカ巡礼者数（1926〜31年〈年平均〉）〉

Question 3　1870年代以降、南アジアや東南アジアのイスラーム教徒が、メッカ巡礼のために利用した、新しい海運業はどのような経緯で発達したのだろうか。

Question 4　メッカ巡礼が盛んになったことは、その後のイスラーム世界にどのような影響をおよぼしたのだろうか。

Question 5　さらに調べたいことを問いにしてみよう。

第12章

産業革命と環大西洋革命

18世紀後半から19世紀前半にかけて、ヨーロッパと南北アメリカ大陸の大西洋沿岸部で、社会変革が連続しておこった。変革はどのようにおこり、また相互に関連していったのだろうか。

1 産業革命

㊫ p.162 ～ 165

産業革命を可能にしたイギリスの国内・国際的条件とは何だったのだろうか。

❶ 近世ヨーロッパ経済の動向

❶東西の地域差拡大

オランダなど大西洋岸諸国…プロイセン・ポーランド・ロシアなどバルト海沿岸地域から穀物(こくもつ)輸入

→領主(りょうしゅ)が大農場を経営し輸出向け穀物を生産する(1　　　　　)制拡大・(2　　　　)制強化

❷近世ヨーロッパ経済の拡大と収縮

16世紀　経済拡大…人口増加、アメリカ大陸からの銀の流入：(3　　　　)革命

17世紀　経済停滞…天候不順による凶作、疫病(えきびょう)の流行、人口停滞：「(4　　　　　　)」

18世紀　経済拡大…人口増加、諸産業の活発化

❸経済の活性化による消費の増大

16世紀以降、都市の王侯(おうこう)・貴族・ブルジョワを中心に、様々な分野で消費への需要(じゅよう)が高まる

→とくに、オランダ・イギリス・フランスではこの傾向が顕著(けんちょ)

18世紀、(5　　　　)**革命**(イギリス)…農業生産の拡大→大量の非農業人口をやしなう

❷ イギリス産業革命と工業社会

❶産業革命

広大(こうだい)な(6　　　　)市場(しじょう)を獲得…フランスとの植民地争奪戦に勝利

大西洋(7　　　　)**貿易**…武器や綿織物(めんおりもの)などの輸出、プランテーション産品の再輸出の増大

国内で(8　　　　)を生産…17世紀、インド産綿織物が輸入されて人気商品に

→主要工業だった毛織物(けおりもの)業が打撃→18世紀初、インド産綿織物の輸入禁止

→綿織物の人気は衰えず、原料の綿花(めんか)をインドから輸入

科学革命を背景とする機械工学の伝統。資源…鉄鉱石(てっこうせき)や(9　　　　)などに恵まれる

18世紀後半、イギリスで種々の技術革新→(10　　　　)が始まる

炭坑(たんこう)の排水に用いられていた(11　　　　)の製造業への転用

[12　　　　]…蒸気機関の改良　[13　　　　　　]…蒸気機関車の実用化(交通革命)

→化石エネルギーを動力とする経済活動が本格的に開始

❷資本主義体制の確立

新しい機械の導入→多額資金を必要、不況(ふきょう)による倒産→職人にかわる安価(あんか)な労働力を求める

(14　　　　)(資本をもつ経営者)が賃金(15　　　　)を雇用(こよう)

┌利益の拡大を目的に、自由に生産・販売する経営形態
└機械や時間に管理される労働形態が導入→家庭と職場が分離

(16　　　　　)などの新興(しんこう)工業都市が成長

3 イギリスによる世界経済の再編成

❶インドの植民地化

産業革命…綿製品の大量生産が可能→新たな市場、原料の供給地が必要→積極的な植民地獲得

(17　　　　　　　　)…統治機関としてインド経営にあたる

┌インドの植民地化…綿製品の輸出市場→現地の綿織物業衰退
│　→インドは綿工業の原料の(18　　　　　)をイギリスに、(19　　　　　)を中国に輸出
└貿易以外に徴税（ちょうぜい）などの行政や軍事の権利を付与（ふよ）

❷世界経済の再編成

植民地以外の国々…通商条約を結んで貿易を強制→新たなかたちで世界経済に組み込まれる

┌中南米諸国…イギリス綿製品の最大の市場。輸出する貴金属の産出や農産物の生産に特化
└西アジア…イギリス綿製品の流入、ヨーロッパ諸国への農産物供給地

中国…中国産の茶を輸入→莫大な貿易赤字→自由貿易を強制する圧力を強化

❸世界の工場

当時の世界最大の工業生産国(「(20　　　　　　　　)」)として新たな「世界の一体化」を進める

→19世紀初め、工業機械の輸出解禁

→19世紀前半、(21　　　　　　　)・フランス・アメリカ合衆国北部・(22　　　　　)にも波及

産業革命時代のイギリスの地図について、以下の問1～3に答えなさい。

問1． イギリスで産業革命が始まった背景として地図中の▨と⬢で採掘される資源の存在がある。それぞれの資源は何か、答えなさい。

▨(　　　　　)　⬢(　　　　)

問2． 地図中の▭で示した囲い込みがおこなわれた土地で進んだ、農業の変革を何というか。

(　　　　　　　　　)

問3． スティーヴンソンによって実用化された蒸気機関車は、1830年に営業運転がなされた。その区間を地図中㋐～㋕から選びなさい。また、それぞれ選んだ地名を答えなさい。

記号(　　　)　**地名**(　　　　　　　　)

記号(　　　)　**地名**(　　　　　　　　)

イギリスに始まった産業革命は、世界各地にどのような影響を与えたのだろうか。

㊢ p.164

探究しよう

産業革命は、人々の暮らしをどのようにかえたのだろうか

イギリスでは、農業革命が進行した結果、農民１人あたりでやしなえる人口が増え、商工業が発展した。こうした状況のもとに、圧倒的な新式機械が続々と出現する技術革新の時代が訪れた。

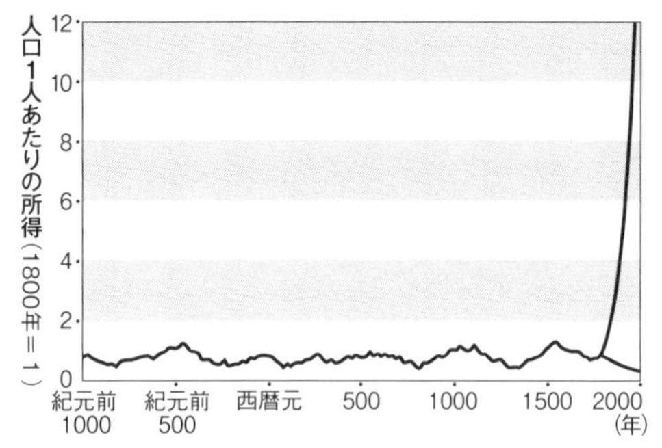

（G. クラーク〈久保恵美子訳〉『10万年の世界経済史』より作成）

〈資料１　人口１人あたりの所得の変化〉

	農業・林業・漁業	製造業・鉱山業・工業	貿易・輸送業	自営業	公共サービス・専門職・その他
1801年	35.9	29.7	11.2	11.5	11.8
1841年	22.2	40.5	14.2	14.5	8.5

（Dean&Cole：1962より作成）

〈資料２　イギリスでの労働力構成の変化(%)〉

Question 1　資料1のグラフから、1800年を境に一部の人々は豊かに、ほかの人々は貧しくなっていることを確認しよう。その理由を先進国と途上国に分けて考えてみよう。

Work　下の絵は、1858年7月『パンチ誌』に載せられた風刺画で、ロンドンのテムズ川を描いている。題名等をみて、産業革命がロンドンにもたらした影響について考えてみよう。

FATHER THAMES INTRODUCING HIS OFFSPRING TO THE FAIR CITY OF LONDON.

〈「父なるテムズが、美しいロンドンに、我が子を紹介する」〉（ユニフォトプレス提供）

Question 2　資料2・3から、産業革命がイギリスにもたらした社会的な変化は何だろうか。

Question 3　2016年の世界経済フォーラムにおいて、現在は「第4次産業革命」の時代とも呼ばれた。教科書 p.201、p.277も参照して、その特徴を調べてみよう。

2 アメリカ合衆国の独立と発展

㊧ p.165 ～ 167

アメリカ合衆国の独立に至る歴史的経緯はどのようなものだったのだろうか。

1 北アメリカ植民地の動向

❶北アメリカ植民地

スペイン…16世紀、メキシコとフロリダ　イギリス…17世紀、東部沿岸地域

フランス…17世紀、カナダや(1　　　　　)。ヨーロッパ向けの毛皮輸出を主要産業

→(2　　　　)**戦争**(北アメリカではフレンチ＝インディアン戦争)の敗北→崩壊

❷イギリスの北米大陸植民地

北米大陸のイギリス領植民地…(3　　　)の植民地からなる

北部およびニューヨークを中心とする中部…当初、自営農民、小規模商工業者が主体

→18世紀、移民による人口急増→林業・漁業・海運業の発達、貿易に従事する大商人の出現

南部…黒人奴隷を用いた(4　　　　　　　　)の発達、(5　　　　)や米、綿花の栽培

→ヨーロッパ、北アメリカ・カリブ海の各植民地に輸出

イギリス領植民地…本国の(6　　　　　)**体制**下→ヨーロッパ諸国との直接の貿易禁止

→強力なイギリス海軍保護→七年戦争後、本国の約３分の１の経済規模に成長

自治的な政治…植民地議会の設置、大学の設置、新聞発行などの言論活動

2 アメリカ合衆国の独立

❶イギリス本国の抑圧

(2＊　　　)戦争後、戦費による巨額の財政赤字→イギリス本国が課税強化

(7　　　　)**法**(1765)…植民地側、代表不参加の本国議会での課税決定は無効ととなえる

(「(8　　　　)**なくして**(9　　　　)**なし**」)→反対運動により撤回

(10　　)**法**(1773)…(11　　　　　　)事件発生→本国がボストン港封鎖などの強硬策

❷戦争の開始と独立宣言

(12　　　　)…植民地側、各植民地代表による対応策協議→1775年、武力衝突がおこる

→植民地側、[13　　　　　　]を大陸軍総司令官に任命してイギリス本国と戦う

当初植民地側…国王への忠誠を維持、植民地の人間がイギリス人としてもつ権利の確認を掲げる

[14　　　　]が著した『コモン＝センス』→世論を独立に導く

→1776年、植民地側**独立宣言**発表…[15　　　　　　　]らが起草。1777年、**アメリカ合衆国**と名乗る

❸植民地側の勝利と独立

独立戦争…当初イギリス優位→フランス・スペイン参戦、ロシアなど(16　　　　　　)を結成

(17　　　　　)の戦い(1781)…アメリカ・フランス連合軍勝利

→(18　　　　)**条約**(1783年)…アメリカ合衆国の独立を承認

広大な領土をもつ共和国の誕生→君主国の多かったヨーロッパに衝撃

革命としての性格をもつ…独立宣言は、[19　　　　]の抵抗権に論拠

→国家建設の目的…すべての人間が生来もっている権利の実現

❹合衆国憲法

当初は旧13植民地が州としてゆるやかに連合

合衆国憲法公布(1788)

自治権をもつ各州が中央政府によって統括(とうかつ)される連邦共和国となった

([20]) ┌行政権：大統領…史上初の大統領制国家
├立法権：連邦議会
└司法権：([21])が行使(こうし)

[[22]]…初代大統領

外交面…ヨーロッパと距離をおく

内政…中央政府による集権化をめざす([23])派と州の自立性を重視する([24])派が対立

→その後のアメリカ政治における争点

平等と自由 ┌理想…大西洋世界でおこる革命の指導原理となる
└現実…([25])奴隷制を存続させ、([26])から土地を奪取(だっしゅ)

→白人中心の国家という性格を強くもつ

次の史料「アメリカ独立宣言」を読み、以下の問1～3に答えなさい。

われわれはつぎのことが自明の真理であると信ずる。①すべての人は（ a ）につくられ、神によって、一定のゆずることのできない権利を与えられていること。そのなかには生命、自由、そして（ b ）の追求(ついきゅう)が含まれていること。これらの権利を確保するために、②人類のあいだに政府がつくられ、その正当な権力は被支配者の同意にもとづかねばならないこと。もしどんな形の政府であってもこれらの目的を破壊(はかい)するものになった場合には、その政府を改革しあるいは廃止して人民の安全と幸福をもたらすにもっとも適当と思われる原理にもとづき、そのような形で権力を形づくる新しい政府を設けることが人民の権利であること。以上である。

（江上波夫監修『新訳世界史史料・名言集』一部改変）

問1. 文中のa・bに入る適切な語句をそれぞれ答えなさい。 a( ) b( )

問2. 文中の下線部①の内容については、日本国憲法でも、侵すことのできない永久の権利として明記されている。簡潔に述べたものとして正しいものを選びなさい。

ア. 基本的人権 イ. 所有権 ウ. 公共の福祉 エ. 社会権 ( )

問3. 文中の下線部②について示された内容に大きな影響を与えたイギリスの思想家は誰か。また、政府による権力の不当な行使がある場合に、人民にどのような権利を認めたのか。漢字3文字で書きなさい。 イギリスの思想家( ) ( )

独立したアメリカ合衆国はどのような特徴をもつ国家だったのだろうか。

3 フランス革命とナポレオンの支配

教 p.168 ~ 171

絶対王政時代のフランス国王に対して、貴族・富裕な市民・貧しい農民は、それぞれどのような不満をもっていたのだろうか。

1 フランス革命

❶旧制度(アンシャン=レジーム)

第一身分:([1] 　　　)
第二身分:([2] 　　　) 土地と公職をほぼ独占(どくせん)

第三身分:平民 ┌人口の約9割を占め、人口の大半を担う
└都市と農村の民衆は生活に苦しむ。([3] 　　　)は富を蓄積(ちくせき)

❷全国三部会

18世紀、あいつぐ戦争で慢性的(まんせいてき)な財政赤字→([4] 　　　)戦争の戦費が財政破綻(はたん)をまねく
→[[5] 　　　]…経済学者テュルゴー・銀行家[[6] 　　　]らの行財政改革→反対派の抵抗
→第一・第二身分への課税(かぜい)を強化→17世紀初め以来休止状態にあった([7] 　　　)を招集(しょうしゅう)

1789年、ヴェルサイユで([7*] 　　　)開催…議決方法をめぐって対立
→特権身分の一部・第三身分の議員:自分たちが真(しん)の国民代表であると([8] 　　　)結成
→憲法制定を目的に掲げる

国王側…武力で弾圧する動き→パリ民衆、([9] 　　　)**牢獄**を攻撃→農民は各地で蜂起(ほうき)

❸国民議会の動き

封建的(ほうけんてき)特権の廃止を決定 ┌領主による裁判や賦役(ふえき)
│教会の([10] 　　　) ┘無償(むしょう)廃止→農民蜂起は沈静化(ちんせいか)
└地代(ちだい)(小作料(こさくりょう))…有償(ゆうしょう)廃止→のちに無償に

[[11] 　　　]らの起草(きそう)による**人権宣言**の採択(さいたく)
…人間の自由・平等、国民主権(しゅけん)、私有財産の不可侵(ふかしん)などの理想を示す→国王も承認

ギルドの廃止…国民の経済活動を自由化、全国一律の度量衡(どりょうこう)導入の決定

カトリックの聖職者を国家の管理下に

身分・特権といった格差や地域の相違(そうい)を解消→均質的な国民を主体とする**国民国家**を築く

1791年、フランス初の憲法制定→([12] 　　　)**議会**と国王による立憲君主政(くんしゅせい)が発足(ほっそく)

❹革命への干渉と共和政の成立

有力貴族の多くは亡命(ぼうめい)、周辺諸国に革命への干渉(かんしょう)を働きかける

([13] 　　　)**逃亡事件**(1791)…国王一家がオーストリアに亡命を試みたが失敗し、国民の信頼を失う

([14] 　　　)・プロイセンが介入姿勢→1792年、革命政府は両国と戦争開始
→当初、フランス軍劣勢(れっせい)になると各地から([15] 　　　)がパリに集結

義勇兵(ぎゆうへい)…民衆とともに王宮を襲い、王権を停止させる→立法議会は解散

([16] 　　　)…男性普通選挙で成立し、共和政を宣言(**第一共和政**)→旧国王夫妻を処刑(しょけい)

❺恐怖政治

┌周辺諸国との戦線が拡大…イギリスを中心に対仏大同盟結成
└徴兵制(ちょうへいせい)の導入に対する反乱、カトリック教会勢力や王政復活の動き

[17　　　　　　　　]…**公安委員会**に権力を集中→抵抗勢力を弾圧…(18　　　　)**政治**開始

戦況の好転→独裁への不満が高まり

→1794年、クーデタによって(18*　　　　)政治は終了した((19　　　　　　　)**の反動**)

史料「人権宣言」を読み、以下の問１～３に答えなさい。

第１条　人間は（ a ）かつ権利において（ b ）なものとして生まれ、また、存在する。社会的な差別は、共同の利益にもとづいてのみ、設けることができる。

第２条　あらゆる政治的結合（国家）の目的は、人間の自然で時効により消滅することのない権利の保全である。それらの権利とは、自由・所有権・安全および圧政への（ c ）である。

第３条　あらゆる主権の原理（起源・根源）は、本質的に（ d ）のうちに存する。いかなる団体、いかなる個人も、国民から明白に由来するのでない権威を、行使することはできない。

第17条　（ e ）は神聖かつ不可侵の権利であるから、何人も、適法に確認された公共の必要が明白にそれを要求する場合であって、また、事前の公正な補償の条件のもとでなければ、それを奪われることはない。　（江上波夫監修『新訳世界史史料・名言集』一部改変）

問１.「人権宣言」を起草したのは誰か。　(　　　　　　　　)

問２. 文中のa～eに適切な語句を入れなさい。

a(　　　　) b(　　　　) c(　　　　) d(　　　　) e(　　　　)

問３. 次のあ～きの出来事は、革命の流れを並べた①～⑦のどこに入るか。

あ　国民議会成立　　い　立法議会成立　　う　恐怖政治開始　　え　人権宣言採択

お　国民公会招集　　か　総裁政府発足　　き　テュルゴー・ネッケルの財政改革

ルイ16世即位

①

三部会招集

②

バスティーユ牢獄襲撃

③

ヴァレンヌ逃亡事件

④

王権の停止

⑤

第一共和政成立

⑥

テルミドールの反動

⑦

①(　　) ②(　　) ③(　　) ④(　　)

⑤(　　) ⑥(　　) ⑦(　　)

❻革命の終結とナポレオン

1795年、フランスはほとんどの国と休戦→対外関係の安定を受けて国民公会(こうかい)は解散

→([20]　　　　)の発足(ほっそく)…国内の分裂は根深く、新政府は権力維持(いじ)のために軍隊の力に頼る

→名声を得ていた将軍[[21]　　　　　　　]に期待をかける

ナポレオン…イタリアや([22]　　　　)に遠征

→1799年、クーデタをおこして権力を握り、憲法を発布(はっぷ)→憲法が国民投票で圧倒的多数で承認

→ナポレオンが実質的な国家元首(げんしゅ)として承認(([23]　　　)体制)→フランス革命の終了

❷ ナポレオンのヨーロッパ支配

❶帝政の成立と大陸制覇

1801年、ローマ教皇と([24]　　　　)を結ぶ…カトリックの部分的な復権を認める

1802年、イギリスと講和(こうわ)して、戦争中止

混乱していた経済・財政の再建、国民の支持拡大→第一統領の任期を終身制に変更

([25]　　　　　)(民法典)を制定→人権宣言の理想を法制化

1804年、国民投票で皇帝[[26]　　　　　]として即位→(**第一帝政**)

戦争の再開…
- オーストリアとロシアの連合軍に大勝
- イタリア半島全域を支配
- ドイツで領邦国家を従属的な同盟国に編成→([27]　　　　)帝国崩壊(1806)
- プロイセンに大勝→ポーランド地方にワルシャワ大公国(たいこうこく)をたてる
- イベリア半島出兵→スペインを従属(じゅうぞく)国に

→ナポレオンはヨーロッパの大半を支配下に入れる

対イギリス…([28]　　　　　)の海戦(1805)で敗戦

→([29]　　　　)(1806)…ヨーロッパ諸国にイギリスとの貿易を禁じる

→広大(こうだい)な植民地をもつイギリスはこれに耐える

❷ナポレオンの没落

イギリスへの輸出禁止の各国は苦境→とりわけイギリスへの依存度の高かったロシアが貿易再開

→([30]　　　)遠征(1812)…ナポレオン、大軍を率いるが大敗→権力の基盤(きばん)である軍事力を失う

- フランス支配に抵抗する([31]　　　　　)が生まれる
- ドイツの同盟諸国では反ナポレオンの民衆蜂起(ほうき)、各政府もナポレオンから離反(りはん)

([32]　　　)戦争(諸国民戦争)(1813)…プロイセン・オーストリア・ロシアに敗れる

([33]　　　　)…ナポレオン退位→フランスではルイ16世の弟即位…立憲君主政(くんしゅせい)が復活

([34]　　　　)会議(1814〜15)…戦後処理のために開催→ヨーロッパ諸国が対立

→ナポレオンは皇帝に復位

([35]　　　　　)の戦い(1815)で敗れて流刑(るけい)→ヨーロッパはウィーン体制の時代へ

イギリスの「権利の章典」と「フランス人権宣言」における考え方の違いを説明してみよう。

以下の問１・２に答えなさい。

問1． ナポレオン時代におけるヨーロッパの地図について、地図中の戦場㋐～㋓に該当する地名を、次の①～④のなかから選びなさい。

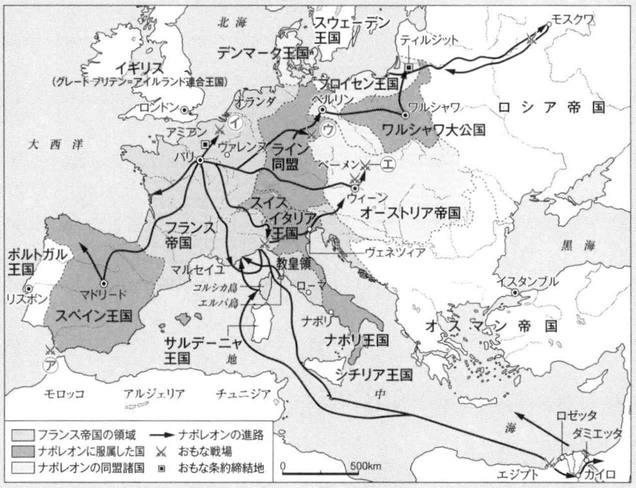

①アウステルリッツ
②ワーテルロー
③ライプツィヒ
④トラファルガー

㋐(　　)
㋑(　　)
㋒(　　)
㋓(　　)

問2． ナポレオン時代の流れについて次のあ～きの出来事は、次の①～⑦のどこに入るか。

あ　第一帝政成立　い　ロシア遠征　う　政教協約　え　第一統領を終身制に
お　ワーテルローの戦い　か　イタリア遠征　き　神聖ローマ帝国崩壊

①
統領体制成立
②
イギリスと講和
③
ナポレオン法典
④
トラファルガーの海戦
⑤
大陸封鎖令
⑥
復古王政
⑦

①(　　)　②(　　)　③(　　)　④(　　)
⑤(　　)　⑥(　　)　⑦(　　)

4 中南米諸国の独立

㊫ p.172 ～ 173

フランス革命の影響を受け、中南米諸国ではどのような動きがおこったのだろうか。

1 環大西洋革命とハイチ革命

❶環大西洋革命

16世紀以来、中南米はヨーロッパ諸国の植民地

→ナポレオン侵攻と支配による本国の動揺

→19世紀前半の数十年間にほとんどの植民地で新国家が独立

→これらの独立運動はアメリカ合衆国の独立革命やフランス革命からも影響を受ける

→大西洋をまたぐこうした一連の変化を([1]　　　　　)**革命**と呼ぶ

❷ハイチ革命

イスパニョーラ島の([2]　　　　　　　　)…┌([3]　　　　　　)の植民地
└当時世界最大の砂糖・コーヒーの生産地

フランスから人権宣言の理想が伝わると、黒人奴隷の反乱がおこる

→([4]　　　　　)革命(1791～1806)が始まる

→黒人の[[5]　　　　　　　　　　　　　　]らの主導

→世界初の黒人共和国([4*]　　　　　)として独立

2 スペイン・ポルトガル植民地での独立運動

❶中南米大陸の独立運動の特徴

([6]　　　　　　　)…白人入植者の子孫、中南米での独立運動の担い手

┌地主として先住民や黒人奴隷を支配
└本国から派遣された植民地官僚に政治権力を握られて不満。重商主義的な貿易統制に反対

❷ブラジルの独立

ブラジル…([7]　　　　　　　)の植民地

→ナポレオンの侵攻を受けて本国王室が避難

→イギリスとの貿易で経済発展。国王はナポレオン戦争後に帰国

→クリオーリョは、本国からの統制の復活を恐れて王太子を皇帝に擁立：([8]　　　　　　　)帝国の成立(1822)

❸スペインの中南米植民地の成立

スペイン植民地…本国におけるフランスへの抵抗運動→各地のクリオーリョが自立へ

→フランス支配からの解放後に本国はこれを阻止→植民地側、独立戦争開始

→1816年、([9]　　　　　　　　)独立宣言

→1820年前後、**大コロンビア**・([10]　　　　　)・([11]　　　　　　)独立…指導者[[12]　　　　　　　]

独立後┌大半が共和国となり、君主制・貴族制および奴隷制の廃止
└先住民の立場は弱く、クリオーリョによる独裁政権→不安定な政権

([13]　　　　　)の独立(1821)…スペイン植民地で最大の人口と富を有する

インディオや([14]　　　　　　　　)(インディオと白人の混血)などの被支配層が蜂起

→白人の虐殺(ぎゃくさつ)がおこるなどしだいに急進化
→本国で自由主義的な憲法が公布
→本国出身者やクリオーリョの支配層は、憲法が植民地にも施行されることを恐れる
→支配層は蜂起を弾圧、白人主導の独立国をたてる

❷モンロー宣言

大西洋の制海権を握っていたイギリス→新独立国との自由貿易を期待して運動を支援
→ヨーロッパ諸国の関心が中南米に向けられる
→アメリカ合衆国、(15　　　　　　)**宣言**(1823)
…南北アメリカ大陸とヨーロッパの相互不干渉(そうごふかんしょう)をとなえる→ヨーロッパ諸国を牽制(けんせい)

以下の問1～6に該当する語句を答えなさい。

問1．中南米の独立運動は、アメリカ合衆国の独立革命やフランス革命からも影響を受けた。大西洋をまたぐこうした一連の変化を何というか。（　　　　　　）

問2．世界初の黒人共和国を成立させた、ハイチ独立運動の指導者は誰か。（　　　　　　）

問3．中南米での独立運動の担い手の中心で、地主として先住民や黒人奴隷を支配した白人入植者の子孫を何と呼ぶか。（　　　　　　）

問4．1822年ブラジルにおいて、ここを植民地としていた国王の王太子を擁立し成立をしたのがブラジル帝国である。もともとブラジルを植民地としていた国はどこか。（　　　　　　）

問5．クリオーリョ出身で「解放者」と呼ばれ、大コロンビアやペルー・ボリビアといった地域を独立させた指導者は誰か。（　　　　　　）

問6．アメリカ合衆国は、南北アメリカ大陸とヨーロッパの相互不干渉をとなえ、ヨーロッパを牽制する目的で1823年に表明したものを何と呼ぶか。（　　　　　　）

中南米諸国の独立とアメリカ合衆国の独立には、どのような共通点と相違点があるだろうか。

第13章

イギリスの優位と欧米国民国家の形成

欧米諸国の国民国家形成はどのように進んだのだろうか。また、近代化に自信をもった欧米諸国はアジア・アフリカ地域にどのような姿勢でのぞんだのだろうか。

1 ウィーン体制と政治・社会の変動

㊔ p.174 ～ 178

革命の再発を防ぎ、国際関係を安定させようとするウィーン体制は、その目的を果たすことができたのだろうか。

① ウィーン会議

❶**ウィーン会議**(1814～15)：フランス革命とナポレオンの大陸支配の戦後処理

オスマン帝国を除く、全ヨーロッパの支配者が参加

(1　　　　　　)外相**メッテルニヒ**が議長

フランス外相[2　　　　　　]が**正統主義**を提唱→ブルボン王家復活

列強はヨーロッパの安定と自国領土の拡大を重視

❷**ウィーン議定書**：領土問題の解決

ロシア皇帝…(3　　　　　　)王を兼ねる。プロイセン…領土拡大

オーストリア…(4　　　　　　　　　　)をオランダに譲り、イタリア北部地域を併合

スイス…永世中立国となる

オーストリア・プロイセンなど君主国とハンブルクなど自由市が**ドイツ連邦**構成

❸**ウィーン体制**：20世紀初めまでヨーロッパの国際問題を調停

(5　　　・　　　・　　　・　　　)の**四国同盟**が**列強体制**を支える

海軍力と工業力にまさるイギリス…オランダからセイロン島と(6　　　　　　)獲得

→世界帝国への基礎を固める

強力な陸軍力をもつロシア…キリスト教精神にもとづく(7　　　)同盟を結成

安定した国際関係は先進地域での近代化と市民社会の発展をうながす

② 立憲改革の進展とウィーン体制の動揺

❶**自由主義的改革運動・ナショナリズム運動の抑圧**

ドイツやイタリアでの青年・学生による自由主義的改革運動、(8　　　　　)の立憲革命、ロシアの(9　　　　　　)の反乱などは鎮圧される

オスマン帝国からの(10　　　　　　　)を列強が支持→独立成功

中南米の独立を(11　　　　　)が市場開発を期待して支持→メッテルニヒ、阻止に失敗

❷**フランス七月革命**

立憲君主政のもと、きびしい制限選挙による反動政治に国民の不満が高まる

シャルル10世…国民の不満をそらす狙いでアルジェリア遠征→(12　　　　　)で亡命

オルレアン家の[13　　　　　　　　]が王となり**七月王政**成立

〈影響〉(14　　　　　)…オランダから独立し、立憲王国になる

ポーランドやイタリアでの蜂起は失敗

→ウィーン体制の反動政治はオーストリアやドイツに後退

③ イギリスの自由主義的改革

❶イギリスの諸改革

(15　　　　　　　　)やカトリック信徒への法的規制撤廃(1828〜29)

奴隷貿易禁止(1807)、植民地を含めた全領土で奴隷制廃止(1833)

❷第 1 回選挙法改正(1832)

選挙区が再編され、(16　　　　　)など中産階級が選挙権を得て政治的発言力強化

→(17　　　)階級は政治的指導力を維持

労働者は(18　　　　　　)実施などを求める**チャーティスト運動**を展開

→すぐには成果をあげられず

❸自由主義政策：産業革命で圧倒的な工業力

東インド会社の中国貿易独占権廃止(1833)・(19　　　　)法廃止(1846)・(20　　　　)法廃止(1849)

ウィーン会議後のヨーロッパについて、以下の問１〜４に該当する国名と地図中の記号を答えなさい。

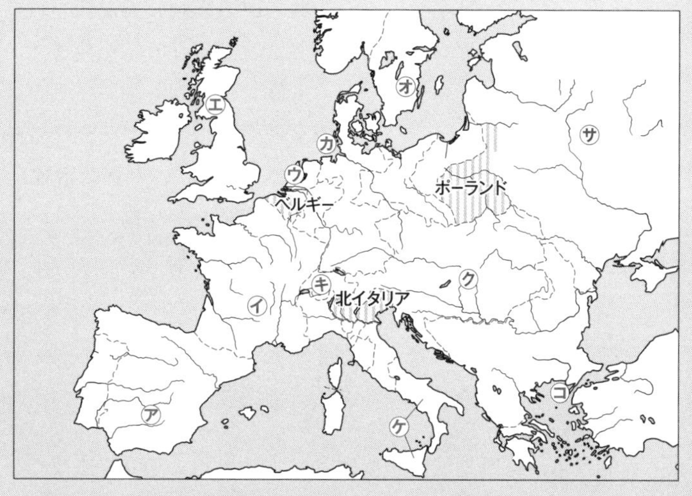

問１． ウィーン会議で永世中立国となった国　国名(　　　　　　)記号(　　)

問２． ウィーン会議で北イタリアを獲得した国　国名(　　　　　　)記号(　　)

問３． 1830年に七月革命がおこった国　国名(　　　　　　)記号(　　)

問４． 1830年代にチャーティスト運動がおこった国　国名(　　　　　　)記号(　　)

4 社会主義思想の成立

❶**新たな問題**：身分間の法的格差にかわり資本家と労働者との経済格差
資本主義経済体制の害悪を是正する理論の模索→**社会主義**

❷**社会主義思想**

オーウェン（イギリス）…労働組合運動を指導し、生協運動に取り組む。労働条件改善も提唱
→年少者の労働時間を制限する（21　　　　）**法**（1833）制定

サン＝シモン（フランス）…労働者の連帯をとなえる

ルイ＝ブラン（フランス）…利益が平等に分配される経済体制を構想

［22　　　　　］と**エンゲルス**（ドイツ）…資本主義の崩壊を論じる（**マルクス主義**）
→『（23　　　　　　）』（1848）で労働者の国際的団結を訴え、社会主義運動に大きな影響

5 1848年革命

❶**二月革命**

選挙権は一部の富裕層に限られる（七月王政）→中小資本家、労働者が選挙権拡大運動
→政府が弾圧しようとする

パリで**二月革命**（1848年２月）→七月王政が倒れ、共和政の臨時政府が樹立（（24　　　　　　　））

臨時政府に（25　　　　　　）も参加、市民層・農民は急進的な改革を望まず
→選挙で穏健共和派政府成立、反発したパリの労働者の蜂起も制圧される

ナポレオン１世の甥の［26　　　　　　　　　　　］が大統領に当選、クーデタで独裁権を得る（1851）
→国民投票で帝政復活（1852）、［27　　　　　　　　　　］を名乗る（**第二帝政**）

❷**「諸国民の春」**：各地で自由主義的改革運動、ナショナリズムが高揚

二月革命はオーストリア・ドイツに波及し（28　　　　　　）となる
→オーストリアでメッテルニヒが失脚、プロイセンで国王の譲歩で自由主義的政府成立

ドイツ領邦の自由主義者、統一国家と憲法制定のために（29　　　　　　　　　）**国民議会**に結集

ハンガリー、ベーメン、イタリアでもナショナリズム運動が広がる

❸**1848年革命**

西欧諸国で自由主義的改革、東欧地域で民族運動による自治・独立が主要な目的
→東・西ヨーロッパが異なる政治・社会的方向に進む分岐点

王権・保守勢力は一時後退したが反撃に転じる

プロイセン国王は国民議会の皇帝推挙を拒否、（30　　　　　）を発布

ロシアはオーストリアに支援の軍、（31　　　　　　　）の民族運動を抑圧→反革命を擁護

オーストリアは国内の革命運動をおさえ、反動的な体制を整える

ウィーン体制はなぜ崩壊してしまったのだろうか。
そして、その後どのような体制が形成されたのだろうか。

§ 年表で整理

〈ウィーン体制〉		〈自由主義・ナショナリズム運動〉
1814	ウィーン会議(～15)	
1815	ウィーン議定書	1810年代～20年代
	(a　　　　)発足・四国同盟発足	ラテンアメリカの独立運動
1820	フランス軍出兵→	(b　　　　)立憲革命
1821		ギリシア独立運動(～29)
1825		ロシアで(c　　　　)の乱
1830	フランス(d　　　　)成立←	フランス七月革命
		(e　　　　)独立
	ロシア軍が鎮圧→	ポーランド独立運動
1832		イギリス、第1回(f　　　　)
1834	ドイツ関税同盟発足	
1837	イギリスでヴィクトリア女王即位	
1838		イギリス、チャーティスト運動
1846		イギリス、(g　　　　)廃止
1848	フランス(h　　　　)成立←	フランス二月革命
		ウィーン三月革命・ベルリン三月革命
1849	オーストリア軍が鎮圧→	ハンガリー民族運動
	(i　　　　)王、皇帝冠拒否→	(j　　　　)国民議会(48～49)
		イギリス、(k　　　　)廃止
1851	ロンドン第1回万国博覧会	
1852	フランス第2帝政成立	

§ 七月革命と二月革命

七月革命(1830)		**二月革命**(1848)
[l　　　　]の反動政治への不満	原因	七月王政に対する(m　　　　)・労働者の不満
七月王政(立憲王政)が成立 →国王:オルレアン家の[n　　　　]	結果	第二共和政が成立 大統領:[o　　　　]
ベルギー独立 ポーランド・(p　　　　)の蜂起は失敗	影響	ウィーン・ベルリンで三月革命 「(q　　　　)」 ⇒ウィーン体制崩壊

教 p.176

探究しよう

自由貿易には、どのような期待が込められていたのだろうか

自由主義者コブデンらの運動もあって、イギリスは穀物法と航海法を廃止し、重商主義的な保護貿易体制から自由貿易体制に移行した。この体制は大恐慌後のブロック体制成立まで維持された。

> この強力な原理〔自由貿易〕の効果は、これまでに誰が想像したよりも、遠大かつ偉大なものです。この原理がうまく働けば、物質的な利益は、これが人類にもたらす利益のうちで最小のものになるはずです。すなわち、道徳の世界において自由貿易の原理は、あたかも宇宙における重力の法則のように作用するのであり、それは人を互いに引き寄せあい、人種・信条・言語にもとづく敵意を脇に退けて、私たちを永遠の平和の絆のうちに結びつけることになるのです。……広大で強力な帝国や、巨大な軍隊や大海軍——生命を破壊し労働の報酬を荒廃させるための手段です——への願望や動機は消滅します。こうしたものは、人類が一つの家族になり、労働の成果を同胞と自由に交換するようになる時には、不要で無用となるのです。（著者訳）

〈資料１　コブデンによる演説(1846年)〉

> 北米とロシアの平原は我々の麦畑……、カナダとバルト海地域は我々の材木林、オーストラリアとニュージーランドは我々の羊畑……であり、中国人は我々のために茶を栽培し、我々のコーヒー、砂糖、香料の農園は西インド・東南アジア各地に広がる。スペインとフランスは我々のブドウ畑、地中海地域は我々の果物畑であり、我々の綿花畑は、かつては合衆国南部にあったが、今では世界各地の温帯に広まった。（著者訳）

〈資料２　イギリスの経済学者ジェヴォンズが著した一節(1865年)〉

Work 1　穀物法はどのような人々にとって有利な法律だったのだろうか。教科書 p.176注⑥を参考に考えてみよう。

Question 1　穀物法の廃止は、イギリスが工業を国の経済の柱とすることを示した措置といわれるが、それはなぜだろうか。

Work 2　資料1から、コブデンが説く自由貿易の利点に下線を引いてみよう。

Question 2　コブデンは、なぜ自由貿易が平和をもたらすと考えたのか。資料2を手がかりに考えるとどうなるだろうか。

Question 3　イギリスの主張を他国はどう受けとめたのだろうか。

2 列強体制の動揺とヨーロッパの再編成

㊔ p.178 ～ 183

19 世紀後半のヨーロッパ諸国の動きは、国際関係をどのように変化させていったのだろうか。

1 クリミア戦争

❶クリミア戦争

反革命の擁護者ロシア、南下政策再開→オスマン帝国に宣戦(1853)

(1　　　　　・　　　　　)のオスマン帝国支援で敗れる

　→(2　　　　　)条約(1856)…黒海の中立化を再確認、南下失敗

❷1870年までの状況

ヨーロッパ諸国は国内の諸問題に追われる→国際問題への共同行動は困難に

…ロシアは国内の改革、イギリスは(3　　　　　　　　　)への対応など

　→列強の干渉・規制をあまり受けず、国家統一などに向けての戦争が多発

2 ロシアの大改革

❶アレクサンドル２世

ロシアの立ちおくれを認め、(4　　　　　　　　)布告(1861)→その後様々な近代化改革

(5　　　　　　　)の民族主義者が蜂起→専制政治に戻る

❷ナロードニキ

インテリゲンツィア…社会改革提唱、農民を啓蒙して社会主義改革実現をめざす

　→「(6　　　　　　　　　)(人民のなかへ)」を掲げて農民にはたらきかける(**ナロードニキ**)

運動が失敗→一部は要人殺害で専制を打倒しようと、皇帝・政府高官を暗殺

3 イギリス

❶「パクス＝ブリタニカ」

蒸気鉄道輸出・電信の通信と合わせて交通・通信に革命的変化(**交通革命・通信革命**)

首都ロンドンは世界経済に大きな影響力、世界初の(7　　　　　　　　)(1851)

強力な経済力を背景に各国の利害対立を調整→ヨーロッパの平和維持(「**パクス＝ブリタニカ**」)

❷ヴィクトリア時代の議会政治

1860年代、総選挙で保守党・自由党が交互に政権を担当する(8　　　　　　)が定着

保守党[9　　　　　　　　]、自由党**グラッドストン**らが重要な改革で階級間の関係を円滑化

第２回選挙法改正(1867)で(10　　　　　　　　　)、第３回選挙法改正(84)で農村部の労働者など

　が選挙権を得る→民主化が進展

❸アイルランド問題：1801年にイギリスに併合

イギリス系人口の多い北部で産業革命

南部は1840年代後半に大飢饉((11　　　　　　　　))で大きな犠牲→アメリカに大量の移民

独立を求める動きが強まり、グラッドストンが(12　　　　　　)提出(1880～90年代)

　→帝国の解体につながるとして議会で否決、問題は20世紀にもちこされる

4 フランス第二帝政と第三共和政

❶第二帝政

自由貿易政策をとり、イギリスと通商条約、パリで2度の万国博覧会開催

[13　　　　　　] が提案したスエズ運河建設を支援、第2次アヘン戦争・イタリア統一戦争・(14　　　　　　)出兵など積極的な対外政策

(15　　　　　　)遠征に失敗、**ドイツ=フランス戦争**(1870～71)で惨敗→帝政崩壊

パリに臨時国防政府(1870)が翌年降伏、(16　　　　　　　　　　)の割譲など屈辱的な講和

→社会主義者・パリ民衆が抗議、史上初めての革命的自治政府(17　　　　　　　　　　)樹立

→臨時政府側の軍事力で倒される

❷第三共和政

王党派と共和派のあいだで政体をめぐる対立が続く

(18　　　　　　)制定(1875)で**第三共和政**の基礎→フランス革命を原点とする国民統合が進む

5 イタリアの統一

❶サルデーニャ王国による統一

1848：二月革命後、**青年イタリア**の[19　　　　　　　　]も参加したローマ共和国がフランスに倒される→統一運動の中心はサルデーニャ王国に移る

→国王[20　　　　　　　　　　　　　　]と首相カヴールが自由主義的改革

1859：ナポレオン3世と秘密同盟、オーストリアに勝利→(21　　　　　　　　)獲得

1860：(22　　　　　　)などをフランスに譲り中部イタリア併合

青年イタリア出身の[23　　　　　　　]、両シチリア王国占領、サルデーニャ王に

1861：**イタリア王国**成立、サルデーニャ王がイタリア国王位につく

1866：オーストリア領(24　　　　　　　)併合

1870：(25　　　　　　　)を併合して国家統一実現

❷イタリアの課題

トリエステ・南チロルなど「(26　　　　　　　　　)」をめぐりオーストリアと対立

(27　　　　)と長く断交状態が続く

イタリア統一に関する地図について、以下の問1～3に該当する地図中の記号を答えなさい。

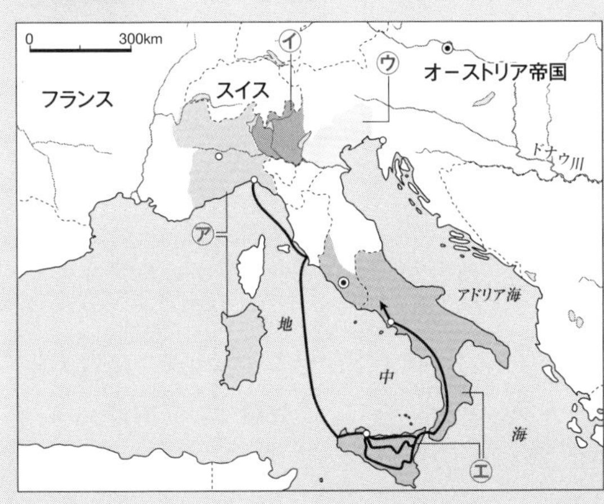

問1. カヴールが首相となり、イタリア統一の中心となったサルデーニャ王国。(　　)

問2. サルデーニャ王国がオーストリアと戦い、1859年に獲得したロンバルディア地方。(　　)

問3. ガリバルディが1860年に征服し、翌年サルデーニャ国王に献上したシチリア地域。(　　)

6 ドイツの統一

❶統一の方式をめぐる対立

1834：プロイセンを中心に(28　　　　　　)同盟→オーストリアを除く大部分の領邦が参加

1848：(29　　　　　　)国民議会がドイツ統一を試みるが、方式をめぐる対立で失敗

❷プロイセン主導の統一

1862：首相**ビスマルク**(ユンカー出身の保守強硬派)

…議会の反対を無視して軍の拡大をはかる((30　　　　　　))

1864：オーストリアとともに(31　　　　　　)両州をめぐりデンマークと開戦、勝利→両州の管理をめぐりオーストリアと対立

1866：**プロイセン＝オーストリア戦争**に勝利→ドイツ連邦解体

1867：プロイセンを盟主とする(32　　　　　　)結成

オーストリアは(33　　　　　　)人にハンガリー王国を認め、同君連合の**オーストリア＝ハンガリー帝国**に→スラヴ系諸民族の自立要求運動は続く

1870：(34　　　　　　)**戦争**…ナポレオン３世、プロイセンの強大化を恐れる

(32*　　　　　　)と南ドイツ諸邦の支持→スダンでナポレオン３世を捕虜に

1871：フランスに(16*　　　　　　)を割譲、高額の賠償金支払いを課す講和

7 ドイツ帝国とビスマルク外交

❶ドイツ帝国

プロイセン国王[35　　　　　　]…ヴェルサイユ宮殿で皇帝即位→**ドイツ帝国**成立

ドイツの諸邦で構成される連邦国家、プロイセン国王が皇帝を兼ねる

各邦の制度は残されるが、帝国議会は(36　　　　　　)で選ばれる

帝国議会の権限は弱く、帝国宰相は皇帝にのみ責任を負い、独裁的権力を行使

❷ビスマルクの内政

反プロイセン感情の強い南ドイツなどのカトリック教徒を「(37　　　　　　)」で抑圧

(38　　　　　　)法制定…工場労働者にマルクス主義的社会主義運動(のちの**社会民主党**)の影響が広がるのを防ぐため

労働者の支持を得るために、災害保険や疾病・養老保険など(39　　　　　　)制度導入

❸ビスマルクの外交：列強体制を再建、フランスを孤立させる複雑な同盟網→**ビスマルク体制**

1873：ドイツ・オーストリア・ロシアの(40　　　　　　)**同盟**

1882：ドイツ・オーストリア・イタリアの(41　　　　　　)**同盟**

1887：ドイツ・ロシアの(42　　　　　　)**条約**

❹列強の領土拡大政策

1875：オスマン帝国のバルカン地域で農民反乱

1876：(43　　　　　　)の独立をめざす蜂起をオスマン政府が武力鎮圧→ロシアの直接介入

1877：**ロシア＝トルコ戦争**

1878：**サン＝ステファノ条約**でロシアは(43*　　　　　　)を保護下におきバルカン半島進出

→オーストリア・イギリスが反対→ビスマルク、(44　　　　　　)**会議**で対立調停

ベルリン条約でロシアの南下政策は阻止される

→ロシアは(45　　　　　・　　　　　)方面への拡大を追求

1881：ビスマルクはフランスの(46　　　　　　)支配を支持
→列強の関心をヨーロッパ地域外に向かわせ、ヨーロッパでの勢力現状維持をはかる

8 北欧地域の動向

北欧３国…立憲君主制で政治・経済安定、独自の平和路線、国内の改革にとりくむ
(47　　　　　　)…強国の地位を失うが、19世紀初めに立憲制議会主義を確立
(48　　　　　)…ウィーン会議で(47*　　　　　　　)領に→20世紀初めに国民投票で独立
デンマーク…プロイセン・オーストリアに領土を奪われたが農業・牧畜中心に経済安定

9 国際運動の進展

社会主義運動：**第１インターナショナル**結成(1864)→解散(70年代半ば)
→(49　　　　　　　　　　)結成(1889)
戦争犠牲者の救済のために(50　　　　　　　　)(1864)、国際オリンピック大会(1896)
国際運動の展開の基盤：(51　　　・　　　)に関する国際機関の設立
ヨーロッパから南北アメリカへの移住：政治的・宗教的迫害、貧困などからの脱出
→(52　　　)という形のヨーロッパの拡大と交流

ベルリン条約後のバルカン半島の地図について、以下の問１・２に答えなさい。

問１. 1878年のサン＝ステファノ条約ではロシアの勢力下におかれたが、その後のベルリン条約でオスマン帝国内の自治領とされた地域を地図中の記号で選びなさい。
(　　　)

問２. サン＝ステファノ条約とベルリン条約の規定は、何が大きく異なっているのだろうか。
(　　　　　　　　　　　　　　　　)

ドイツは、列強体制の弱体化を利用して統一を実現すると、再び列強体制を構築した。このことは、国際関係をどのように変化させたのだろうか。

3 アメリカ合衆国の発展

教 p.183 ～ 186

アメリカ合衆国は19世紀末には世界一の工業国となった。発展を支えた領土の拡大や産業の育成はどのように進んだのだろうか。

1 アメリカ合衆国の領土拡大

❶19世紀前半

フランスから(1　　　　　　　　)購入→領土が倍増

スペインから(2　　　　　　　　)購入→カリブ海に到達

アメリカ＝イギリス戦争→ ┌アメリカ人としての自覚が強まる
　　　　　　　　　　　　　└イギリスからの工業製品がとだえ、北部では工業化が進展

❷19世紀半ば

合衆国の西方への膨張は神に定められた「(3　　　　　　　　　)」であるというスローガン

→テキサス併合、**アメリカ＝メキシコ戦争**に勝利し(4　　　　　　　　　)獲得、領土は太平洋岸に達する

(4*　　　　　　　　)で金鉱発見→世界中から人々が到来(**ゴールド＝ラッシュ**)

中国と正式な国交を開く。[5　　　　　　]を派遣して**日本の開国**を実現

1867年にロシアから**アラスカ**を買収

❸西部開拓

先住民から土地を安価で購入→白人入植者に売却して農地に転換(**西部開拓**)

土地購入に応じない先住民は**保留地**に(6　　　　　　　)させる政策

→一部の先住民は武力で抵抗したが鎮圧され、先住民の人口は激減

❹南北の対立

西部への拡大→**奴隷制問題**をめぐる国内の対立を強める

→ ┌北部…奴隷制廃止
　 └南部…奴隷制廃止に反対：(7　　　　　　　　　　　　　)を経済基盤とするため

綿繰り機の発明で大量の綿が工業原料に→南部の奴隷制は19世紀に拡大

西部に新しい州が誕生→北部は(8　　　　　)主義の立場から奴隷制に反対、南部は認めるように求める

(9　　　　　　)**協定**…1820年、奴隷制を認める新たな州は国土の南北のほぼ中間線以南のみとする

1854年、(10　　　　　　　　　　　)の両準州について、奴隷制の可否を住民投票で決定する法律

→ ┌北部…奴隷制反対を掲げる(11　　　　　　)が発足
　 └南部…**民主党**の一部が合衆国からの分離を主張

以下の問１～４に該当する語句を答え、
地図上の番号を答えなさい。

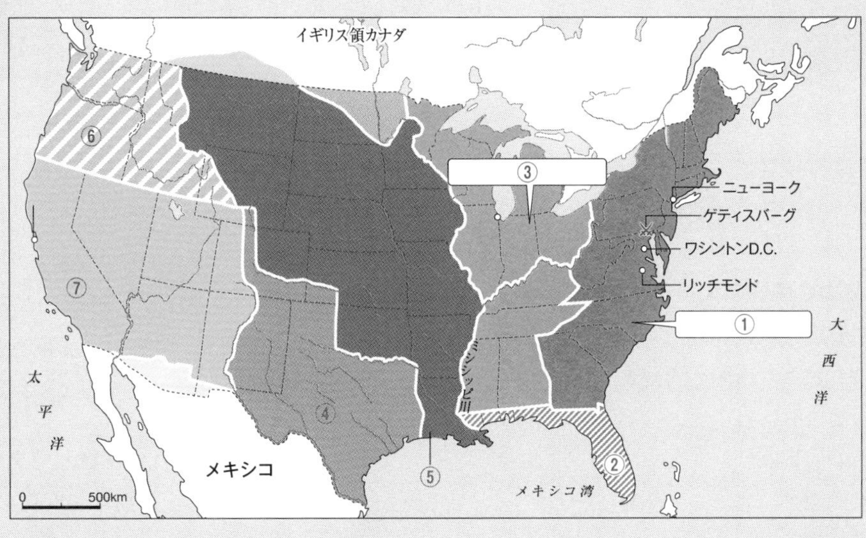

問１． 1803年にフランスから購入した領地。　（　　　　　　）記号（　　）

問２． 1819年にスペインから購入した領地。　（　　　　　　）記号（　　）

問３． 1845年に併合した、メキシコの一部だった領地。　（　　　　　　）記号（　　）

問４． アメリカ＝メキシコ戦争に勝利し、1848年にメキシコから獲得した領地。
（　　　　　　）記号（　　）

2 南北戦争

1860年の大統領選で(11 *)の[12]が勝利

→南部の奴隷制の即時廃止は求めず、南部の分離を阻止

61年に南部諸州は(13)(**南部連合**)を発足→**南北戦争**(1861〜65)が始まる

南部優勢→1862年に(14)での開拓農民に土地を授与する法律→西部諸州の支持

63年に(15)→国際世論を味方につける

(16)**の戦い**で勝利→工業力にまさる北部が優勢に

65年、南部は降伏→合衆国は再び統一される

大型の火器や鉄道が活用される→アメリカ史上最大の死者を出す

3 アメリカ合衆国の大国化

❶奴隷制廃止と黒人問題

北軍の占領下で南部の再建と社会変革、憲法修正で正式に奴隷制は廃止

黒人は法的に自由人となったが、多くは小作農として貧しい生活

一部の白人は(17)などの秘密結社を組織して黒人迫害

1870年代後半、北軍の占領終了→(18)で黒人の投票権を制限し、差別を制度化

→憲法の条項は骨抜きに

❷フロンティアの消滅

西部で牧畜業・小麦生産が発達→食料を東部市場に提供・ヨーロッパへ輸出

→アメリカ合衆国は(19)をもつ

通信・交通機関の整備→有線電信の開通、1869年に最初の(20)が完成

90年代に**フロンティアの消滅**が宣言される

❸19世紀末のアメリカ合衆国

19世紀末、(21 ・)をしのぐ**世界最大の工業国**となる

ヨーロッパ各地からの**移民**、経済発展を支え、人口は10倍以上に

移民の多くは低賃金の(22)である一方、独占企業が成長

→合衆国では所得格差の大きい社会が形成される

アメリカ合衆国は西部開拓を進める一方、南北戦争という激しい内戦を経験した。合衆国はどのような犠牲を払い、大国へと発展していったのだろうか。

§ 南北戦争について整理してみよう

北部	南部
資本主義的な (a　　　　)の発達 保護関税政策 奴隷制反対 (c　　　　)主義 (d　　　　)支持	綿花・タバコの プランテーション (b　　　　)政策 奴隷制存続 州権主義 民主党支持

1820	(e　　　　　　)協定
1854	(f　　　　　　　　　　)両準州 奴隷制の可否は住民の投票で決定
1860	共和党の[g　　　　　　]が大統領選に勝利
1861	南部諸州、(h　　　　　　)を発足させる →南北戦争勃発
1862	北部は西部公有地で開拓農民に土地を授与する法律を制定
1863	(i　　　　　　)宣言・ゲティスバーグの戦い
1865	南部が降伏、合衆国は再統一される

㊎ p.186

探究しよう

ヨーロッパ諸国・アメリカ合衆国の工業化はどのように進んだのだろうか

19世紀半ばから、ヨーロッパ諸国やアメリカ合衆国では工業化が進展し、1870年代には、先行するイギリスに諸分野で追いつこうとしていた。

①原綿消費量(単位：1,000トン)

	1840年	1850年	1869年	1890年
ドイツ	—	—	64	227
フランス	53	59	94	125
イギリス	208	267	426	755
ベルギー	9.1	10	16	32
アメリカ	—	—	187	548

②銑鉄消費量(単位：1,000トン)

	1840年	1850年	1869年	1890年
ドイツ	190	210	1313	4100
フランス	348	406	1381	1962
イギリス	1419	2285	5533	8031
ベルギー	95	145	534	788
アメリカ	291	572	1739	9350

③登録商船トン数(帆：帆船、蒸：蒸気船)

	1840年		1850年		1869年		1890年	
	帆	蒸	帆	蒸	帆	蒸	帆	蒸
ドイツ	—	—	496	4	890	67	682	593
フランス	653	10	674	14	923	143	444	500
イギリス	2680	88	3397	168	4765	948	2936	5043
ベルギー	22	1	33	2	24	9	4	72
アメリカ	1978	202	3010	526	2400	1104	2109	1859

④鉄道営業距離数(単位：キロメートル)

	1840年	1850年	1869年	1890年
ドイツ	469	5856	17215	42869
フランス	410	2915	16465	33280
イギリス	2390	9797	—	27827
ベルギー	334	854	2816	4526
アメリカ	4535	14518	75388	268282

〈資料1　欧米諸国の工業化の進展〉(B.R.ミッチェル編『マクミラン世界歴史統計Ⅰ・Ⅱ』より作成)

Work 1　①原綿消費量について、1840年の各国の消費量を多い順に並べ替えてみよう。

Work 2　②銑鉄生産量について、1840年の各国の生産量を多い順に並べ替えてみよう。

Work 3　③登録商船トン数の⑴帆船　⑵蒸気船それぞれについて、1840年の各国の登録トン数を多い順に並べ替えてみよう。

Work 4　④鉄道営業距離数について、1840年の各国の営業距離数を長い順に並べ替えてみよう。

Question 1　1840年に注目すると、各国の工業生産力と輸送力について、どのようなことが読み取れるだろうか。

Question 2　アメリカの工業生産と輸送力がヨーロッパ諸国と比べて、急激な発展をみせるのはどの時期だろうか。また、その要因は何だろうか。

Question 3　1869年から1890年のあいだに、アメリカと並んで工業生産と輸送力で急激な成長を遂げている国はどこだろうか。また、その要因は何だろうか。

4 19世紀欧米文化の展開と市民文化の繁栄

㊎ p.187 ～ 189

19 世紀には新しい文化が展開したが、それを担ったのはどのような人々だったのだろうか。

1 主流文化の変遷と市民文化の成立

❶主流文化の変遷

フランス革命後、宮廷文化が後退→(1 　　　　　)が優位に

19世紀後半、各国で国民統合が進み、**国民文化**の潮流が主流に

国民文化…貴族文化・(1* 　　　　　)の融合の産物として成立

→学校教育や美術・建築・音楽・文学などを通じて(2 　　　　　)の成立をあと押し

❷市民文化の成立：交通革命や技術革新も国民文化の浸透に貢献

ヨーロッパの国民文化は**ヨーロッパ近代文明**に発展

19世紀末、世界を「欧米文明世界」、中国・インド・日本などの「文明途上世界」、アフリカなどの「未開世界」の３つに区分する(3 　　　　　)主義的な見方

2 各国の国民文化の展開

❶19世紀前半の文化

ナポレオンの支配と画一的な思想のおしつけへの反発と抵抗

(4 　　　　　)**主義**…地域や民族の言語・歴史文化の価値を見直し、個人の感情や想像力を重視する

→国民文学や国民音楽に結実し、国民文化の形成に貢献

❷19世紀後半の文化

市民社会の成熟や工業化による社会階層のひずみ→(4* 　　　　　)主義は現実逃避と批判される

(5 　　　　　)**主義**(**リアリズム**)…現実の社会や人間の抱える問題に向き合う

→社会や人間を科学的に観察する(6 　　　　　)**主義**、フランス絵画の**印象派**

(7 　　　　　)と国民国家…正当性の根拠を民族や歴史に求める→歴史への関心が高まる

ドイツの[8 　　　　　]…厳密な史料批判による**近代歴史学**の基礎をつくる

→人文・社会科学で歴史的な考察や分析方法が利用される

3 近代諸科学の発展

❶哲学・政治・社会思想

カントの観念論哲学が継承→[9 　　　　　]の**弁証法哲学**や[10 　　　　　]の史的唯物論

〈イギリス〉市民に指針を与える(11 　　　　　)**主義**

アダム＝スミスの流れを引くマルサス、[12 　　　　　]らの**古典派経済学**…自由放任主義が経済発展をうながすと主張

ドイツのリスト…後発の国民経済に国家の保護が必要→(13 　　　　　)同盟の結成を説く

❷自然科学と電気・化学

ダーウィンによる生物学の革新が、人文・社会科学などにも大きな影響

→『(14 　　　　　)』で提唱した**進化論**はキリスト教世界に衝撃を与え、激しい論争をおこす

19世紀後半、コッホや[15　　　　　　]らによる細菌学や予防医学が近代医学の基礎を確立

公衆衛生の知識の広まり→幼児死亡率の低減、平均寿命の伸長が進む

化学・電気通信・交通部門の発明や技術革新、生活スタイルや移動方法を変容させる

❸探検・調査

19世紀後半、アフリカ内部の調査、中国奥地・中央アジアの学術調査がおこなわれる

20世紀、(16　　　　)の探検が国の威信をかけて競われる

欧米諸国…世界各地の情報を得て理解を深めただけでなく、欧米のみが近代化に成功したと自負

　→非ヨーロッパ世界の諸民族を見下し、人種主義的偏見を強める

4　近代大都市文化の誕生

❶列強諸国の首都：近代化の進展ぶりや国家の威信を示す象徴的な場となる

- フランス第二帝政期の(17　　　　)大改造やウィーンの都市計画が先駆け
- ロンドンは世界最初の(18　　　　　)を導入、ほかの都市のモデルとされる
- 1851年にロンドンで第1回(19　　　　　　　)開催→パリ、ウィーンでも開催

❷市民文化から大衆文化へ

19世紀末、一般大衆向けに大衆紙が発行され、国内外の最新の情報を伝える

巨大な(20　　　　　)や映画などの大衆商業・娯楽施設→市民文化の成熟から大衆文化の誕生へ

大都市は情報や近代文化の発信の地

　→農村から都市へ、中小都市から大都市への人の移動を加速させる

あなたは、貴族文化と市民文化が融合して生まれた新しい文化が、国民国家形成の過程にどのような影響を与えたと考えるか。1つ例をあげて説明してみよう。

§　19世紀の欧米文化の潮流

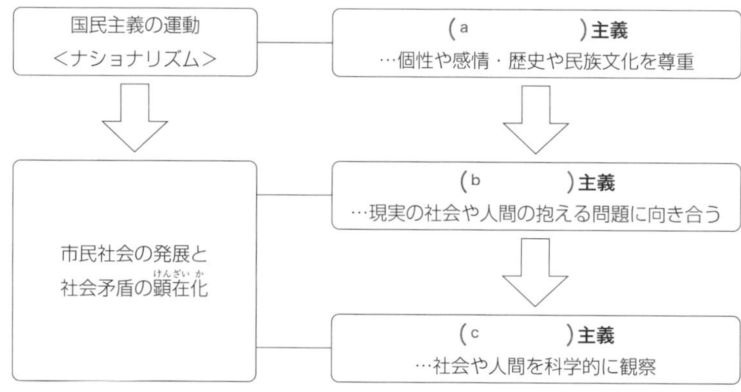

第14章

アジア諸地域の動揺

19世紀に入り、本格化するヨーロッパ諸国の干渉や植民地政策に対し、オスマン帝国や南アジア・東南アジアの諸国、そして清朝はどのように立ち向かおうとしたのだろうか。

1 西アジア地域の変容

㊖ p.190 ～ 193

オスマン帝国をはじめ、西アジア地域の列強への従属はどのように進行したのだろうか。

① オスマン帝国の動揺と東方問題

❶オスマン帝国支配の動揺

(1　　　　　　)派…アラビア半島でムハンマドの教えへの回帰を説く
　→豪族(2　　　　　　)家と結び自立
(3　　　　　　　)国…オスマン帝国の宗主権下にあったが、ロシアに併合される
エジプト…オスマン軍人[4　　　　　　　　　　]が総督→富国強兵と殖産興業の政策
シリア…キリスト教徒のアラブ知識人を中心に、アラビア語による文芸復興運動
(5　　　　　　)の独立運動が列強の支援で承認→非ムスリム諸民族に大きな刺激

❷東方問題：列強がオスマン帝国の動揺を利用して勢力拡大して成立した国際関係
[4*　　　　　　　　　　]…(1*　　　　　　)派や(5*　　　　　　)独立運動鎮定に出兵した見返
　りにシリア領有を求める→(6　　　　　　　　　)戦争…オスマン帝国と戦い勝利
　→列強が軍事介入→(7　　　　　　　)会議で、エジプト・スーダンの総督職の世襲のみ承認

② 経済的な従属化

列強…(8　　　　　　　　　)を拡大した(9　　　　　　　)を結んでオスマン帝国での経済的・
　法的権益を拡大
綿花やタバコなど商品作物を輸出、イギリスの綿製品が低関税で輸入される→現地産業の没落
専売の利益と関税自主権を失って、エジプトも通商条約が適用
　┌自立的な経済発展の道が閉ざされる
　└(10　　　　　　　　)建設(1869)→莫大な債務で英仏の財政管理下、内政支配も受ける
オスマン帝国…(11　　　　　　　)戦争以来、借款を重ねて財政破綻→列強の経済支配を受ける

③ オスマン帝国の改革

❶19世紀前半の改革

(12　　　　　　　　)軍団の解体→1839年から大規模な西欧化改革((13　　　　　　　　))に着手
(11*　　　　　　　)後、帝国の臣民を平等にあつかおうとする(14　　　　　　　)**主義**が現れる
　┌法治主義にもとづく近代国家をめざす改革、列強の干渉への対応
　└諸民族の離反は防げず、ムスリムのあいだには反発もおこる

❷19世紀後半の改革

1876年、大宰相[15　　　　　　　　　　　]の起草した**オスマン帝国憲法**(ミドハト憲法)発布
　→[16　　　　　　　　　　　]…ロシア＝トルコ戦争勃発を理由に議会停止、憲法も機能停止
ロシア＝トルコ戦争でバルカン半島の領土の大半を失う
　→スルタンは(17　　　　　　)の権威を誇示しながら専制政治をおこない、帝国の維持をはかる

4 イラン・アフガニスタンの動向

❶イラン

18世紀末、(18　　　　　)朝が成立→ロシアに敗れる

(19　　　　　)条約…治外法権を認め、関税自主権を失い、南コーカサスの領土を割譲

(20　　　　　)の蜂起を政府軍が鎮圧→政府は列強に借款を重ね、電信線・鉄道敷設、石油採掘、銀行開設などの利権を譲渡

❷アフガニスタン

ロシアとイギリスの覇権争い(21　　　　　)に巻き込まれる

二度の(22　　　　　)で英露間の緩衝国→イギリスは外交権確保、英領インドとの境界画定

オスマン帝国やガージャール朝が列強に従属することになる、もっとも重要な契機はどこにあったのだろうか。

19世紀の西アジアの地図について、以下の問1～3に答えなさい。

問1． 18世紀後半、地図中の㋐の地に成立していた国の名称を答えなさい。
(　　　　　)

問2． 1805年、地図中の㋑の地の総督となり、オスマン帝国から自立を果たした人物は誰か。
(　　　　　)

問3． 18世紀末に、地図中の㋒の地に成立した王朝名は何か。　(　　　　　)

教 p.192

探究しよう　19世紀前半、オスマン帝国はどのような改革をおこなったのだろうか

16世紀以降、火器の普及は戦術を大きくかえていき、騎馬軍団よりも歩兵軍団が優位な時代へと入っていった。❶中央ユーラシアの遊牧諸国家がこの状況への対応に遅れをとるなか、オスマン帝国はイェニチェリと呼ばれる歩兵軍団を組織した。

しかし、18世紀後半になるとイェニチェリは精強な軍隊とはいえなくなり、1826年にスルタンのマフムト2世がイェニチェリ軍団の廃止を断行した。

> 往時においては、イェニチェリ兵たちが従軍した聖戦において敵軍と対抗する中で示したその堅固さと不屈さ、そして主君への服従と従順ゆえに、数多くの征服が実現したのだが、次第にその内部に相応しからぬ者たちと種々の悪徳が紛れ込んだ。……それだけでなく、これまで幾度も彼らが増長した忌わしき事件によって、世界の精神にも等しいパーディシャー〔帝王〕の何人かを死に追いやったのである。……
>
> イェニチェリ軍団の創設時の目的であった有益性と服従とは、ある時期から逆に無益と悪行に変わってしまい、つまるところイェニチェリという名声と戦友という称号はあたかも山賊行為の隠れ蓑であるかの状態に至り、役立たずの者が名誉ある者を圧倒してしまった。しかも、❷今回捕らわれて処刑された者の中には、異教徒で、腕に第七五団の記章だけでなく異教徒の十字架〔の入れ墨〕もあるなど、こうして〔軍団の〕内部に多様な種類の人間が紛れ込んでしまった。そして、今後も彼らの名称を残していかように対処しようとも、有益でも実りあることでもないことが明らかになった。それゆえ、今日……聖法に則って得られた合意に基づき、世界の安寧のために軍団の名と形を変更し、ちょうど古来の法を別の形に新しくするように、❸今後イェニチェリの名称は完全に消し去り、その代わりに訓練された「ムハンマド常勝軍」の名で、宗教と国家に貢献し、聖戦において敵に報いを与えるだけの十分な数の兵士が徴集され編成された。
>
> (歴史学研究会編『世界史史料8』一部改変)

〈資料1　イェニチェリ軍団廃止の勅令(1826年6月17日)**〉**

〈チャルディラーンの戦い〉(ユニフォトプレス提供)

Question 1　下線部❶について、1514年にオスマン帝国のイエニチェリ軍団は、イランのサファヴィー朝の騎兵部隊を破った。これは火器の重要性を示す先例となった戦いといわれるが、他の地域での同様の事例を探してみよう。

Question 2　下線部❷❸から、マフムト2世はイエニチェリ軍団廃止をどのように正当化しようとしているだろうか。

Question 3　イエニチェリ軍団が廃止された1826年、オスマン帝国はギリシア独立戦争で苦戦していた。こうしたなか、マフムト2世はイエニチェリにかえて、どのような軍隊を組織しようと考えたのだろうか。

2 南アジア・東南アジアの植民地化

㊙ p.193 ～ 195

南アジアや東南アジア諸地域の植民地化は、どのように進められていったのだろうか。

1 イギリスのインド支配

❶イギリスとフランスの進出：ヨーロッパでの戦争と並行して勢力を争う

イギリスはマドラスや(1　　　　　　)、フランスは(2　　　　　　)などを拠点

→ムガル帝国が衰えると地方勢力を巻き込んだ勢力争いを展開

❷イギリスのインド支配

イギリス東インド会社…フランスとベンガル地方政権の連合軍を(3　　　　　　)の戦い(1757)で破る

→ベンガル・ビハール地域の徴税権を獲得

マイソール王国や(4　　　　　　)同盟、(5　　　　)**王国**との戦争に勝利

→19世紀半ばにインドの植民地化をほぼ完成

土地制度を改革→伝統的な村落社会は崩れ、税額も重くなる

イギリス製綿花製品が流入→インドは綿花輸出国となる

→中国に(6　　　　)輸出、東南アジア・アフリカに綿製品を輸出して貿易赤字に対処

イギリス本国で(7　　　　　　)の影響力が増大→東インド会社の貿易独占への批判が強まる

→1834年、会社の商業活動が停止。会社はインド統治機関にかわる

❸インド大反乱

1857年、東インド会社のインド人傭兵(8　　　　　　)による反乱が勃発、北インド一帯に拡大

1858年、反乱はイギリス軍により鎮圧され、ムガル帝国は滅亡

→イギリスは**東インド会社を解散**し、直接統治にのりだす

1877年、[9　　　　　　　　]がインド皇帝に即位して**インド帝国**が成立

2 ヨーロッパ勢力の東南アジア支配

香辛料交易から領土獲得へ→農産物・鉱産資源の開発

❶ジャワ：オランダが18世紀後半までに大半を支配

19世紀前半、(10　　　　)戦争でオランダの財政状況悪化→栽培する作物を指示し、安価で徴収する(11　　　　　)を導入して大きな利益、住民は疲弊

❷マレー半島・ビルマ：イギリスが進出

〈マレー半島〉

19世紀前半、オランダと協定を結び、マラッカ海峡を境界として支配圏分割

→1826年、ペナン・マラッカ・シンガポールを(12　　　　　　)とする

1870年代、領域的支配に取りかかる→95年に(13　　　　　　)を結成

20世紀、(14　　　　)のプランテーションが発展→南インドから労働力として大量の移民

〈ビルマ〉(15　　　　　　)**朝**がアッサムに進出→３次にわたる**ビルマ戦争**で破り、インド帝国に併合

❸フィリピン：16世紀以来スペインが進出、住民を(16　　　　　　)に改宗させる

(17　　　　　)から銀を運び、アジア貿易をおこなう

19世紀、自由貿易政策をとる→商品作物のプランテーション開発が進み、大土地所有制が成立

❹**ベトナム・カンボジア・ラオス**：インドシナ半島にはフランスが進出

〈ベトナム〉[18　　　　]…フランス人宣教師[19　　　　]やタイ・ラオスの支援で西山政権を倒す

→1802年に**阮朝**をたて、清の冊封を受ける

19世紀半ば、フランスが阮朝のカトリック教徒迫害を理由に介入→南部地域を奪う

┌[20　　　　]が組織した黒旗軍が抵抗→1893年の(21　　　　)**条約**で保護国化

└宗主国清朝との(22　　　　)**戦争**が勃発→清朝は(23　　　　)条約でフランスの保護権を認める

1887年、カンボジアをあわせて(24　　　　)成立、のちにラオスも加える

❺**タイ**：東南アジアで唯一独立を維持

18世紀末、(25　　　　)**朝**が成立。19世紀後半に自由貿易政策をとる

[26　　　　](ラーマ５世)…近代化を進め、イギリスとフランスの勢力均衡政策を利用し独立を維持

南アジアや東南アジアの諸地域がつぎつぎと植民地化されるなか、タイが独立を守ることができたのはなぜだろうか。

東南アジアの植民地化に関する地図について、以下の問１～６に答えなさい。

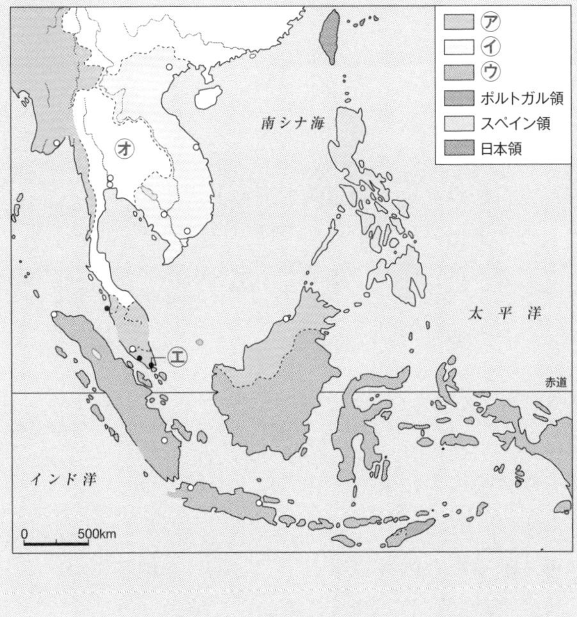

問１． 地図中の㋐の地域を支配したヨーロッパの国名。(　　　　)

問２． 地図中の㋑の地域を支配したヨーロッパの国名。(　　　　)

問３． 地図中の㋒の地域を支配したヨーロッパの国名。(　　　　)

問４． 問３の国が、1830年以降ジャワに導入した農業政策・制度は何か。(　　　　)

問５． 地図中の㋓は、1819年イギリスが商館を建設した都市である。その都市名は何か。(　　　　)

問６． 地図中の㋔は、東南アジアで唯一独立を維持した国である。国名は何か。(　　　　)

3 東アジアの激動　㊜ p.196 ～ 200

欧米諸国の圧力のもと、開国をせまられた東アジアの諸国は、どのような対応をとったのだろうか。

① 清朝の動揺とヨーロッパの進出

❶清朝の動揺とイギリスの中国進出

人口増と土地不足による農民の貧困化→18世紀末に四川などで(1　　　　　　　)**の乱**

18世紀後半、イギリスは中国茶の輸入増大で輸入超過となり、**銀**が中国に流出

→19世紀、インドから中国にアヘン、中国からイギリスに茶、イギリスからインドに綿製品を運ぶ(2　　　　　　)をおこなう

❷アヘン戦争

清朝のアヘン貿易取り締まりは機能せず、中国から銀が流出して財政難に

→アヘン厳禁をはかり、[3　　　　　　]を広州に派遣してアヘンを没収・廃棄

イギリス…自由貿易実現をはかり**アヘン戦争**をおこし、清が敗れて(4　　　　)**条約**を締結

→上海・寧波・福州・厦門・広州の開港、(5　　　　　)の割譲、賠償金の支払い

1843年に清が領事裁判権・協定関税・(6　　　　　　　　　)を認める不平等条約を締結

→アメリカ合衆国・フランスとも条約を結びイギリスと同等の権利

❸第２次アヘン戦争(アロー戦争)

イギリスは条約改定をはかり、(7　　　　　　　　　　)を契機にフランスと共同出兵→清が敗れる

→**天津条約**・(8　　　　　)**条約**を締結

→外国使節の北京常駐、天津など11港の開港、(9　　　　　　　　　)の自由を認める。九竜半島先端部をイギリスへ割譲し、関連協定で(10　　　　　　)も公認

清ははじめて外交機関である(11　　　　　　　　　　)を設立

❹ロシアの進出

第２次アヘン戦争時に(12　　　　　　)**条約**で黒竜江以北を、**北京条約**で沿海州を獲得

→(13　　　　　　　　　)港を開いて太平洋進出の根拠地に

中央アジアで南下し、ロシア領トルキスタン形成→(14　　　　)**条約**で中国との境界を有利に画定

② 国内の動乱と秩序の再編

アヘン戦争後の不安のなか、秘密結社が各地で反乱

❶太平天国

[15　　　　　]を指導者にキリスト教の影響を受けて広西に成立。10年以上清朝と戦う

多発する反乱に八旗・緑営だけでは対応できず

→漢人官僚の**曽国藩**・**李鴻章**の率いる湘軍・淮軍などの義勇軍((16　　　　))を編制

(8※　　　　)条約後、イギリス・フランスは清朝支持に転じ、諸反乱の鎮圧に協力

❷同治中興と洋務運動

同治帝即位後、[17　　　　　　]らが実権を掌握

→反乱鎮圧と対外関係改善で清朝は安定に(**同治中興**)

[18　　　　　]ら漢人官僚が富国強兵をはかる→軍事力の近代化、紡績会社・汽船会社の設立、鉱

山開発や電信敷設などの近代化事業の推進（[19]　　　　　）

伝統的道徳倫理を根本に西洋技術を利用する「（[20]　　　　　）」→政治・社会体制の変革は進まず

次の資料A・Bを読み、以下の問1・2に答えなさい。

資料A　（清国が諸外国に対し）特権又は免除をさらに増加して恵与する時は、大ブリテン国臣民も同一の特権及び免除を均しく享有し得るものとする。　（虎門寨追加条約　1843年）

資料B　第一条　清国ハ朝鮮国ノ完全無欠ナル独立自主ノ国タルコトヲ確認ス。因テ右独立自主ヲ損害スヘキ朝鮮国ヨリ清国ニ対スル貢献典礼等ハ将来全ク之ヲ廃止スヘシ　（下関条約　1895年）

問1． 資料Aについて、イギリスが清から得た特権を何と呼ぶか。　（　　　　　）

問2． 資料Bについて、この条約によって崩壊した、中国王朝を中心とする東アジアの国際秩序を何と呼ぶか。　（　　　　　）

3 日本・朝鮮の開港と東アジアの貿易拡大

❶日本と朝鮮の開国

日本…アメリカ合衆国の海軍軍人ペリーの来航を機に([21]　　　　　　)**条約**、第2次アヘン戦争を背景に不平等条約の([22]　　　　　　　)**条約**で開国

朝鮮…1875年の**江華島事件**をきっかけに、不平等な([23]　　　　　　　)で釜山など3港を開港

❷東アジアの貿易拡大

不平等条約により低関税の自由貿易をおしつけられる→アジア域内の貿易拡大

中国…生糸・茶の輸出拡大、アヘンの輸入代替化で貿易黒字、税関の税収増大で財政安定

日本…生糸・茶の輸出拡大が近代化に貢献

中国の([24]　　　)に欧米系商社・銀行が進出→上海などが中国経済の中心に

汽船の定期航路開設や電信網が整備され、インド産の綿糸や東南アジア産の米などの輸入
→東アジアと南・東南アジアの貿易も活性化

東南アジアの植民地化と開発の進展→労働力として華南から東南アジアへの移民も増大

4 明治維新と東アジア国際秩序の変容

❶明治維新

1868年、天皇親政の明治政府が成立。富国強兵をめざし、軍事の近代化や産業振興

([25]　　　　　　　)の公布と**議会の設置**→立憲国家へ転換

台湾出兵や([26]　　　)領有のほか、朝鮮に勢力をのばし清と対立

❷清の対外策

欧米列強の進出と日本の台頭
→新疆や([27]　　　　　)への関与を強め、漢人の東北地方への移民を奨励

([28]　　　　)への影響力強化をはかり、ベトナムでフランスと、朝鮮で日本と対立
→ベトナムで**清仏戦争**勃発、フランスのベトナム支配を認める

❸朝鮮と日清戦争

日本に接近する[[29]　　　　　]らの急進改革派と、清との関係を重視する([30]　　　　)らの対立
→([31]　　　　　)、**甲申政変**などで清と日本も対立を深める

1894年、([32]　　　　　　　)(東学の乱)を機に日清両国が出兵し**日清戦争**勃発
→清が敗れて([33]　　　)**条約**…朝鮮の独立、賠償金2億両、([34]　　　)・澎湖諸島・遼東半島の割譲、([35]　　　　)での工場設置を認める
→遼東半島はロシアなどの([36]　　　　　)で中国に返還

日本は台湾ではじめて植民地経営、民衆の抵抗を武力でおさえて近代化を進める
→同時に朝鮮半島への進出を強め、ロシアとの対立を深める

西アジア・南アジア・東南アジア、そして東アジアもヨーロッパ列強に従属することになった。あなたは、繁栄を謳歌したアジアの諸地域が、なぜヨーロッパに従属するようになったと考えるか。

19世紀半ばの東アジアの地図について、以下の問１～６に答えなさい。

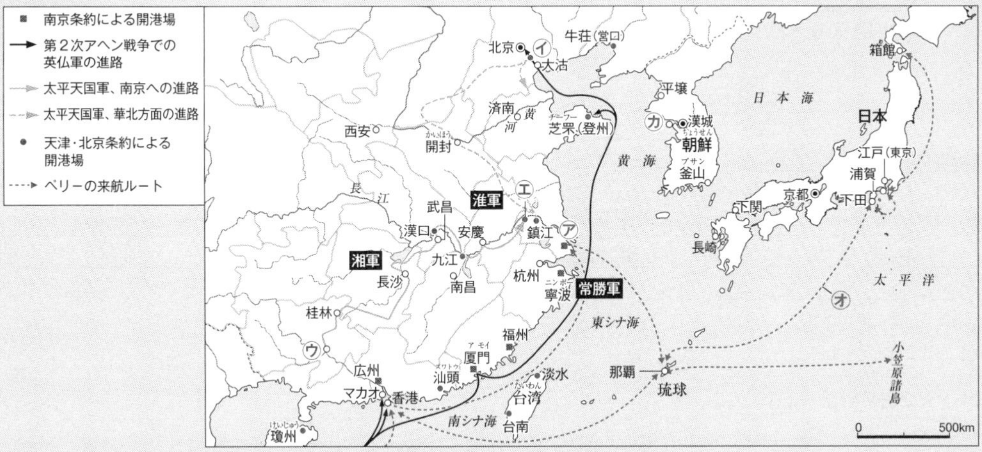

問１． 1842年、南京条約で開港した、地図中の㋐の都市名は何か。　（　　　　　）

問２． アロー戦争の結果開港させられた、地図中の㋑の都市名は何か。　（　　　　　）

問３． 地図中の㋒で挙兵、進軍してエを首都とした太平天国の指導者は誰か。　（　　　　　）

問４． 地図中の湘軍や淮軍とは、漢人が組織した義勇軍の名称である。こうした義勇軍を何というか。　（　　　　　）

問５． 地図中の㋔の航路を通って日本に来航して開国をうながした、アメリカの海軍軍人は誰か。　（　　　　　）

問６． 日本が朝鮮を開国させるきっかけとなった事件が勃発した、地図中の㋕の地名は何か。　（　　　　　）

㊙ p.199

探究しよう

太平天国とはどのような勢力だったのだろうか

洪秀全はキリスト教に由来する地上の天国建設を掲げ、天下の万民はすべて兄弟姉妹であるとし、様々な理想を掲げた。その理想とする社会を示した文献が資料1「天朝田畝制度」である。また、太平天国鎮圧に大きな役割を果たした曽国藩が討伐を呼びかけたのが資料2「粤匪〔太平天国〕を討伐すべき檄文」である。

> 田を分配するときは人口に応じて行い、❶男女を問わず家族の人数を計算して、人が多ければ多く、少なければ少なく分け、九等級の土地を適当にまじえる。例えば一家6人であれば3人に良い田を、あとの３人には悪い田を分け、良悪が半々となるようにする。……
>
> ❷なべて天下の官民のうち、十項の天条を遵守するもの、あるいは命令を守って忠義を尽し国に報いたものは忠となし、低い身分から高い身分に昇らせ、その官位を世襲させよ。官のなかで十項の天条を犯す者や命令にそむいて賄賂を受け汚職するものは奸となし、高い身分から卑しい身分へ落とし、官職を剥奪して農とせよ。民の中でよく天条、命令を守る者および農作業に精を出すものは賢良として推挙し、あるいは賞を与えよ。民のうち命令に違反する者および農作業を怠る者は悪頑となし、死刑に処すか罰を与えよ。

〈資料1　**天朝田畝制度**（1853年頃）〉

> 農民は自分で自分の土地を耕して租税を納めることができず、田はみな天王の田だという。商人は自分の資金で商いをして利益を得ることができず、財貨はみな天王のものだという。士〔読書人〕は孔子の経典を読むことができず、他方ではいわゆる耶蘇〔キリスト教〕の説、新約の書〔新約聖書〕をもちあげ、ひろめている。中国の数千年の礼儀人倫、詩書と掟は、あげて一挙に絶滅させられようとしている。❸開闢〔世界の始まり〕以来の名教のあり得べからざる大非常事態である。わが孔子、孟子もあの世で痛哭されていよう。およそ書を読み文字を知るものは、どうして手をこまねいて座りこんでおられようか。なにかしないでいられようか。

〈資料2　**粤匪を討伐すべき檄文**（1854年）〉

（資料1・2：並木頼寿編『開国と社会変容』一部改変）

Work 1　中国の王朝の土地均分制度としては、均田制が最も有名である。この制度はいつの時代に始まったものだろうか。

Question 1　下線部❶は土地の均分について述べているが、天朝田畝制度にはどのような特徴があり、過去の王朝のどのような政策と似ているのだろうか。

Question 2　下線部❷の身分制はどのような特徴をもち、清朝の制度とどこが似ていて、どこが異なるのだろうか。調べてみよう。

Work 2　下線部❸「開闢以来の名教のあり得べからざる大非常事態である」にある「名教」とは何を意味しているのだろうか。

Question 3　下線部③の「大非常事態」とは何を指しているのだろうか。

第15章

帝国主義とアジアの民族運動

欧米列強は植民地獲得や勢力圏の拡大をめぐり激しく争うようになった。列強はなぜこのような帝国主義政策をとったのだろうか。

1 第2次産業革命と帝国主義

㊙ p.201 ～ 205

第２次産業革命の進展と、列強の帝国主義政策にはどのような関係があったのだろうか。

❶ 第2次産業革命

19世紀後半、アメリカ合衆国とドイツが(1　　　　)と(2　　　　)を動力とする新しい工業・技術を先導(せんどう)

→重化学工業・電気工業・アルミニウムなどの非鉄金属が発展(**第２次産業革命**)

新しい工業部門は巨額の資本を必要とする→(3　　　　)と結ぶ少数の巨大企業が市場(しじょう)を支配

労働者に近代科学の基本的知識や専門知識が求められる→近代教育の普及(ふきゅう)

伝統的技術と古い労働形態が残る農業や中小企業は圧迫(あっぱく)される

→1870年代以降、多くの(4　　　　)がヨーロッパからアメリカなどに渡る

❷ 帝国主義

❶**帝国主義**：欧米列強(れっきょう)、1880年代以降、アジア・アフリカに植民地や勢力圏を打ち立てる

主要国相互の競争激化→(5　　　　　　)や輸出市場として**植民地の重要性**が見直される

欧米諸国…ヨーロッパ近代文明に優越意識

→非ヨーロッパ地域の文化を軽視、交通・情報手段、軍事力で圧倒的に優勢(ゆうせい)

近代産業の発展と(6　　　　　　)の度合いによる列強間の格差が広がる

→イギリス・フランス・ドイツ・アメリカが上位、ロシア・オーストリア・イタリアは下位

列強の植民地・勢力圏をめぐる対立は第一次世界大戦勃発(ぼっぱつ)の要因(よういん)となる

19世紀末からのヨーロッパ諸国の繁栄期(はんえいき)→「(7　　　　　　　)(すばらしい時代)」

❷**イギリス**：19世紀半ばから圧倒的な経済力と海軍力を背景に**自由貿易**を推進

植民地帝国維持のため、非白人系植民地で直接支配、白人植民者が多い植民地は(8　　　　　)のように自治領として間接統治

1875年、保守党の**ディズレーリ**首相が(9　　　　　　　　)の株を買収(ばいしゅう)

→植民地インドへの道を確保

1890年代半ば、植民相[10　　　　　　　　　　]が植民地との連携(れんけい)強化

→ケープ植民地首相ローズの拡張(かくちょう)政策を引き継ぎ、(11　　　　　　)**戦争**をおこす

1900年、労働代表委員会設立、06年に(12　　　　　)と改称

1914年、自由党内閣が(13　　　　　　　　　)**法**成立、第一次世界大戦勃発を理由に実施延期

→反発したアイルランドの一部が武装蜂起(ほうき)

❸**フランス**：銀行の資本力を利用して帝国主義政策を展開

1880年代から植民地拡大政策、インドシナやアフリカに植民地獲得

共和政に不満をもつ保守派や軍部が(14　　　　　　　　)**事件**や**ドレフュス事件**をおこす

→政府は危機を切り抜ける

1905年、社会主義団体が結集して(15　　　　　　　　　)が成立。カトリック教会の政治介入を断
つ政教分離法が成立→第三共和政は安定

❹**ドイツ**：皇帝[16　　　　　　　　　　]がビスマルクを辞職させ、政治を指導
強引な帝国主義政策「(17　　　　　　)」を進め、海軍の大拡張をはかってイギリスに対抗
→市民層に世界政策を支持する**パン＝ゲルマン主義**の運動が広がる
1890年、(18　　　　　　　　)法廃止で社会民主党が勢力をのばす
→マルクス主義にもとづく革命から(19　　　　)主義へ路線変更→1912年、議会第一党に

❺**ロシア**：1890年代から(20　　　　　　)からの資本導入により都市で大工業が成長
(21　　　　　　)敷設など国家事業で国内開発を進め、東・中央アジア・バルカン方面に進出
マルクス主義を掲げる(22　　　　　　　　　　)**党→ボリシェヴィキ**と**メンシェヴィキ**に分裂
ナロードニキの流れをくむ(23　　　　　　)党
自由主義者…立憲民主党につながる運動
日露戦争中に(24　　　　　　)事件をきっかけに**1905年革命**…農民の蜂起や労働者のストライキ
→皇帝[25　　　　　　]…国会開設を約束↔革命鎮圧、専制的姿勢を強める
首相[26　　　　　]…農村共同体を解体し独立自営農民育成をはかる→農村社会は混乱

❻**アメリカ**：19世紀末に工業力が世界一に、(27　　　　　　)が消滅すると海外進出
共和党[28　　　　　　　]大統領…1898年の**アメリカ＝スペイン戦争**で勝利
→カリブ海と太平洋のスペイン領植民地を獲得
1899年、国務長官[29　　　　　　　]…中国への経済進出をめざし**門戸開放**政策を提唱
共和党[30　　　　　　　　　　]大統領…パナマ運河建設など**カリブ海政策**を展開
大企業の独占規制や労働条件改善をめざす政策
┌[30＊　　　　　　　　　　]大統領…革新主義政策
└民主党[31　　　　　　]大統領…国民の中・下層民に配慮した諸改革に取り組む

❼**国際労働運動の発展**：1880年代に大衆的な労働運動や社会主義運動が盛んに
1889年、パリに各国の労働運動組織が集まり、(32　　　　　　　　　　)を結成
→(33　　　　　　　)党が中心となり、帝国主義や軍国主義への反対運動
→自国の利害を重視する傾向が現れ、(34　　　　　　　)の開始とともに事実上解散

帝国主義政策のもとで植民地獲得を競う列強も、国内では様々な問題に悩まされていた。列強はそうした状況をどのように解決しようとしたのだろうか。

§ 帝国主義の成立とその影響

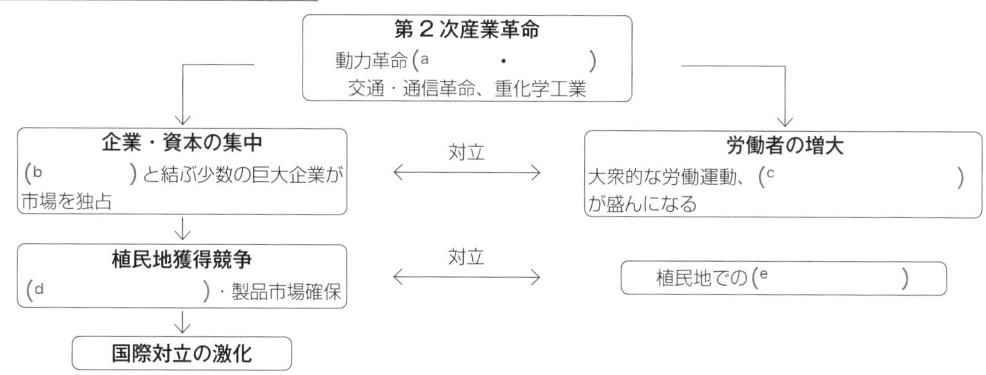

㊝ p.204

探究しよう

19世紀末、社会主義にどのような変化が生じたのだろうか

1890年、社会主義者鎮圧法が撤廃され、ドイツ社会主義労働者党はドイツ社会民主党と改称し、翌年にマルクス主義的な綱領(こうりょう)を採択した。しかし理論的指導者の１人であったベルンシュタインはイギリスでの亡命(ぼうめい)生活のなかで、マルクスに批判的な意見をもつようになっていた。彼の主張は「修正主義」と呼ばれ、批判を浴びたが、社会民主党の政策はこの方向で進んでいっ

私は、以前ある機会に、❶近代的賃金労働者が、『共産党宣言』の予見しているような、財産や家族などに関してはいちように束縛されることのない同質的な大衆ではなく、まさにもっとも進んだ工場制工業においてこそ階層分化したあらゆる労働者が見られ、これらの諸グループ間には程々の連帯感しか存在しないということを述べたことがある。……

しかしながら、工業労働者の社会主義的生産への衝動もまた、なお大部分は、確実な事柄というよりはむしろ仮定の事柄である。……ドイツの産業労働者の半分以上は、さしあたり社会民主党に対してなお一部は無関心、無理解であり、また一部は敵対的でさえある。……

社会民主党のすべての実際的活動が目的としているのは、けいれん的な爆発を起こさずに近代的社会秩序からより高度な社会秩序への移行を可能にし、また保証するような状態と前提条件を作り出すことである。……

❷今日のイギリスでは、責任ある社会主義者は誰一人として、大破局による社会主義の勝利が目前に迫っているとか、革命的プロレタリアートによる素早い議会奪取とかなどを夢想したりはしない。その代わり、人々は市当局やその他の自治体での活動にますます専念しており、そして以前の労働組合運動軽視の態度を放棄して、この労働組合運動と、またすでにあちこちでは協同組合運動とも密接な関係をもつようになったのである。 (歴史学研究会編『世界史史料6』一部改変)

〈資料1　ベルンシュタイン『**社会主義の諸前提と社会民主党の任務**』(1899年)〉

Work 1　**教 p.186の「ヨーロッパ諸国・アメリカ合衆国の工業化はどのように進んだのだろうか」の資料を参考に、ドイツの工業生産の伸長を他国と比較してみよう。**

Question 1　**下線部❶について。19世紀後半におけるドイツの工業生産の伸長は、労働者の生活や意識にどのような影響を及ぼしたのだろうか。**

Question 2　なぜベルンシュタインは革命ではなく改革を主張したのだろうか。下線部❷を参考に考えてみよう。

Work 2　19世紀末～20世紀初頭にかけて、ドイツの社会主義運動はどのように展開していったかを調べてみよう。

2 世界再分割と列強の対立

教 p.206 ~ 209

アフリカや太平洋地域の植民地化はどのように進められ、また従属地域はどのように列強に抵抗しようとしたのだろうか。

1 世界分割から再分割へ

❶アフリカの植民地化：1884～85年の(1　　　　)会議をきっかけに分割競争激化

〈イギリス〉

1880年代初め、「エジプト人のためのエジプト」を掲げる(2　　　　)を抑圧(せいあつ)

→エジプトを事実上の保護国とし、スーダンを征服

1899年、ケープ植民地首相**ローズ**の指導で(3　　　　)人と**南アフリカ戦争**

→(4　　　　)を併合

〈フランス〉

1881年に(5　　　　)保護国化→サハラ地域をおさえ、ジブチ・マダガスカルと結ぶ横断(おうだん)政策

→1898年、イギリスの縦断(じゅうだん)政策と衝突(しょうとつ)((6　　　　)**事件**)→フランスの譲歩(じょうほ)

1904年の(7　　　　)…エジプトにおけるイギリスの支配的地位とモロッコにおけるフランスの優越的支配を認めあう→(8　　　　)の進出に備える

〈ドイツ〉1880年代にカメルーン・南西アフリカ・東アフリカを獲得

1905年と11年、(9　　　　)**事件**でフランスのモロッコ支配に挑戦

→イギリスがフランスを支援し、モロッコはフランスの保護国に

〈イタリア〉19世紀末(10　　　　)に侵入したが敗北

1911～12年にオスマン帝国と戦い(11　　　　)を奪う

〈結果〉(10*　　　　)帝国と(12　　　　)を除いてアフリカは列強の植民地化

列強が定めた境界線は住民のつながりや交易網を破壊→自立・独立の障害に

❷太平地域の分割：イギリス・アメリカ・フランス・ドイツにより列強に分割される

〈イギリス〉

18世紀後半に**オーストラリア**領有、政治犯などの流刑地(るけいち)→19世紀半ばに(13　　　　)が発見され

移民(いみん)急増→先住民(せんじゅうみん)(14　　　　)は奥地に追われる

ニュージーランドも領有→先住民(15　　　　)人の抵抗を武力でおさえる

〈アメリカ〉

1898年のアメリカ＝スペイン戦争に勝利し、(16　　　　・　　　　)を獲得

同年、(17　　　　)も併合→東アジア進出の足場を築く

❸ラテンアメリカ諸国の従属と抵抗

不安定な政治が続く：貧富(ひんぷ)の格差、多様な出自(しゅつじ)の国民、(18　　　　)と自由主義者の対立、軍人のクーデタ

19世紀末、鉄道・汽船(きせん)の普及(ふきゅう)、冷凍技術の発達→原料や食料の欧米諸国への輸出が増加

アメリカ合衆国、1889年以降(19　　　　)**会議**を開く→影響力拡大をはかる

メキシコ、19世紀後半から大統領[20　　　　]の独裁(どくさい)が続く

1910年、自由主義者による革命が始まり、農民運動も加わり、1917年に(21　　　　)制定

メキシコ革命はラテンアメリカ諸国の動向に大きな影響

② 列強の二極分化

❶ドイツの世界政策

1890年、ロシアとの(22　　　　　　)条約更新を見送る

→ロシアはフランスと**露仏同盟**を結ぶ

(23　　　　　　　　)敷設を推進、海軍拡張政策

→イギリスの覇権に挑戦

❷三国協商の成立

イギリス…1902年にロシアに対抗して(24　　　　　　)、

1904年にドイツに備えて(25　　　　　　)成立

日露戦争後、ロシアは進出先を東アジアから(26　　　　　　)方面に転じる

→ドイツ・オーストリアと衝突し、07年にイギリスと和解し**英露協商**成立

1907年、イギリス・フランス・ロシアのあいだに(27　　　　　　)成立

— 同盟　- - - 協商・協約
イギリス ― 日本 1902
イギリス - - - フランス 1904
イギリス - - - ロシア 1907
日本 - - - ロシア 1907 協約
ドイツ ― イタリア ― オーストリア 1882
フランス ― ロシア 1891〜94成立

❸三国同盟内の動き

イタリア…「(28　　　　　　　　)」問題でオーストリアと対立を深め、フランスに接近

ドイツ…オーストリアとの同盟の安定を重視

→列強は、イギリスとドイツを中心とする２つの陣営にわかれ、軍備拡大を競う

アフリカや太平洋地域を植民地化する過程で、列強は複雑な同盟関係を結んでいった。その結果、形成された２つの陣営は、その後どのように対立を深めていったのだろうか。

アフリカの分割について、以下の問１〜３に答えなさい。

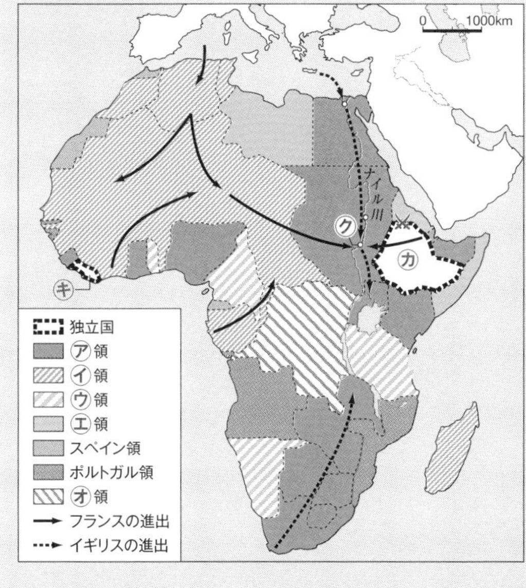

問１． アフリカにおける列強の勢力範囲を示す、地図中のア〜オの国名を答えなさい。

ア(　　　　　　　)
イ(　　　　　　　)
ウ(　　　　　　　)
エ(　　　　　　　)
オ(　　　　　　　)

問２． 独立を維持した、地図中のカとキの国名を答えなさい。

カ(　　　　　　　)
キ(　　　　　　　)

問３． アとイが1898年に衝突したクの地名を答えなさい。　(　　　　　　　)

3 アジア諸国の変革と民族運動　教 p.209 ～ 215

なぜ清朝の改革は失敗し、中華民国が建国されたのだろうか。また、インド・東南アジア・西アジアではどのような民族運動が展開されただろうか。

1 列強の中国進出と清朝

❶変法運動と戊戌の政変

日清戦争後、根本的な制度変革をめざす「**変法**」が主張される

1898年、[1　　　　　][2　　　　　]が光緒帝の支持のもとに立憲制樹立をめざす(**戊戌の変法**)

→官僚の反対と[3　　　　　]のクーデタで改革は失敗→[1＊　　　　　][2＊　　　　　]らは日本に亡命

❷列強の中国分割

1896年、ロシアが(4　　　　　)の**敷設権**獲得

1898年、ドイツが(5　　　　　)を租借

→ロシアは(6　　　・　　　)、イギリスは(7　　　　　)と**九竜半島**、フランスは(8　　　　　)を租借

→列強は清朝への借款提供の担保として鉱山・鉄道利権を獲得、勢力範囲を確定

アメリカは国務長官[9　　　　　]が**門戸開放・機会均等・領土保全**を提唱

→[2＊　　　　　]は「中国分割の危機」と訴え、中国ナショナリズム誕生に貢献

❸義和団戦争：キリスト教の布教活動に対し各地で反キリスト教運動

(10　　　　　)の**義和団**が鉄道やキリスト教会を破壊して北京入城→清朝保守派が列強に宣戦

列強は共同出兵、日本とロシアを主力とする(11　　　　　)が北京占領(**義和団戦争**)

→清は(12　　　　　)で膨大な賠償金を支払い、北京付近への(13　　　　　)などを承認

2 日露戦争と韓国併合

❶日露戦争

1897年、朝鮮は国号を(14　　　　　)と改めるが、日本とロシアが支配権をめぐって争う

→イギリスは日本と**日英同盟**を結びロシアを牽制、アメリカ合衆国の支援

1904年、**日露戦争**が始まる→日本は国力の限界、ロシアは(15　　　　　)年革命勃発で社会不安

1905年、アメリカ大統領[16　　　　　]の仲介で(17　　　　　)**条約**締結

→日本は韓国の指導・監督権、(18　　　　　)南部の租借権と(19　　　　　)南部の利権、樺太南部の領有権獲得

日本は帝国主義的姿勢を強める→(20　　　　　)**株式会社**設立、大陸への進出推進

❷日本の韓国併合

日露戦争開始以降、3次にわたる(21　　　　　)を結ぶなかで統監府を設置して韓国を保護国化

→韓国側では武装抗日闘争((22　　　　　))がおこるが日本軍に鎮圧される

1910年、(23　　　　　)条約で韓国併合→(24　　　　　)をソウルにおき、きびしい統治

❸日本と東アジアの経済関係

1880年代から、欧米への生糸の輸出や中国への綿糸輸出が日本経済を支える

日清戦争後、(25　　　　　)を導入して通貨安定、重工業も発展

日露戦争後、台湾、朝鮮や中国東北地方との貿易が拡大

3 清朝の改革と辛亥革命

❶清朝の改革と革命派の動き

清朝の改革((26　　　　　　))

…1905年に(27　　　　)**を廃止**し、学校制度の整備に着手。新軍を編制、実業振興を進める。

1908年に(28　　　　　)を定め、(29　　　　　)**を公約**

海外の留学生や華人のなかに革命運動

…1905年に日本の東京で**孫文**らが革命諸団体を結集して(30　　　　　　　)を結成

→(31　　　　)**主義**を掲げ、[2*　　　　　]ら立憲派と議論

❷辛亥革命

義和団戦争の賠償金や増税に民衆が反発。(28*　　　　　)に対する立憲派の不満

清朝の(32　　　　　　　　)に地方有力者が反発して1911年9月に(33　　　　)で暴動

→10月に(34　　　　)で新軍の革命家が蜂起して**辛亥革命**が勃発

→中・南部の諸州が応じて清朝から独立

1912年1月、[35　　　　]を臨時大総統に(36　　　　)で**中華民国**の成立を宣言

❸辛亥革命後の動き

[37　　　　　]…革命側と交渉し臨時大総統に→[38　　　　　]が退位して清朝滅亡

[35*　　　　]らの**国民党**と対立→[35*　　　　]らの武装蜂起(第二革命)は失敗

1916年、皇帝に即位しようとしたが内外の激しい反対で失敗

→病死後、部下の軍人たちが各地に割拠して争う

❹辛亥革命の周辺諸民族への影響

外モンゴルが1911年に独立を宣言→24年に(39　　　　　　　　　　　)が成立

チベットで[40　　　　　　　　　]が1913年に独立を宣言

→そのほかの地域は中華民国にとどまるが、中華民国への統合は強固ではなかった

次の資料を読んで問1・2に答えなさい。

> 第一条　本会は名を定めて中国同盟会となし、本部を東京に設け、支部を各地に設ける。
> 第二条　本会はa駆除韃虜・b恢復中華・c創立民国・d平均地権をもって主旨とする。

問1. この資料が示す団体を組織した中心人物は誰か。　(　　　　　　)

問2. 第二条の下線部a～dが意味する内容を、下の①～④よりそれぞれ選びなさい。

①土地に対する人民の権利を等しくする　②清朝打倒

③国民による政府の創立　④民族主義

a(　　　)　b(　　　)　c(　　　)　d(　　　)

4 インドにおける民族運動の形成

❶インド帝国の成立後

鉄道や電信網の整備、プランテーションの広がり…インドは世界的な経済体制に組み込まれる

→インドの人々に重い負担、同時に紡績業で(41　　　　　　)の発展

弁護士や官僚などエリート層を中心にイギリス支配への不満

→インド人エリートを協力者にしようと、1885年に(42　　　　　　　　)が結成される

❷民族運動の高まりとイギリス

1905年、(43　　　　　　　　)…ヒンドゥー教徒とイスラーム教徒の分断をはかる

→国民会議で[44　　　　　　]ら急進派が主導権をにぎる

→1906年の(45　　　　　　)大会…英貨排斥・スワデーシ・(46　　　　　　)・民族教育の4綱領を決議→反英的姿勢を明確に

1906年、イスラーム教徒は親英的な(47　　　　　　　　)**連盟**を結成

5 東南アジアにおける民族運動の形成

❶インドネシア

オランダが20世紀初めに植民地政策を見直し、学校の設立、オランダ語の教育をおこなう

1912年、ムスリム商人の相互扶助的組織をもとに(48　　　　　　)**同盟**が成立

→民族独立・社会主義を掲げるが、植民地政府の弾圧で崩壊

❷フィリピン

1880年代、[49　　　　　　　　]らが民族意識をめざめさせる言論活動を開始

1896年、**フィリピン革命**→99年、[50　　　　　　]を中心に(51　　　　　　　　)成立

アメリカ＝スペイン戦争でアメリカ合衆国がフィリピン領有権を獲得

→(52　　　　　　　　)**戦争**の結果、1902年から本格的統治を開始

❸ベトナム

[53　　　　　　　　]を中心に、フランスからの独立と立憲君主制樹立をめざす運動

→日露戦争後、日本に留学生を送る(54　　　　　　)を組織

→日本政府はフランスとの提携を重視して留学生を国外退去

1912年に広州で組織された(55　　　　　　)が独立運動を継承

6 西アジアの民族運動と立憲運動

❶パン＝イスラーム主義：ヨーロッパ列強の進出は西アジアの各地で民族の自覚をうながす

[56　　　　　　]…帝国主義とイスラーム諸国の専制を批判、ムスリムの覚醒と連帯を説く

❷エジプト

軍人の[57　　　　　　]…「エジプト人のためのエジプト」をとなえ、立憲制と議会開設を求める(ウラービー運動)→1882年、イギリスが軍事占領、事実上保護国とする

スーダンで81年に(58　　　　　　　　)がおこる→98年にイギリスが鎮圧

❸イラン

イギリスの会社へのタバコの独占利権譲渡に対し、国民的な(59　　　　　　　　)**運動**

→政府は利権の譲渡を撤回→イラン人の民族意識が高まり、立憲運動へ

1906年、国民議会が開かれ翌年に憲法公布((60　　　　　　))→ロシアの軍事介入で挫折

❹オスマン帝国

(61　　　　　　　)…1908年、[62　　　　　　　　　　　]の専制に「青年トルコ人」が議会と憲法を復活する

→(63　　　　　　　　)戦争・バルカン戦争のなかで政権は不安定

言論や結社の活動で(64　　　　　　)主義が生まれ、アラブ民族主義にも刺激を与える

列強の支配に抵抗する各地の運動は、鎮圧されていった。あなたは、この時期の各地の民族運動が成果をあげることが難しかった要因として、何がもっとも大きいと考えるか。

以下の問1～6に該当する国名（地域名）および地図中の記号を答えなさい。

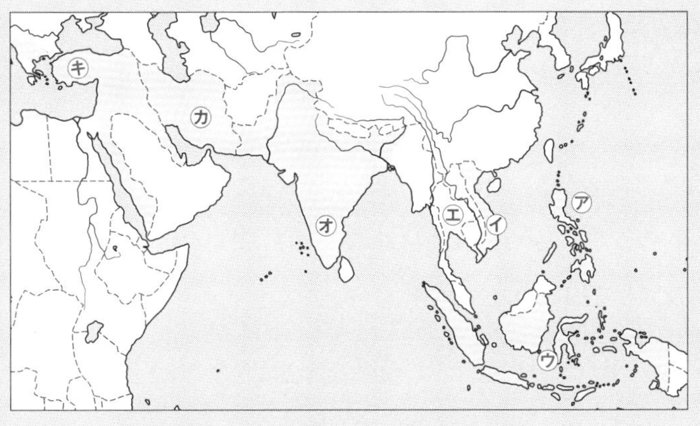

問1. 1912年にイスラーム同盟(サレカット＝イスラーム)が成立し、民族運動の中心となった国(地域)はどこか。　国名(地域名)(　　　　　　)　記号(　　　)

問2. アギナルドらの共和国軍がアメリカ軍と戦った国(地域)はどこか。　国名(地域名)(　　　　　　)　記号(　　　)

問3. ファン＝ボイ＝チャウがフランスからの独立と立憲君主制の樹立をめざして、ドンズー運動を開始した国(地域)はどこか。　国名(地域名)(　　　　　　)　記号(　　　)

問4. ベンガル分割令が発表されると国民会議が大会を開き、スワデーシ・スワラージなどの4綱領を決議した国(地域)はどこか。　国名(地域名)(　　　　　　)　記号(　　　)

問5. 憲法停止に不満の「青年トルコ人」らの運動(革命)によって、憲法が復活した国(地域)はどこか。　国名(地域名)(　　　　　　)　記号(　　　)

問6. 19世紀末、アフガーニーの呼びかけをうけて、タバコ＝ボイコット運動がおこった国(地域)はどこか。　国名(地域名)(　　　　　　)　記号(　　　)

㊙ p.210

探究しよう

『中国』という国名にはどのような意味があるのだろう

1898年、変法運動の失敗後に日本に亡命した梁啓超は、日本において西洋近代の知識を吸収しつつ、活発な著作活動によって学問の刷新と新しい概念・思想の普及につとめた。以下はそのうち史学の刷新についての文章である。

> 中国史の命名
>
> 我々がもっとも恥ずかしく思うのは、何といっても我が国に国名がないということである。普段呼び習わしている「諸夏」といい、「漢人」といい、「唐人」といい、これらはいずれも王朝の名前である。外国人がいう「震旦」や「支那」はどちらも我々が自分で命名したものではない。「夏」「漢」「唐」などで我々の歴史を名づければ、国民を尊重するという宗旨にもとる。「震旦」や「支那」などで我々の歴史を名づければ、名は主人に従うものという原則を失ってしまう。「中国」「中華」と言ってしまえば、やはりどうしても自尊心が強くうぬぼれているということになり、周りから批判を招くだろう。しかし、一つの王朝〔の名称〕によって我が国民を辱めてはならないし、外国人が勝手に決めたことで我が国民を愚弄するのはなおさら駄目である。❶三者ともに欠点があるなかで、本当にやむを得ず、やはり我々の言い慣れていることばを使い、中国史と呼ぶのである。少し威張っているようではあるが、民族がそれぞれ自分の国を大事にすることはいまや世界に共通する常識である。❷我が同胞がその名称と実体について深く考えるようになれば、その精神を呼び覚ます一つの方法になるかもしれない。（村田雄二郎編『民族と国家』一部改変）

〈資料１　梁啓超「中国史叙論」(1901年)〉

Question 1

Work 1　梁啓超は中国に国名がないと嘆き、国名のかわりに使われているのが下線部❶の「三者」だと言っている。「三者」のうち、人々が呼び習わしているものは何か。また、それを国名として使うことに、なぜ梁啓超は反対しているのだろうか。

Work 2　「三者」のうち、自分たちが命名したものではないものは何か。また、それを国名として使うことに、なぜ梁啓超は反対しているのだろうか。

Work 3　「三者」のうち、問題はあるが、梁啓超が国名として使うべきとしているものは何か。

Question 2 「中国史」を創出しようとする梁啓超のねらいは何だろうか。下線部②から考えてみよう。

第16章

第一次世界大戦と社会の変容

第一次世界大戦とロシア革命はどのような経緯でおこったのだろうか。また、その後の各国の社会、国際秩序にどのような影響をおよぼしたのだろうか。

1 第一次世界大戦とロシア革命

㊔ p.216 ~ 220

バルカン半島をめぐる対立が、なぜ世界大戦に発展したのだろうか。また、世界最初の社会主義国は、どのようにして成立したのだろうか。

1 バルカン半島の危機

❶オーストリアの動き：国内に(1　　　　)主義の影響がおよぶことを恐れる

1908年、青年トルコ革命の混乱に乗じて(2　　　　)**を併合**

→２州の編入を望むセルビアが強く反発

❷ロシアの動き：(3　　　　)の敗北後、外交の主軸をバルカンに移す

1912年、セルビアなど４国を(4　　　　)**同盟**に結束させる

┌第１次バルカン戦争…オスマン帝国を破って領土を拡大
└第２次バルカン戦争…領土分配をめぐり同盟内で勃発

→列強の利害と民族問題がからむバルカン半島は「(5　　　　)」と呼ばれる

2 第一次世界大戦の勃発

❶開戦と経過

(6　　　　)…1914年、オーストリアの帝位継承者夫妻がセルビア人に暗殺される

→オーストリアがセルビアに宣戦→ロシアがセルビア側に立つ→ドイツがロシアに宣戦

→(7　　　　・　　　　)がロシア側で参戦

西部戦線…ドイツ軍が中立国(8　　　　)に侵入し、フランスに侵攻

→(9　　　　)**の戦い**で阻止され、塹壕戦による膠着状態に

東部戦線…ドイツ軍が(10　　　　)**の戦い**でロシア軍を破る

❷協商国と同盟国：中立は北欧諸国やスイスなど

┌**協商国**(**連合国**)：イギリス・フランス・ロシア・日本など。1915年に(11　　　　)が加わる
└**同盟国**：ドイツ・オーストリアに(12　　　　)・ブルガリアが加わる

3 戦時外交と総力戦

❶秘密条約にもとづく戦時外交

領土の分割を取り決め、植民地や民族運動の支援を得るために自治や独立を約束

協商国┬(13　　　　)条約…イタリアに「未回収のイタリア」割譲を約束
　　　└(14　　　　)協定…オスマン帝国の分割取り決め

イギリス…アラブ人とユダヤ人双方に、オスマン帝国領内での国家建設を約束

→(15　　　　)問題の原因に

❷**総力戦**：戦争の長期化→史上初の**総力戦**(そうりょくせん)となる

各国政府は国民生活を統制→社会主義など計画経済の源流となる
(16　　　・　　　・　　　)など**新兵器**の投入
挙国一致体制がつくられ、総力戦を支える
各国の社会主義政党も政府を支持→(17　　　　　　　　)崩壊
多民族国家のオーストリア、ロシアは総力戦には不利

植民地の現地人も兵士や労働者として動員、女性も多様な職場に進出

第一次世界大戦に関する地図1・2について、以下の問1～5に答えなさい。

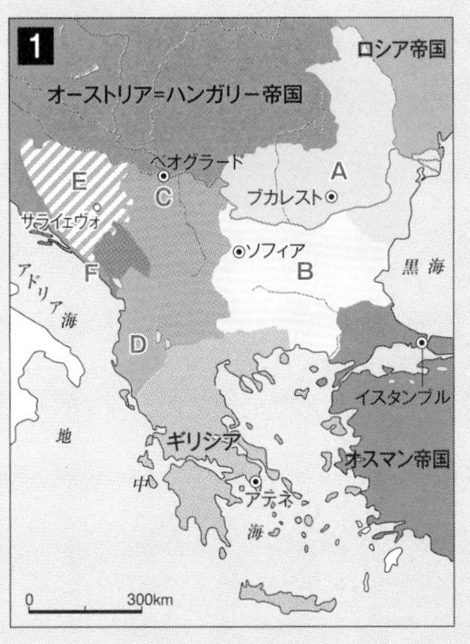

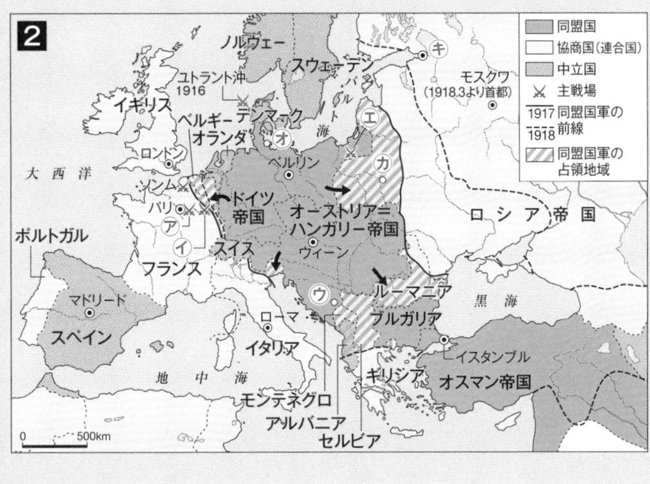

問1． 1908年、青年トルコ革命の混乱に乗じて、オーストリアが併合した地域はどこか。また、その位置を記号A～Fから選びなさい。
地域(　　　　　　　　)　記号(　　)

問2． 1912年に結成されたバルカン同盟の中心となった国はどこか。また、その位置を記号A～Fから選びなさい。
国(　　　　　　　　)　記号(　　)

問3． 1913年の第2次バルカン戦争で敗れた国はどこか。また、その位置を記号A～Fから選びなさい。
国(　　　　　　　　)　記号(　　)

問4． 第一次世界大戦勃発の原因となった、オーストリア帝位継承者夫妻の暗殺事件がおこった都市はどこか。また、その位置を記号㋐～㋖から選びなさい。
都市(　　　　　　　　)　記号(　　)

問5． 第一次世界大戦で西部戦線が膠着状態におちいることになった、1914年9月の戦いはどこでおこなわれたか。また、その位置を記号㋐～㋖から選びなさい。
戦場(　　　　　　　　)　記号(　　)

4 大戦の結果

❶大戦の終結

ドイツが([18]　　　　　　　　)を実行→1917年4月、アメリカ合衆国が参戦

18年初め、大統領**ウィルソン**が民主的講和の必要を呼びかける(「([19]　　　　　)」)

社会主義ロシアが同盟国と([20]　　　　　　　　　　)**条約**を結び、大戦から離脱

　→同盟国は西部戦線に兵力を振り向けるが、アメリカが加わった協商国が優位

18年秋、同盟国がつぎつぎに降伏

11月、ドイツで([21]　　　　　　　　　)を機に**ドイツ革命**

　→成立した臨時政府が降伏して終戦

❷大戦の影響

ヨーロッパが文明の頂点に位置するという認識が後退、主戦場となって疲弊

　→([22]　　　　　　　)主義は影響力を失い、アメリカや日本、社会主義政権のロシアが台頭

植民地の人々が権利意識を高めて独立運動が活発化、各国の国々で([23]　　　)参政権が実現

5 ロシア革命

❶二月革命：1917年3月

首都ペトログラードで労働者と兵士が反乱→皇帝[[24]　　　　　　　]退位、帝政が倒れる

臨時政府は戦争を継続→労働者や兵士が([25]　　　　　　)を組織し、講和を求める

❷十月革命

レーニンが帰国し、([26]　　　　　)で戦争の即時終結・臨時政府打倒を訴える

　→ソヴィエト内でボリシェヴィキの勢力が広がる

　→7月に臨時政府首相となった[[27]　　　　　　]と対立

11月、ボリシェヴィキがレーニンと[[28]　　　　　　]の指導で武装蜂起し、社会主義政権樹立

❸「平和に関する布告」

ソヴィエト政権、([29]　　　・　　　・　　　　)の原則で即時講和交渉を交戦国に呼びかける

「([30]　　　　　　　　)」…土地の私的所有を廃止

　→講和交渉には同盟国しか応じず、ウィルソンは「([19]*　　　　　)」で対抗

❹対ソ干渉戦争

レーニン…1918年3月にドイツと([20]*　　　　　　　　　　)条約を結び、戦線から離脱

([31]　　　　)に首都を移して社会主義政策を断行→革命に反対する勢力との内戦が始まる

革命の波及を恐れる協商国も反革命勢力を支持してシベリアに派兵→([32]　　　　　)**戦争**

　→ソヴィエト政権は([33]　　　)を創設して対抗

❺戦時共産主義と新経済政策

内戦中に**共産党**(ボリシェヴィキから改称)の**一党独裁体制**を確立

　→工業・銀行・貿易の国家管理を実現(([34]　　　　　)**主義**)

1919年、([35]　　　　　　　)を創設…社会主義革命の拡大をめざす

　→世界中で労働運動や反植民地運動が活性化→支配層に危機感

1921年初めまでに反革命勢力と干渉戦争をおさえるが、国内で([34]*　　　　　)主義に対する反発

　→レーニン、**新経済政策**(([36]　　　　))を宣言し、市場経済を導入

次の資料について、問１・２に答えなさい。

> 公正な、または民主的な講和は、戦争で疲れはてて苦しみぬいているすべての交戦諸国の労働者階級と勤労者階級の圧倒的多数が待ちのぞんでいるものであり、ツァーリ君主制の打倒後にロシアの労働者と農民がもっともきっぱりと根気よく要求してきたものであるが、政府がこのような講和とみなしているものは、無併合、無賠償の即時の講和である。

問１． 1917年10月、この文書を発表したのは誰か。　（　　　　　　　　　　）

問２． この文書は何と呼ばれるか。　（　　　　　　　　　　）

第一次世界大戦は、従来の戦争とどのような点が異なっていたのだろうか。また、ロシアで世界初の社会主義国が成立したことは、その後の世界にどのような影響をおよぼしたのだろうか。

2 ヴェルサイユ体制下の欧米諸国

教 p.220 ～ 225

第一次世界大戦後にどのような新しい国際秩序がつくられ、また、大戦後の欧米諸国ではどのような変化がおこっていたのだろうか。

1 ヴェルサイユ体制とワシントン体制

❶**パリ講和会議**：アメリカ合衆国の[1]大統領の**「十四カ条」**が討議(とうぎ)の原則

(2)を批判し、戦争を防止する国際秩序(ちつじょ)の実現をめざす

フランス・イギリスが敗戦国に厳しい態度→原則は部分的にしか実現せず

(3)の原則…アジア・アフリカ地域には適用されず、敗戦国ドイツの植民地やオスマン帝国の一部は(4)にゆだねられる

❷**ヴェルサイユ条約**(1919)：連合国とドイツの講和条約

ドイツ…すべての植民地を失う。(5 ・)をフランスに割譲(かつじょう)、(6)の非武装(ひぶそう)化、軍備制限、**巨額の賠償金**支払いを課せられる

オーストリア・ハンガリー・ブルガリア・オスマン帝国と別個に講和条約

→旧オーストリア＝ハンガリー帝国と旧ロシア帝国の領土の一部から8カ国が独立

❸**国際連盟の設立**：1920年、世界の恒久(こうきゅう)平和をめざす史上初の大規模な国際機構として成立

本部はスイスの(7)。イギリス・フランス・イタリア・日本が(8)

総会・理事会・連盟事務局を中心に運営

ドイツとロシアを排除(はいじょ)、提唱国(9)も加盟せず。議決方法は総会での全会一致(ぜんかいいっち)

侵略国家への(10)が不十分などの問題

国境紛争の調停などに一定の成果→ヨーロッパの新国際秩序は**ヴェルサイユ体制**と呼ばれる

❹**ワシントン会議とワシントン体制**：アジア・太平洋地域の国際秩序

1921～22年にアメリカ合衆国の提唱(ていしょう)で**ワシントン会議**が開かれる

(11)**条約**…アメリカ・イギリス・フランス・日本が締結。太平洋諸島の現状維持を定める

(12)**条約**…アメリカ・イギリス・日本・フランス・イタリアの主力艦(しゅりょくかん)保有比率を定める

(13)**条約**…中国の主権尊重(しゅけんそんちょう)と領土保全(ほぜん)を約束

ヴェルサイユ・ワシントン両体制が、1920年代の国際秩序の柱

2 西欧諸国の模索

イギリスとフランス：(4*)で海外領土を増やすが、大戦で大きな打撃

❶**イギリス**

1918年の(14)…21歳以上の男性と30歳以上の女性に選挙権拡大

→労働党が伸張。24年労働党党首[15]を首相とする自由党との連立内閣(ないかく)

1928年の(16)…21歳以上の男女に参政権

→29年の選挙で**労働党**が第一党となり[15*]が首相に

アイルランドで1916年に独立を求める蜂起(ほうき)、19年に独立戦争→22年、自治領**アイルランド自由国**

→1931年、(17)で各自治領はイギリス本国と対等の地位

→独立派は完全独立を求め、1937年に(18)を国名に事実上の独立

❷フランス

対ドイツ強硬策…1923年、賠償支払いの遅れを理由に(19　　　　　)の**占領**を強行

→25年に外相となった[20　　　　　]は撤兵を実現。ドイツとの和解につとめる

❸ドイツ

1919年、社会民主党の[21　　　　　]が大統領となる

両性平等の普通選挙権などを規定した民主的な(22　　　　　)制定→共和国の基礎

賠償支払い、ルール占領に(23　　　　　)で抵抗→激しいインフレーション

首相[24　　　　　]…新紙幣発行でインフレーション克服
アメリカ合衆国の協力で賠償支払いの緩和→経済を立て直す

3 国際協調と軍縮の進展

❶戦後の国際紛争

(25　　　　　)…ロシアからウクライナなどを奪う

イタリア…ユーゴスラヴィアから(26　　　　　)を獲得。フランス…ドイツのルール地方を占領

❷国際協調

1924年以降**国際協調**の気運が高まる

25年、(27　　　　　)**条約**が成立→翌年ドイツが国際連盟に加盟

28年、フランスの[20*　　　　　]外相とアメリカの[28　　　　　]国務長官の提唱で**不戦条約**

ヴェルサイユ体制下のヨーロッパの地図について、東ヨーロッパに成立したA～Hの国名を答えなさい。

A(　　　　　)
B(　　　　　)
C(　　　　　)
D(　　　　　)
E(　　　　　)
F(　　　　　)
G(　　　　　)
H(　　　　　)

§ 国際協調を進めた軍縮条約

(a　　　　　)**条約**(1922)	アメリカ・イギリス・日本・フランス・イタリアの主力艦の保有トン数を定める
ロカルノ条約(1925)	ヨーロッパの集団安全保障体制→翌年、(b　　　　　)が国際連盟に加盟
不戦条約(1928)	提唱者：フランス外相[c　　　　　]、米国務長官[d　　　　　] →国際紛争を解決する手段として戦争に訴えないことを誓う

④ イタリアのファシズム

❶大戦後のイタリア

戦勝国だが領土拡大を実現できず講和条約に不満、インフレーション発生→政府への不信

(29　　　　　　)の影響→北部で労働者が工場を占拠、貧しい農民が土地を占拠

❷ファシズム体制の成立

[30　　　　　　　　]率いる**ファシスト党**が勢力を拡大→1926年に独裁体制確立

29年に(31　　　　　　)条約でローマ教皇と和解→(32　　　　　　　　　)独立を認める

大衆動員を利用し、社会事業や国内開発を進めたが市民的自由や人権を無視・弾圧

→極端な(33　　　　　　　)、指導者崇拝、一党独裁、批判勢力の暴力的封じ込めを特色とする**ファシズム体制**が成立

⑤ 東欧・バルカン諸国の動揺

少数民族問題で政治的まとまりを欠き、(34　　　　　　　　　　　)を除くほとんど国が農業国

1920年代の世界的不況の影響で苦しい経済状況→権威的な政治で国民統合をはかる

┌(35　　　　　　)…ロシアと争い領土を拡大したが、議会政治が混乱

└(36　　　　　　)…社会主義政権が誕生したが、まもなく倒される

⑥ ソ連の成立

❶ソ連邦の成立

(37　　　　　)のもとで国民経済が回復、生産は戦前の水準に戻る

1922年末、シベリアから日本軍が撤退したのち、ロシア・ウクライナ・ベラルーシ・ザカフカースのソヴィエト共和国が連合して(38　　　　　　　　　　　　　　　　　　　)を結成

❷社会主義建設

1924年に[39　　　　　　　]死去→[40　　　　　　　　]…ソ連１国で社会主義を建設できると主張

→世界革命をとなえる[41　　　　　　　]らを追放

[40*　　　　　　]は1928年より**第１次五カ年計画**を実行…重工業を発展させて社会主義建設をめざす

農業の集団化も進める→集団農場((42　　　　　　　　))・国営農場((43　　　　　　　))建設を強行

(44　　　　　　　)はソ連を守ることを優先→ソ連共産党の意向を重視

⑦ アメリカ合衆国の繁栄

❶国際社会のなかのアメリカ：債務国から**債権国**となり、(45　　　　　　)の中心国へ

┌高関税政策で国内市場を守り、(46　　　　)主義の傾向を強め、国際連盟にも加盟せず

└軍縮や不戦条約など国際協調は推進、ドイツの賠償問題解決にも貢献

❷国内の動き

1920年に女性参政権→民主主義拡大、３代の(47　　　　　　)大統領の時代に自由放任政策

自動車や家庭電化製品の普及で(48　　　　　　　　　　　)社会、ラジオ・映画などの大衆娯楽発展

伝統的な白人社会の価値観が強まる

→(49　　　　)法の制定、人種差別的な団体(50　　　　　　　　　　　　　　)が活性化

1924年の(51　　　　)法で東欧は南欧出身の移民を制限、日本を含むアジア移民が禁止

戦後しばらくは、小規模な国際紛争が続き、戦勝国でも不安定な政情が続いた。欧米諸国は国内に混乱を抱えながら、どのように国際協調を構築しようとしたのだろうか。

§ 第一次世界大戦後の諸地域

イタリア

1919	「未回収のイタリア」を獲得
1920	[a]がファシスト党結成 → 独裁体制を進める
1929	(b)とラテラノ条約→(c)市国独立を認める

東欧とバルカン諸国

1918	(d)革命で社会主義政権が成立 → 崩壊
1920	(e)がロシアのソヴィエト政権と争う→領土を拡大

ソ連の社会主義建設

1918	(f)主義、工業・銀行・貿易の国家管理を実現
1919	(g)(共産主義インターナショナル)を創設
1921	ネップ(新経済政策)で国民経済回復
1922	ソヴィエト社会主義共和国連邦が成立
1924	レーニンが死去
1926	スターリンが[h]を追放し、実権を握る
1928	スターリンが、(i)計画を実行 →重工業化と農業の機械化・集団化を推進

アメリカ合衆国の繁栄

	*第一次世界大戦を通じて債務国から債権国へ
1919	パリ講和会議で上院が(j)条約批准を拒否→国際連盟に不参加 禁酒法
1920	ウィルソン民主党政権で(k)に参政権
1921	共和党政権成立→自由放任主義経済
1924	(l)制定→東欧・南欧出身の移民を制限、(m)系移民を禁止

3 アジア・アフリカ地域の民族運動

㊙ p.226 ～ 231

第一次世界大戦後のアジア・アフリカの諸地域では、どのような民族運動が展開したのだろうか。

1 第一次世界大戦と東アジア

❶大戦中から大戦後の東アジア

西欧の工業製品の流入が減少し、軍需(ぐんじゅ)が拡大→東アジアに空前(くうぜん)の好景気

日中両国で都市労働者や青年知識人が増加、戦後処理問題で(1　　　　　)の提起とロシア革命

→東アジア各地で社会運動と民族運動が活性化

❷日本の大正デモクラシー

政治の民主化が求められ、1918年の**米騒動**(こめそうどう)を経て(2　　　　　)が成立

1925年、(3　　　　　)**法**が成立したが、共産主義に対応するために(4　　　　　)法も成立

❸中国の文学革命

辛亥(しんがい)革命後の混乱に対し、根本的な社会変革をめざす新文化運動

[5　　　　　]らが創刊した『**新青年**(しんせいねん)』が「民主と科学」を掲げて民衆の啓蒙(けいもう)

胡適(こせき)が**白話文学**(はくわ)をとなえ、[6　　　　　]が『狂人日記(きょうじん)』『阿Q正伝(あきゅうせいでん)』などで中国社会の疲弊(ひへい)を描く

ロシア革命後、北京(ペキン)大学で[7　　　　　]らがマルクス主義を研究

2 日本の進出と東アジアの民族運動

❶大戦中の日本の動き

ドイツに宣戦(せんせん)、中国内のドイツの租借地(そしゃくち)の(8　　　　　)や太平洋上のドイツ南洋諸島を占領

1915年、中国に(9　　　　　)…おもな要求を認めさせ、日中関係悪化

対ソ干渉(かんしょう)戦争((10　　　　　))に加わり、他国撤退後もとどまり、1922年兵を引き揚げる

❷朝鮮の独立運動

(11　　　　　)…1919年３月に「独立万歳(ばんざい)」をとなえるデモ→ソウルで始まり、全土に広まる

→(12　　　　　)は運動を弾圧したが、武断(ぶだん)統治から同化(どうか)政策(「(13　　　　　)」)に転換(てんかん)

❸中国の民族運動と日本の立場

パリ講和会議で(9*　　　　　)の取り消しや(14　　　　　)のドイツ権益(けんえき)の返還(へんかん)が認められず

→(15　　　　　)…５月４日に北京の学生を中心にデモ→全国的な運動に拡大

日本は国際連盟の常任理事国となり国際的地位向上→アメリカやイギリスとのあいだに摩擦(まさつ)

→(16　　　　　)条約で中国の主権尊重(しゅけんそんちょう)と領土保全(ほぜん)を約束。日中間交渉で(14*　　　　　)のドイツ利権を返還

3 南京国民政府の成立と共産党

❶第１次国共合作

1919年、ソ連がロシア帝国の有する利権の放棄(ほうき)を宣言し、中国人に歓迎される

1921年、(17　　　　　)が[5*　　　　　]を指導者とする中国共産党の成立を支援

1924年、孫文(そんぶん)は共産党員が個人の資格で**国民党**に入党することを認める(**第１次国共合作**(こっきょうがっさく))

25年、上海での労働争議を機とする(18)で反帝国主義運動が高まる

→7月に(19)に国民政府が成立

26年7月、[20]が**北伐**を開始、共産党の指導する農民運動や労働運動の支援

27年3月、上海・南京占領→[20*]は(21)で共産党弾圧

→(22)に**国民政府**をたてる

❷中国統一

1928年、北伐再開。国民革命軍は北京にせまり、(23)をおこなう日本軍と衝突

中国東北地方を支配する**張作霖**、日本からの自立策をとる

→(24)…北伐軍に敗れて東北に引き揚げる張作霖を殺害。東北地方の直接支配をはかる

張作霖の息子の[25]…国民政府の東北支配を認める→国民政府、全国統一を達成

❸国共合作崩壊後の共産党

都市での蜂起に失敗。[26]率いる紅軍が、華南の農村に根拠地を建設

→1931年、江西省瑞金を首都とする(27)が成立

§ 第一次世界大戦後の東アジアの動き

	日本・朝鮮	中国
1915	日本が中国に(a)要求	陳独秀らが(b)を展開
1918	日本、シベリア出兵に加わる 米騒動	
1919	朝鮮で(c)運動	五・四運動 → (d)が成立
1921		コミンテルンの指導で(e)が成立 (委員長：陳独秀)
1924		第一次(f)が成立
1925	日本で普通選挙法・治安維持法成立	上海で(g)運動、広州国民政府成立
1926		蔣介石が北伐開始
1927		(h)で共産党弾圧、南京国民政府成立
1928	日本が(i)出兵	張作霖殺害、蔣介石が北伐完了
1931		共産党、瑞金に(j)

4 インドにおける民族運動の展開

❶イギリスの姿勢

大戦中のイギリス、戦争協力への代償として戦後の自治を約束

1919年、自治とはほど遠い内容の(28)法、民族運動を取り締まる(29)**法**制定

→民衆の激しい反発

❷インドの民族運動

[30]…1920年、国民会議派大会で(31)**による非協力運動**を呼びかける

→一般民衆も参加できる全国的な運動の開始

国民会議、カリフ制を擁護→イギリスの対トルコ政策に抗議するインド人ムスリムの支持

(31*)をめぐる対立、ヒンドゥー・イスラーム両教徒の対立で民族運動の混乱

→ムスリムは国民会議と距離をおき、親イギリス路線に

1929年、国民会議派内の[32]ら急進派が完全独立((33))を決議

1930年、[30*]…非協力運動を再開

1935年、([28]※　　　　　　)法…各州の自治を認めたが、中央政府のおもな分野はイギリスが掌握

1940年、[[34]　　　　　　]を指導者とする([35]　　　　　　　　　　)

…イスラーム国家([36]　　　　　　　　)の建設を目標に掲げる

5 東南アジアにおける民族運動の展開

〈インドネシア〉オランダが支配

1920年、([37]　　　　　　　　　　)が結成されたが、弾圧され壊滅状態に

1927年、[[38]　　　　　　]を指導者とするインドネシア国民党が独立運動→きびしい弾圧

〈インドシナ〉フランスが支配

1930年、[[39]　　　　　　　　]がインドシナ共産党結成→弾圧を受けながらも農民運動を展開

〈ビルマ〉インド帝国に編入→1920年代から民族運動、急進的組織も生まれる

〈フィリピン〉アメリカ合衆国が統治。議会開設、立法や行政のフィリピン人への権限移譲が進む

→1934年、([40]　　　　　　　　　)法が成立。翌年に独立準備政府が発足

〈タイ(シャム)〉国王の専制的な統治が続くが、1932年に([41]　　　　　　)→立憲君主制へ移行

6 西アジアの民族運動

❶トルコ・イラン・アフガニスタン

〈オスマン帝国〉

国土分割の危機→軍人の**ムスタファ＝ケマル**…アンカラに([42]　　　　　　　　　　)を組織

1922年、ギリシア軍を撃退。([43]　　　　　)制を廃止

1923年、連合国と([44]　　　　　　)**条約**で国境を定め、治外法権と関税自主権を回復

→([45]　　　　　　　)を樹立(**トルコ革命**)

ケマルは大統領となり、([46]　　　　　)制の廃止と政教分離、文字改革、太陽暦採用、([47]　　　　)

参政権実現などの近代化政策の推進とトルコ民族主義の育成

〈イラン〉1925年、軍人の[[48]　　　　　　　　　]…ガージャール朝を廃して**パフレヴィー朝**を開く

近代化政策を進め、国名を他称の([49]　　　　　　　)から**イラン**に改めるなど民族主義を鼓舞

国内の石油利権はイギリスが保持

〈アフガニスタン〉([50]　　　　　　　　　)戦争でイギリスから独立、近代化に着手

❷アラブ地域

〈アラビア半島〉[[51]　　　　　　　　　]…1932年に([52]　　　　　　　　　　)をたてる

→莫大な石油資源が発見され、戦略的な重要性が高まる

〈エジプト〉1914年からイギリスの保護国→22年、条件つきの独立で([53]　　　　　　　)が成立

→イギリスは([54]　　　　　　　)の支配権など多くの特権を維持→エジプト人の抗議

〈イラク・シリア〉イラクはイギリス、シリアはフランスの委任統治下→列強の思惑による国境線で独立

〈パレスチナ〉

イギリスは1915年に([55]　　　　　　　　　　)**協定**でアラブ人にオスマン帝国からの独立を約束

1917年の([56]　　　　　　)**宣言**でユダヤ人のパレスチナ復帰運動(シオニズム)支援の姿勢

大戦後、イギリスの委任統治領→アラブ・ユダヤ両民族は権利を主張して対立

→現在まで続く**パレスチナ問題**へ発展

7 アフリカの民族運動

1912年、南アフリカで創設(そうせつ)された(57 　　　　　　)(ANC)…人種差別撤廃(てっぱい)をめざす運動

→第一次世界大戦後、アフリカ各地に植民地支配に抵抗する運動

(58 　　　　　　)…19世紀末からアメリカ合衆国とカリブ海地域で、アフリカ系知識人を中心におこった解放運動

→第二次世界大戦後に統合され、アフリカの解放と統一をめざす運動に発展

各地の民族運動は国内の問題に加え、干渉を続ける列強とも対峙しなければならなかった。それぞれの運動はどのような問題に直面し、どのように解決の方法を模索したのだろうか。

以下の問１～６に該当する国名と位置を地図中の記号を答えなさい。

問１． ムスタファ＝ケマルが中心となり、1923年に共和国となった国。

国名(　　　　　　　　) 記号(　　　)

問２． 1925年にレザー＝ハーンがパフレヴィー朝を樹立した国。

国名(　　　　　　　　) 記号(　　　)

問３． ワッハーブ王国の再興をめざしてイブン＝サウードが1932年にたてた国。

国名(　　　　　　　　) 記号(　　　)

問４． フランスの委任統治領から、1946年に独立した国。

国名(　　　　　　　　) 記号(　　　)

問５． イギリスの委任統治領が1932年に王国として独立した国。

国名(　　　　　　　　) 記号(　　　)

問６． ワフド党の運動で、1922年にイギリスの保護国から王国として独立した国。

国名(　　　　　　　　) 記号(　　　)

㊔ p.226

探究しよう　魯迅はどのような覚悟をもって『狂人日記』を書いたのだろうか

新文化運動で、胡適は文語文学から白話文学の転換を主張して文学革命が始まったが、魯迅が雑誌『新青年』の1918年5月号に発表した『狂人日記』はその先がけとなり、中国最初の口語体の近代文学となった。この作品が生み出されるきっかけとなった、魯迅の友人である銭玄同が魯迅を訪問した時のエピソードが以下の文章である。

「きみは、こんなものを写して、何の役に立つのかね？」ある夜、私のやっている古碑の写本をめくりながら、かれはさも不審そうに訊ねた。
「何の役にも立たんさ。」
「じゃ、何のつもりで写すんだ？」
「何のつもりもない」
「どうだい、文章でも書いて…」
かれの言う意味が私にはわかった。かれらは『新青年』という雑誌を出している。ところが、そのころは誰もまだ賛成してくれないし、といって反対するものもないようだった。かれらは寂寞におちいったのではないか、と私は思った。だが言ってやった。
「かりにだね、鉄の部屋があるとするよ。窓はひとつもないし、こわすことも絶対にできんのだ。なかには熟睡している人間がおおぜいいる。まもなく窒息死してしまうだろう。だが昏睡状態で死へ移行するのだから、死の悲哀は感じないんだ。いま、大声を出して、まだ多少意識のある数人を起こしたとすると、この不幸な少数のものに、どうせ助かりっこない臨終の苦しみを与えることになるが、それでも気の毒と思わんかね。」
「しかし、数人が起きたとすれば、その鉄の部屋をこわす希望が、絶対にないとは言えんじゃないか。」
そうだ。私には私なりの確信はあるが、しかし希望ということになれば、これは抹殺できない。なぜなら、希望は将来にあるものゆえ、絶対にないという私の証拠で、ありうるという彼の説を論破することは不可能なのだ。そこで結局、私は文章を書くことを承諾した。

（魯迅〈竹内好訳〉『阿Q正伝・狂人日記』一部改変）

〈資料1　魯迅『吶喊』「自叙」〉

Work〉 資料中の『新青年』は、何を目指して発刊された雑誌か。

Question 1　下線部で、魯迅は具体的にはどのようなことをいおうとしているのだろうか。

Question 2　魯迅はどうして『狂人日記』を書いたのだろうか。

第17章

第二次世界大戦と新しい国際秩序の形成

第二次世界大戦はどのようにして全世界に広がったのだろうか。また、新たな独立国も加わった戦後世界には、どのような国際秩序が形成されたのだろうか。

1 世界恐慌とヴェルサイユ体制の破壊

㊖ p.232 ～ 237

世界恐慌がおこると、各国はどのように対応し、また、国際関係はどのように変化したのだろうか。

❶ 世界恐慌とその影響

恐慌の背景┬株・債権などの投機ブームの過熱、世界的な農業不況→農民の購買力の下落
　　　　　└過剰生産による商品供給の過多

恐慌の発生…1929年10月、(1　　　　　　　　　)**の株価暴落→**(2　　　　　)に発展

恐慌におちいった資本主義国…自国の問題を最優先→国際協調の気運は後退

1930年代、武力で自国の要求をおし通そうとする(3　　　　　)諸国の台頭→世界平和に脅威

❷ アメリカのニューディール

共和党[4　　　　　　]大統領…賠償・戦債支払いの1年間停止(フーヴァー＝モラトリアム)を宣言(1931)→効果なし

民主党[5　　　　　　　　　　]が当選(1932)…積極的に市場に介入する方針に転換

(6　　　　　　)(新規まき直し)

- 金の流出を防ぐために金本位制から離脱→管理通貨制度に移行
- (7　　　　　　)法(AAA)…農業の復興をはかる
- (8　　　　　　)法(NIRA)…産業復興をはかる
- (9　　　　　　　　　)(TVA)…公共事業で失業者の減少をはかる
- (10　　　　　　)法(1935)…労働者の団結権と団体交渉権を認める

❸ ブロック経済

❶イギリスの恐慌対策

マクドナルド(11　　　　)内閣(第2次)…失業保険削減を含む緊縮財政を提案→労働党は反対

(12　　　　)**内閣**…財政削減を実施、金本位制から離脱

ブロック経済圏構築…(13　　　　　　)会議(1932)：イギリス連邦内の関税を下げ、連邦外の国に高関税を課す→スターリング＝ブロック(ポンド＝ブロック)を形成

❷各国のブロック経済と影響

アメリカ合衆国…ラテンアメリカ諸国への内政干渉をひかえる
　→ドル経済圏に組み入れる(14　　　　　)政策

英・仏・米などが自国通貨を軸にブロック経済構築
　…他国の商品を排除、ブロック間の対立が高まる→通商に頼る中小諸国を苦しめる

ブロックをつくれないドイツ・イタリア・日本など→拡張主義

4 ナチス=ドイツ

❶ナチス=ドイツ政権の成立

ドイツ…アメリカ合衆国についで大きな恐慌被害

→1930年、([15])**党**(国民社会主義ドイツ労働者党)と共産党が伸張(しんちょう)

ナチ党…第一次世界大戦後、[[16]]を指導者として発展した政党

([17])**人排斥**(はいせき)、ヴェルサイユ条約破棄(はき)、ドイツ民族の結束(けっそく)などをとなえる

→恐慌後、農民や都市の中産層、保守的な産業界や軍部の支持

1932年、第一党となる→1933年、ヒトラーを首相に任命

❷ナチ党の一党独裁

一党独裁の実現…国会議事堂放火事件(1933)を利用して([18])党などを弾圧(だんあつ)

→([19])**法**(1933)で立法権も握る

→ナチ党以外の政党や労働組合を解散させる

ナチ党の諸政策…社会統制の強化、ナチ党に反対する者は強制収容所(しゅうようじょ)に、ユダヤ人に暴力や差別

四カ年計画による軍需(ぐんじゅ)工業拡張→失業者急減

アウトバーン(自動車専用道路)建設などの大規模な公共事業の成果も宣伝

福祉(ふくし)事業の整備、ラジオ放送など大衆娯楽(ごらく)の拡充(かくじゅう)

独裁体制確立…1934年、[[20]]大統領死去

→ヒトラー…大統領の権限もあわせた([21])(フューラー)に就任

5 ソ連の計画経済とスターリン体制

世界恐慌とソ連…資本主義世界との少ない交流、計画経済の実施→世界恐慌の影響は小さい

[[22]]体制…独裁的権力、個人崇拝(すうはい)の強化、反対派を大量逮捕(たいほ)・処刑(しょけい)、

収容所での([23])

[[22*]]**憲法**…1936年、信教(しんきょう)の自由や民族間の平等を規定→実際は守られず

以下の問1～4に該当する語句を答えなさい。

問1． 世界恐慌後の1931年に賠償・戦債の支払いを1年間停止するモラトリアムを宣言した共和党の大統領は誰か。 (　　　　)

問2． 1932年の選挙でアメリカ大統領となったフランクリン=ローズヴェルトは、農業や産業の復興、公共事業による失業者を減らす対策などおこなった。一連の恐慌に対する政策を何というか。 (　　　　)

問3． イギリスでは、恐慌の影響で労働党内閣が失業保険削減を含む緊縮財政を提案したが、与党の労働党が反対した。このあと挙国一致内閣を組織し、財政削減や金本位制から離脱するなどの政策をおこなったイギリスの首相は誰か。 (　　　　)

問4． 次のア～オはヒトラーに関する事項である。時系列順に並べ替えなさい。

ア　ナチ党、選挙で第一党に　　イ　総統に就任　　ウ　国会議事堂放火事件

エ　首相に任命　　オ　全権委任法の成立

(　　)→(　　)→(　　)→(　　)→(　　)

❻ 満洲事変と日中戦争

❶日本の経済状況と満洲事変

1920年代の日本…輸出が不振、不況が続く→金融恐慌発生(1927)→世界恐慌でさらに不況に

┌民衆…政権争いを続ける政党への不満
└軍部…大陸での権益確保を主張、政府の外交姿勢を批判

中国の国権回復の動きに危機感→武力による中国東北地方の支配をめざす

(24　　　)**事変**…1931年、関東軍が(25　　　)で鉄道を爆破→中国東北地方の大半を占領

1932年、中国が国際連盟に訴える→(26　　　)の派遣

→３月に日本が清朝最後の皇帝の溥儀を執政にすえて(27　　　)を建国

1933年、日本、(28　　　)**脱退**通告

日本国内…テロやクーデタ事件があいつぐ→政党政治の後退、軍部の影響力が強まる

❷中国の社会情勢

国民政府…1928〜30年、**関税自主権の回復**を達成。中国の統一を進める

日本の軍事行動への対応よりも中国共産党との戦いを優先

通貨の安定のため、イギリス・アメリカ合衆国の支援で**通貨統一**を進める

→日本の軍部…華北を国民政府の支配から切り離す政策を進める

共産党…陝西省に新しい根拠地を設け、[29　　　]を指導者とする体制を整備

1935年、コミンテルンの方針にもとづいて(30　　　)宣言を出す

→民族統一戦線の結成を呼びかける

(31　　　)**事件**(1936)…張学良は[32　　　]を捕らえ、抗日と内戦停止を説得

→説得を受諾し国共の内戦は停止

❸日中戦争と第２次国共合作

1937年７月、(33　　　)**事件**→(34　　　)**戦争**に突入

９月、**第２次**(35　　　)が成立

国民政府…ソ連・アメリカ合衆国・イギリスなどの援助→政府を(36　　　)に移して抵抗を続行

共産党…華北農村部を中心に、支配地域を拡大

1937年12月、日本軍が南京占領(南京事件をおこす)→国際的に非難される

1940年、日本は東亜新秩序建設を掲げ、南京に[37　　　]を首班とする親日政権設立

→中国民衆の支持を得られず

❼ ファシズム諸国の攻勢と枢軸の形成

❶ナチス＝ドイツの軍事拡大と外交政策

1933年秋、**国際連盟脱退**…軍備平等権が認められないことを理由

1935年、住民投票による(38　　　)地方編入、徴兵制復活、(39　　　)**を宣言**

→イギリスはドイツと海軍協定を結び、事実上再軍備を追認

❷イタリアの対外拡張

経済基盤が弱いイタリア…恐慌で行き詰まり

(40　　　)**侵攻**(1935)→翌年併合

→国際連盟はこれを侵略と認めて初の(41　　　)を宣言

→実質的な効果をあげられず、イタリアはドイツに接近

❸ファシズム諸国の脅威

アメリカ合衆国…1933年、ソ連承認。翌年ソ連は（[28*]　　　　　）に加盟

仏ソ相互援助条約（1935）→ドイツ、（[42]　　　　　）条約を破棄（1936）

→（[43]　　　　　）**に軍を進駐**→ヴェルサイユ体制破壊を進める

❹人民戦線の結成

（[44]　　　　　）**戦術**…コミンテルン、ファシズムに反対する勢力の連帯を呼びかけ

フランス…1936年、社会党［[45]　　　　　］を首相とする**人民戦線内閣**成立

スペイン…1936年、人民戦線政府が成立

（[46]　　　　　）**内戦**…スペイン人民戦線政府に対して、［[47]　　　　　］将軍反乱→内戦が始まり

国際的な対応：ドイツ・イタリア→フランコ側軍事支援、イギリス・フランス→非介入路線

ソ連・国際義勇軍→スペイン人民政府側支援

1939年、フランコ側勝利→内戦終了

❺三国枢軸の結成

1936年、日本・ドイツが防共協定締結

1937年、イタリアも参加した（[48]　　　　　）**協定**に拡大→イタリア、国際連盟脱退

→日本・ドイツ・イタリアよる（[49]　　　　　）の結成

以下の問１～８に該当する語句を答えなさい。

問１．1931年、日本の関東軍は柳条湖で鉄道を爆破し、これを口実に中国東北地方の大半を占領した。この一連の軍事行動を何というか。（　　　　　）

問２．1935年、中国共産党が八・一宣言を出し、抗日民族統一戦線を呼びかけた。張学良はこれを受け、1936年、捕らえられた蔣介石が説得に応じた事件は何というか。（　　　　　）

問３．1937年、北京郊外で日中戦争が勃発するきっかけとなった事件を何というか。（　　　　　）

問４．経済基盤が弱いイタリアは恐慌で行き詰まり、1935年侵攻・併合した国はどこか。（　　　　　）

問５．1936年、ドイツがロカルノ条約を破棄して軍を進駐させた場所はどこか。（　　　　　）

問６．コミンテルンが呼びかけた、ファシズムに反対し連帯する戦術をというか。（　　　　　）

問７．スペインの人民戦線内閣に反乱をおこした保守勢力の将軍は誰か。（　　　　　）

問８．1937年国際連盟を脱退した日本・ドイツ・イタリアが築いた協力関係を何というか。（　　　　　）

世界恐慌が猛威をふるい、国際協調体制は崩れていった。ドイツのナチ党、日本の軍部、イタリアのファシスト党が独裁権力を握り、３国で結束を固めていったのはなぜだろうか。

2 第二次世界大戦

㊬ p.237 ～ 242

第二次世界大戦はどのような対立の構図をもち、どのように展開したのだろうか。

1 ナチス＝ドイツの侵略と開戦

❶ナチス＝ドイツの侵略

ドイツは「民族自決」を大義名分に掲げて侵略開始

1938年3月、([1] 　　　　)**併合**

9月、チェコスロヴァキアに([2] 　　　　)**地方**の割譲を要求

→イギリス…戦争の回避、ドイツの矛先がソ連に向かうのを期待

フランスとともに、ドイツに譲歩する([3] 　　　　)**政策**

9月末、イギリス・フランス・ドイツ・イタリアは([4] 　　　　)**会談**開催

→ズデーテン地方のドイツへの割譲を承認

1939年3月、([5] 　　　　)**を解体**、ポーランドにも領土の一部を要求

❷第二次世界大戦の開始

ソ連…イギリス・フランスの宥和政策に不信→1939年 8 月末、([6] 　　　　)**条約**締結

([7] 　　　　)**大戦**の開始…1939年9月1日、([8] 　　　　)**への侵攻**を開始

→イギリス・フランスがドイツに宣戦して始まる

2 ヨーロッパの戦争

❶開戦初期の状況とドイツの状況

ポーランド…ドイツ軍・ソ連軍に侵攻される→両国に分割

ソ連…1939年11月、([9] 　　　　)**に宣戦**

→1940年、バルト3国(エストニア・ラトヴィア・リトアニア)を併合

西部戦線…1940年春、ドイツ、デンマーク・ノルウェーに侵攻→オランダ・ベルギーに侵攻

フランス…1940年 6 月、敗北→第三共和政崩壊

- 北半がドイツに占領
- 南半はペタンを首班、親独([10] 　　　　)**政府**が統治

[[11] 　　　　]…ロンドンに亡命政府(自由フランス政府)をつくる

→抵抗を呼びかけ、フランス国内では([12] 　　　　)運動開始

ドイツの優勢…1940年6月、イタリアがドイツ側で参戦。バルカン半島にも勢力圏を拡大

→1941年春までにユーゴスラヴィアとギリシアも制圧

→1941年半ば、ヨーロッパはほぼドイツ側の支配下に入る

イギリス…1940年5月、[[13] 　　　　]が首相となる→イギリスだけがドイツに対抗

3 独ソ戦

([14] 　　　　)**戦**の開始…1941年6月、ドイツ軍はソ連を奇襲→ソ連軍は後退を重ねる

→1941年、モスクワ郊外にせまる

→ソ連軍は大きな損害を出しながらも押し返す

ソ連の動き…イギリスと同盟→中立国であったが反ファシズムのアメリカ合衆国とも協調
ドイツの動き…占領地から工業資源や食料を奪う
アウシュヴィッツなどの(15 　　　　　　　)にユダヤ人を移送し、ガス室で殺害
障害者・同性愛者・ロマ(ジプシー)らも、組織的に殺害される

以下の問1・2に答えなさい。

問1． ナチス＝ドイツの領土拡大を示した地図について、㋐〜㋔にあてはまる地名を入れなさい。

㋐1935年　(　　　　　　　　　　　　)併合
㋑1936年　(　　　　　　　　　　　　)進駐
㋒1938年　(　　　　　　　　　　　　)併合
㋓1938年　(　　　　　　　　　　　　)併合
㋔1939年　(　　　　　　　　　　　　)解体

問2． 以下の1〜5に該当する国名および地図中の記号を答えなさい。

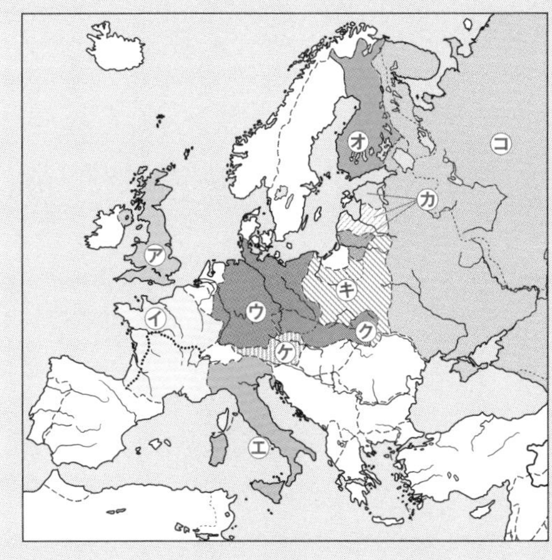

1．1939年、第二次世界大戦の発端となった、ドイツが侵攻した国。
　国名(　　　　　　　　)　記号(　　　)
2．1939年、国際連盟から除名されるきっかけとなった、ソ連に宣戦された国。
　国名(　　　　　　　　)　記号(　　　)
3．1940年、ドイツに敗北し、国土の北半をドイツに占領され、南半が親独政権が統治した国。
　国名(　　　　　　　　)　記号(　　　)
4．1940年、対独強硬論をとなえるチャーチルが首相になった国。
　国名(　　　　　　　　)　記号(　　　)
5．1940年、ドイツ、日本と三国同盟を結んだ国。
　国名(　　　　　　　　)　記号(　　　)

4 太平洋戦争

❶太平洋戦争の開始

日本日中戦争の長期化で国力を消耗→状況を打開するために南方への進出を企てる

1940年、フランスの敗北→フランス領インドシナ北部に進駐

三国防共協定を(16　　　　　)**同盟**へと発展

1941年、(17　　　　　)**条約**…北方の安全確保のため

アメリカ合衆国…日本の南方進出を牽制して日本への石油供給停止→イギリス・オランダも同調

→衝突を回避するための日米交渉の行き詰まり

(18　　　　)**戦争**…1941年、日本軍がマレー半島に上陸する一方、

ハワイの(19　　　　　　)(**真珠湾**)を攻撃し、アメリカ・イギリスに宣戦

→ドイツ・イタリアもアメリカに宣戦

❷太平洋戦争の経過

東南アジア…「(20　　　　　　)」をとなえ、各地で親日的な体制を設立

資源確保が目的で、軍政のもと日本語教育や神社参拝を強制

残虐行為や強制労働→各地で日本に対する抵抗運動

朝鮮…「(21　　　　　)」などの皇民化政策

労働者が日本本土に強制的連行、戦争末期には徴兵制も適用

台湾…皇民化政策が進められるとともに、徴兵制もおこなわれた

戦局の転換…1942年6月、(22　　　　　　)**海戦**で大敗→戦争の主導権を失う

5 枢軸諸国の敗北

❶連合国軍の反撃とイタリアの降伏

第二次世界大戦の構図─(23　　　　　)：ドイツ・イタリア・日本など

└(24　　　　　)：イギリス・アメリカ・ソ連など

ソ連…1943年初、ソ連軍が(25　　　　　　　　　)でドイツ軍を撃退

1943年、イギリス・アメリカと協調するために(26　　　　　　)を解散

イタリア…連合国軍、シチリア島上陸→[27　　　　　　]が失脚

→1943年9月に**イタリア新政府が無条件降伏**

❷連合国首脳の会談とドイツの降伏

(28　　　　　)…1941年8月、[29　　　　　　　　](米)・[*13　　　　　　](英)が会談し発表

→その後ソ連なども加わり、戦後構想の原則として確認

(30　　　　)**会談**…1943年11月、ローズヴェルト・チャーチル・[31　　　　　](中)が会談

→対日処理方針を定めた**カイロ宣言**が合意

(32　　　　)**会談**…ローズヴェルト(米)・チャーチル(英)・[33　　　　　　](ソ)が会談

→連合国軍の北フランス上陸作戦の協議

→1944年6月に連合国軍は(34　　　　　　　)上陸、8月パリを解放

(35　　　　)**会談**…1945年2月、ローズヴェルト・チャーチル・スターリンが会談

ヤルタ協定の締結…ドイツの処理方針

秘密条項としてドイツ降伏後のソ連の対日参戦決定

(36　　　　)**無条件降伏**…1945年4月末ベルリンは占領、5月7日に無条件降伏

❸日本の降伏と大戦の終了

アメリカ軍の攻勢…1944年夏、サイパン島を奪回→本土空襲(くうしゅう)が本格化

1945年6月、(37　　　　)を占領

(38　　　　)**会談**…1945年 7 月、[39　　　　](米)、チャーチル(英)(途中で労働党[40　　　　]と交替)、スターリン(ソ)が会談

→ドイツ管理問題の協議、日本の降伏を求める(38*　　　　)**宣言**を発表

日本の降伏…1945年8月アメリカ、広島(6日)、長崎(9日)に(41　　　　)を投下(とうか)

ソ連が日本に宣戦(8日)、中国東北地方などに進攻

→ポツダム宣言を受諾(じゅだく)して無条件降伏(14日)、国民に発表(15日)

→第二次世界大戦の終了

6 大戦の特徴と結果

❶大戦の特徴

第二次世界大戦…**異なる政治・社会体制間の優劣(ゆうれつ)を競う**戦争

(42　　　　)主義の優位を標榜(ひょうぼう)する連合国がファシズム諸国に勝利

→戦後に(42*　　　　)主義が拡大する第一歩となる

アメリカ・ソ連が中心的な役割→戦後、資本主義と社会主義の争い

アジア・太平洋地域が主戦場の1つとなった背景

- 第一次世界大戦後、日本とアメリカの主導権争いが激化
- 満洲事変(まんしゅうじへん)以来、中国が日本に粘り強く抵抗

❷大戦の結果

ヨーロッパ…戦場となって荒廃(こうはい)、植民地支配体制も弱体化→国際政治上の比重を大きく低下

アジア諸地域…欧米諸国、日本に抵抗するなかでナショナリズムを高める

→国際政治において自己の立場を強く主張するようになる

兵器の破壊(はかい)・殺傷(さっしょう)能力が飛躍的(ひやくてき)に増加→第一次世界大戦よりもさらに多くの犠牲者(ぎせいしゃ)を生む

→原子爆弾(げんしばくだん)の使用…戦後世界に(43　　　　)の脅威(きょうい)をもたらす

総力戦(そうりょくせん)を担った様々な社会層に権利拡大

→(44　　　　)への参政権をはじめとする両性の同権化→大戦後にいっそう多くの地域で実現

次の第二次世界大戦後の戦後処理を話し合う会談について会談の内容が合致するものを選びなさい。

1943年11月カイロ会談	記号(　　)	A．ドイツ管理問題・日本の降伏
1943年11月テヘラン会談	記号(　　)	B．対日処理方針
1945年2月ヤルタ会談	記号(　　)	C．ドイツの処理方針
1945年7月ポツダム会談	記号(　　)	D．北フランス上陸作戦

第二次世界大戦で連合国が勝利したことには、どのような意味があったのだろうか。また、戦後の国際社会で、アメリカとソ連が主導権を握ったのはなぜだろうか。

3 新しい国際秩序の形成

㊙ p.242 ～ 248

戦後の世界秩序は、どのような構想のもとに形成されたのだろうか。
また、冷戦は戦後世界をどのように分断しただろうか。

1 戦後世界秩序の形成

❶国際連合の成立

([1]　　　　　)の具体化

…1944年、ダンバートン＝オークス会議で([2]　　　　　)の原案をまとめる

([3]　　　　　)…1945年10月、([4]　　　　　)会議で国際連合憲章を採用

51カ国を原加盟国として([5]　　　　　)を本部に発足

❷国際連合の諸機関

([6]　　　　　)…全加盟国が対等な多数決で意思決定する

([7]　　　　　)(安保理)…米・英・ソ・仏・中の 5 大国は([8]　　　　　)を行使できる

経済的・([9]　　　　　)的手段による紛争解決をおこなえるようになる

専門機関との連携…ユネスコ(国際連合教育科学文化機関)・国際労働機関(ILO)

・([10]　　　　　)(WHO)など

❸国際金融・経済面での協力

アメリカ合衆国のブレトン＝ウッズでの協定

1945年12月、([11]　　　　　)(**IMF**)・国際復興開発銀行(IBRD、世界銀行)の発足

1947年10月、「([12]　　　　　)」(GATT)の成立

…関税などの貿易障壁の撤廃をうながす。貿易の自由化により世界平和を支えることを目的

圧倒的な経済力をもつアメリカのドルを基軸通貨とする([13]　　　　　)**制**の導入

→この新たな国際経済の仕組み…([14]　　　　　)**体制**

❹敗戦国の戦後処理

ドイツ…ドイツと旧首都([15]　　　　　)…米・英・ソ・仏の**4国に分割占領**

([16]　　　　　)**に国際軍事裁判所**が設置→ナチス＝ドイツ指導者の戦争犯罪追及

日本…アメリカ軍による事実上の単独占領→民主的改革が実施

東京に([17]　　　　　)**裁判所**が設置→戦争犯罪が裁かれる

1946年11月、**日本国憲法**公布→翌年 5 月、施行

2 米ソ冷戦の始まり

❶各国の動き

西欧…生活の再建を求める民衆層の声→戦後政治に強い影響

イギリス…1945年に労働党[[18]　　　　　]首相、重要産業の国有化、社会福祉制度の充実

フランス…1946年、([19]　　　　　)が発足、共産党が勢力を伸張

イタリア…1946年、国民投票で王政が廃止→共和政となる、共産党が勢力を伸張

エール…1949年、イギリス連邦から正式に離脱→([20]　　　　　)となる

❷米ソ冷戦

西欧…共産党勢力の伸張┬アメリカ合衆国はソ連への警戒心(けいかいしん)を強めた
東欧…ソ連支配────┘

1947年、ソ連勢力の拡張(かくちょう)に対する「封じ込め(ふうじこめ)」政策((21 　　　　　　　　))を宣言

→ヨーロッパ復興をたすけて共産党の影響力を減らすため

→ヨーロッパ経済復興援助計画((22 　　　　　　　　))を発表

→ソ連は東欧諸国に援助受け入れを拒否(きょひ)させる

(23 　　　　　　　　)を結成…各国共産党の情報交換機関

┌アメリカを盟主とする資本主義陣営(西側)
└ソ連を盟主とする社会主義陣営(東側)

→「(24 　　　　)」と呼ばれる緊張(きんちょう)状態が高まる

以下の問1～8に答えなさい。

問1. 国際連合の安全保障理事会で、常任理事国の5か国に与えられている権限は何か。
(　　　　　　　　)

問2. 国際金融・経済面での協力のため、アメリアのブレトン＝ウッズでの協定にもとづき発足した機関を2つ挙げなさい。 (　　　　・　　　　)

問3. 1947年10月成立した関税などの貿易障壁の撤廃をうながす協定はなにか。
(　　　　　　　　)

問4. 第二次世界大戦の敗戦国の処理について、米・英・仏・ソの4国に分割占領されたドイツの旧首都はどこか。 (　　　　　　　　)

問5. 日本の東京に戦争犯罪を裁くために設置された裁判所を何というか。
(　　　　　　　　)

問6. 1945年、重要産業の国有化を進め、社会保障制度の充実をはかったイギリスの首相はだれか。 (　　　　　　　　)

問7. 1947年、ソ連勢力の拡張に対する(「封じ込め」政策)を当時のアメリカ大統領の名前をとって何というか。 (　　　　　　　　)

問8. ソ連が陣営の結束のため結成し各国共産党の情報交換機関を何というか。
(　　　　　　　　)

3 東西ヨーロッパの分断

❶東側の動き

東欧諸国…(25　　　　　)**主義**と呼ばれる社会主義体制→土地改革と計画経済を導入

1948年2月、(26　　　　　　)でクーデタ→共産党が実権を掌握(しょうあく)

1948年6月、[27　　　　　]の指導するユーゴスラヴィア…ソ連と対立、コミンフォルム除名(じょめい)

1949年1月、経済相互援助会議((28　　　　　)〈COMECON〉)を創設

1955年5月、共同防衛を定めた東ヨーロッパ相互援助条約((29　　　　　　))を発足

❷西側の動き

1948年3月、西欧5カ国…(30　　　　　　)条約締結

1948年4月、アメリカ合衆国とカナダを含めた西側12カ国…(31　　　　　　)(NATO(ナトー))
結成→集団防衛体制を整備

❸ドイツの分立

1948年6月、ソ連が西側地区の通貨改革に反対→西ベルリンへの交通を遮断(しゃだん)((32　　　　　)**封鎖**(ふうさ))
→1年ほどで封鎖は解除、東西ベルリンは分断(ぶんだん)

ドイツの分立(1949)┬(33　　　　　)**共和国**(西ドイツ)…首都ボン
　　　　　　　　　└(34　　　　　)**共和国**(東ドイツ)…首都ベルリン

西ドイツ…[35　　　　　　]首相のもとで経済復興に成功→1954年主権(しゅけん)を回復

4 中華人民共和国の成立

❶国民党と共産党の対立

中国は5大国の1つとして国際的地位を高める→国内では国民党と共産党の対立激化

国民党…経済政策の失敗や一党独裁傾向を強めたことで支持を失う

共産党…支配地域で土地改革を実行し、農村の物資・人員の動員に成功
→1947年、反攻(はんこう)を開始。1949年3月には国民政府の首都(36　　　)を占領
→1949年12月、[37　　　　]は台湾(たいわん)に逃亡→(38　　　　　)政府を維持

❷中華人民共和国の成立

(39　　　　　　)成立…1949年10月、[40　　　　]主席(しゅせき)、**周恩来**(しゅうおんらい)首相、首都は北京(ペキン)

1950年 2 月、モスクワで(41　　　　　　　　)**条約**を調印
→社会主義圏に属する中国の姿勢が明確に

社会主義国をはじめインド・イギリスなどから承認
↔アメリカ合衆国は台湾の中華民国政府を中国の正式代表とする立場

5 朝鮮戦争と東アジア

❶朝鮮半島の南北分断

戦後、**北緯**(ほくい)(42　　)**度線**を境界に北をソ連、南をアメリカ合衆国が占領

南北の分立┌南部：(43　　　　　)(韓国)…李承晩(イスンマン)大統領
　　　　　└北部：(44　　　　　　　　　)(北朝鮮)…金日成(キムイルソン)首相

❷朝鮮戦争

〈勃発〉1950年6月、北朝鮮が北緯(42*　　)度線をこえて侵攻

〈経過〉北朝鮮軍は朝鮮半島南端にせまる→安保理は北朝鮮軍の行動を(45)とみなす

→アメリカ軍を中心とする(46)を出動させ、北朝鮮軍を中国国境付近まで追い込む

→中国が人民義勇軍を派遣して北朝鮮を支援

〈休戦〉1953年に休戦協定が成立→南北の分断が固定化

❸東アジア情勢

朝鮮戦争の影響…中国と台湾の分断の固定化

中国とアメリカの対立が決定的→中国の社会主義化が加速

→工業化と農業の集団化

駐日アメリカ軍が朝鮮半島に派遣

→日本1950(昭和25)年に(47)(のちの自衛隊)設置

日本…1951年、(48)**条約**に調印→独立を回復

朝鮮・台湾・南樺太・千島を正式に放棄

(49)**条約**締結…アメリカは事実上日本の防衛を引き受け

アメリカ軍駐留、軍事基地と関係施設の存続承認

沖縄はアメリカの施政権下におかれた

以下の問1〜8に答えなさい。

問1. 1948年、コミンフォルムから除名されたユーゴスラヴィアの指導者は誰か。
( )

問2. 1948年4月、西側12カ国が集団防衛体制を整備するため結成したものは何か。また東側が1955年5月に、共同防衛のために発足させたものは何か。
西側( ) 東側( )

問3. 1949年に成立した西ドイツ・東ドイツのそれぞれ正式名称を答えなさい。
西ドイツ( ) 東ドイツ( )

問4. 1949年10月、中華人民共和国が成立したが、主席と首相は誰か。
主席( ) 首相( )

問5. 1950年、モスクワで調印された、社会主義圏に属する中国の姿勢が明らかになった条約を答えなさい。 ( )

問6. 1948年、朝鮮の南部と北部にそれぞれ成立した国家と成立した当時の大統領と首相をそれぞれ答えなさい。 南部:国家名( ) 大統領( )
北部:国家名( ) 首相( )

問7. 1951年、日本が調印して独立を回復した条約は何か。 ( )

問8. 1951年、日本におけるアメリカ軍の駐留や軍事基地と関係施設の存続を認めた条約は何か。
( )

6 東南アジアの独立

〈フィリピン〉1946年、(50　　　　　　　　　)として独立

〈インドネシア〉1945年、[51　　　　　　]を指導者として独立

→旧宗主国(52　　　　　　)は武力介入したが失敗→1949年、独立を実現

〈フランス領インドシナ〉

[53　　　　　　　　]が日本の占領下にベトナム独立同盟会(ベトミン)を組織

→終戦直後に(54　　　　　　　　　)の独立を宣言

→フランスはこれを認めず、(55　　　　　　)を発足、民主共和国と交戦((56　　　　　　)**戦争**)

→1954年、フランス、ディエンビエンフーで大敗

→(57　　　　　　)**休戦協定**を締結→フランスはインドシナから撤退

→**北緯**(58　　)**度線**を暫定的軍事境界線→2年後、南北統一選挙が予定

→アメリカ合衆国は、休戦協定の調印を拒否

→1955年、南部で(59　　　　　　　　)の建設を支援したため、ベトナムは南北に分断された

〈フランス領〉カンボジア、ラオス独立(1953)

〈イギリス領〉ビルマ独立(1948)、マレー半島はマラヤ連邦となる(1957)

7 南アジアの独立

インド…戦後の独立が約束されていた

対立┬全インド=ムスリム連盟[60　　　　　　]…パキスタンの分離・独立を求める

　　└[61　　　　　　　]…統一インドを主張する

1947年、インド独立法が制定

→2国にわかれて独立┬ヒンドゥー教徒を主体…(62　　　　　　)

　　　　　　　　　└イスラーム教徒を主体…(63　　　　　　)

独立後のインド…1948年、[61*　　　　　　　]は急進的なヒンドゥー教徒に暗殺される

1950年、初代首相[64　　　　　]が憲法を発布→共和国となる

(65　　　　　　)(セイロン)…1948年にイギリス連邦内の自治領として独立

→1972年の憲法制定により共和国となる

8 中東の動向

❶パレスチナ

中東の(66　　　　　　)…(67　　　　　　)の委任統治下、アラブ人とユダヤ人の対立が激化

→イギリスが委任統治権を放棄

→1947年、パレスチナをアラブ国家とユダヤ国家に分割する国連決議

1948年、(68　　　　　　)の建国を宣言

1949年、パレスチナ戦争(第1次(69　　　　)戦争)…反対するアラブ諸国とのあいだに戦争

→国連の調停でイスラエルは独立を確保し、多くのユダヤ人を各地から受け入れる

→多数のアラブ人が難民となる

→アラブ諸国とイスラエルはその後も戦争を繰り返す→**パレスチナ問題**は深刻化

❷イラン

民族運動が高まり、石油産業を独占するイギリス系企業の国有化を求める声が強まる

1951年、[70　　　　　　　]は国有化を実行

→英米と手を組んだ国王[71　　　　　　　　　　]のクーデタで追放

→イランの石油は欧米系の国際石油資本の支配下に

以下の問１～８に答えなさい。

問1． 1949年にインドネシアが独立したが、独立時の指導者は誰か。　（　　　　　　　　）

問2． フランス領インドシナでは、第二次世界大戦後独立を宣言した。フランスはこれを認めず戦争となった。独立を宣言した国名と指導者、また戦争名を答えなさい。

国名（　　　　　　　　）指導者（　　　　　　　　）戦争名（　　　　　　　　）

問3． 1954年、フランスはディエンビエンフーの戦いで大敗した。このとき民主共和国と締結した協定と、暫定的軍事境界線を北緯何度に引いたか答えなさい。

協定（　　　　　　　　）北緯（　　）度

問4． 1955年、ジュネーヴ休戦協定の調印を拒否したアメリカがベトナム南部に建設を支援した国はどこか。　（　　　　　　　　）

問5． インドは第二次世界大戦後独立を約束されていたが、独立の方法をめぐって全インド＝ムスリム連盟の指導者と統一インドを主張する人物と対立した。それぞれの人物は誰か。

全インド＝ムスリム連盟の指導者（　　　　　　）統一インドを主張（　　　　　　）

問6． 1947年、インド独立法が制定され、ヒンドゥー教を主体とする国とイスラーム教徒による国と２国にわかれて独立した。それぞれの国名を答えなさい。

ヒンドゥー教（　　　　　　）イスラーム教（　　　　　　）

問7． 1947年、国際連合はパレスティナをアラブ国家とユダヤ国家に分割する決議をおこなった。翌年、ユダヤ人国家が建国を宣言した。この国家名は何か。　（　　　　　　）

問8． 1951年、イランで石油の国有化を実行したのは誰か。　（　　　　　　）

冷戦下に、資本主義陣営と社会主義陣営は、自身の体制の優位を主張して争った。両陣営は、それぞれどのような社会を理想と考え、争ったのだろうか。

㊎ p.245

探究しよう

ニュルンベルク国際軍事裁判では何が裁かれたのだろうか

第二次世界大戦後、連合国は戦争犯罪を処罰することを基本方針とした。

この時、それまで想定されていなかった侵略戦争の計画・開始も処罰の対象となった。そして、戦争に敗北した国の指導者層がはじめて国際法と国際軍事法廷で裁かれることになった。しかし、この裁判については、処罰の根拠や公平性に欠け、❶報復的な「勝者の裁き」であるという批判もある。また、❷戦後のドイツ連邦共和国基本法は「ある行為は、その行為がなされる前に、処罰することが法律で定められている場合にのみ、これを処罰することができる」としていることも、そうした批判の根拠となっている。

> 第6条 ……次の諸行為、またはそれらのうちひとつは裁判所の管轄に属する犯罪行為であり、それに対しては個人責任が発生する。
>
> ⓐ平和に対する罪。すなわち、侵略戦争、または国際条約、協定もしくは約定に違背する戦争の計画、準備、開始、もしくは遂行、またはこれらのいかなるものの遂行のための共通の計画もしくは共同謀議への参加、
>
> ⓑ戦争犯罪。すなわち、戦争の法規または慣例の違反。この違反には、占領地に所属する、もしくは占領地内にいる民間人の殺害、虐待、または奴隷労働もしくはその他の目的のための強制連行、戦争捕虜もしくは海上における人民の殺害もしくは虐待、人質の殺害、公私の財産の掠奪、都市町村の恣意的破壊、または軍事的必要によって正当化されない荒廃化が含まれるが、これに限定されない、
>
> ⓒ人道に対する罪。すなわち、犯行地の国内法に違反すると否とを問わず、本裁判所の管轄に属する罪の遂行として、あるいはそれに関連して、戦前もしくは戦時中に行われた、すべての民間人に対する殺人、絶滅、奴隷化、強制連行及びその他の非人道的行為、または政治的、人種的、ないし宗教的理由に基づく迫害行為。
>
> 上記犯罪のいずれかを犯そうとする共通の計画もしくは共同謀議の形成もしくは実行に参加する指導者、組織者、教唆者、遂行者はこの計画の遂行のためいずれのものによってなされた行為についても責任を負う。 （歴史学研究会編『世界史史料11』一部改変）

〈資料1 国際軍事裁判所憲章（1945年8月8日）〉

Question 1 ニュルンベルク裁判では、資料1の下線部ⓐ平和に対する罪、ⓑ戦争犯罪、ⓒ人道に対する罪 が裁かれた。ⓐⓑⓒの内容を簡単に整理してみよう。

ⓐ平和に関する罪：

ⓑ戦争犯罪：

ⓒ人道に対する罪：

Question 2 資料1に示される3つの罪のうち、従来の国際法に規定されていたのはⓑだけであり、ⓐⓒは、それまでの国際法には存在しない概念であった。連合国は、なぜ従来の国際法に規定されていなかった2つの罪を裁くことを求めたのだろうか。下線部❶を参考にして考えてみよう。

Question 3　従来の国際法に存在しなかった概念で戦争犯罪を裁くことに対し、ドイツ側は強く反発した。ドイツ側はなぜ反発したのだろうか。下線部❷を参考に考えてみよう 。

Question 4　この裁判で、ゲーリング航空相、リベントロップ外相など12名が死刑判決を受けた。一方、ヒトラーの自殺後に大統領となり、連合国に降伏した海軍元帥カール＝デーニッツは、死刑の求刑に対して懲役10年の判決であった。彼の罪状は、彼が戦争中に潜水艦隊に対して出した指令が、沈没船の乗員・乗客の殺害命令にあたるというものであった。しかし、彼の弁護人はアメリカ海軍の太平洋艦隊司令長官ニミッツ提督の証言を得ることで、彼の罪を軽減させることに成功したのである。デーニッツと彼の弁護人はどのような意図で、ニミッツのどのような証言を得ようと考えたのだろうか。

第18章

冷戦と第三世界の台頭

冷戦は世界に広がり、東西両陣営の対立は激しさを増していった。そうしたなか、第三世界の登場や西側・東側両陣営内に生じた対立は、冷戦にどのような影響をおよぼしたのだろうか。

1 冷戦の展開

㊫ p.250 ～ 253

冷戦下のアメリカとソ連は、どのように軍事同盟構築や核兵器開発で競い、どのように和解の道を探ったのだろうか。

① 軍事同盟の広がりと核兵器開発

❶西側陣営の軍事同盟と条約

アメリカ合衆国…北大西洋条約機構(NATO)だけでなく諸地域に軍事同盟を構築

1948年　**米州機構**(OAS)…中南米諸国とともに

1951年　([1]　　　　　　　　)**条約**(ANZUS)

1954年　([2]　　　　　　　　)**機構**(SEATO)

1955年　([3]　　　　　　　　)**機構**(中東条約機構〈METO〉)

二国間条約…日米安全保障条約(1951)、フィリピン(1951)、韓国(1953)、中華民国(台湾)(1954)

❷核兵器開発競争

ソ連が([4]　　　　　　)の開発に成功(1949)、イギリスが保有(1952)

アメリカはより強大な破壊力をもつ([5]　　　　　　)(水爆)の実験に成功(1952)

ソ連も水爆を保有(1953)

核戦争の脅威が高まると、核兵器廃絶と平和を訴える運動も世界各地に広がった

② 戦後のアメリカ社会

冷戦の進展…アメリカ合衆国の国内では反共主義の気運が強まる

→1950年頃から左翼運動や共産主義者を攻撃する「([6]　　　　　　)」が始まる

[[7]　　　　　　　　　]…1953年、大統領就任→朝鮮戦争の休戦協定を実現

→ソ連との緊張緩和をめざす↔軍事同盟網の構築も進める

原子力の平和利用を推進→原子力発電の開発を本格化

軍部と軍需企業が癒着した「([8]　　　　　　　)」の形成が進む

大衆消費社会の発展、アメリカ式の豊かな生活様式は西側諸国の人々にとって理想のモデル

③ 西欧・日本の経済復興

❶ヨーロッパ地域統合の動き

1950年代以降、西欧諸国…**地域統合**の必要性を強く認識

1952年、([9]　　　　　　　　　　　　)(ECSC)発足：フランス・西ドイツ・イタリア・ベネルクス３国→石炭・鉄鋼資源の共同利用をめざす

1958年、([10]　　　　　　　　　　　)(EEC)、ヨーロッパ原子力共同体(EURATOM)の設置

1967年、３共同体が合併して([11]　　　　　　　　　)(EC)→西欧統合の基礎

❷西ヨーロッパ諸国の動き

イギリス…1960年、北欧諸国などとともに(12　　　　　　　　　　)(EFTA)を結成

→ EC が発展すると参加を希望→73年、参加を承認(拡大 EC)

西ドイツ…[13　　　　　　　]政権のもとで、「経済の奇跡」と呼ばれる経済成長が実現

フランス…(14　　　　　　　)独立問題→国内の対立が激化→1958年、(15　　　　　　)が成立

[16　　　　　　]大統領…アルジェリア独立承認、アメリカに対して自立的な外交政策、核兵器保有、中華人民共和国承認、NATO への軍事協力拒否

❸日本の経済復興と国際関係

日本経済…朝鮮戦争で経済復興の契機(特需景気)→1960年代日本でも**高度経済成長**が始まる

1955年、自由民主党成立→長期政権を担う

1956年、ソ連と国交回復→(17　　　　　)加盟実現

1960年、日米安全保障条約の改定をめぐって激しい国内対立が発生

1965年、韓国と国交を正常化→(18　　　　　)条約

冷戦の時代に結ばれた諸同盟について、以下の地図中の空欄㋐～㋔に該当する条約名(同盟名)を答えなさい。

㋐
1949年発足
㋑
1955年発足 1991年解消
㋒
1950年発足 1980年解消
日米安全保障条約
1951年発足 1960年改定
中央条約機構 (CENTO)
1955年発足 1959年改称 1979年解消
米州機構 (OAS)
1948年発足
㋓
1951年発足
㋔
1954年発足 1977年解消
資本主義国家　社会主義国家　非同盟諸国　(1961年非同盟諸国のベオグラード会議に出席した国を含む)
植民地 (1960年末現在)

㋐(　　　　　　　　　　　　)
㋑(　　　　　　　　　　　　)
㋒(　　　　　　　　　　　　)
㋓(　　　　　　　　　　　　)
㋔(　　　　　　　　　　　　)

❹ ソ連の「雪どけ」

1953年、[[19]　　　　　]死去→外交政策見直し…朝鮮戦争停戦成立、ユーゴスラヴィアと和解

1956年２月、ソ連共産党大会

[[20]　　　　　]第一書記
- ([21]　　　　　)：スターリン時代の個人崇拝、反対派大量処刑を批判
- 西側との([22]　　　　　)を掲げる、コミンフォルム解散
- →これらの転換は「([23]　　　　　)」と呼ばれ、東欧諸国に影響

〈東欧諸国への影響〉1956年６月、([24]　　　　　)で民主化運動がおこる

→共産党は改革派のゴムウカを指導者に選んで事態を収拾

1956年10月、([25]　　　　　)で民主化、ソ連からの離脱求める大衆行動

→ナジ首相がこれを支持→ソ連は軍事介入して鎮圧、ナジを処刑

〈西側諸国との関係改善〉1955年、西ドイツと国交

1956年、([26]　　　　　)→日本と国交回復

1959年、訪米して[[7]*　　　　　]大統領と会談

〈東西対立〉1960年、アメリカの偵察機がソ連上空で撃墜される事件

1961年、東ドイツ政府が築いた「([27]　　　　　)」は、東西対立の象徴

〈宇宙開発〉フルシチョフは、社会主義体制の優位を示すため宇宙開発に力を入れる

→1957年、世界初の人工衛星スプートニク１号を打ち上げ

→1961年、世界初の有人宇宙飛行に成功

米ソ冷戦下、西欧は統合の基礎を築き、日本も国際社会への復帰を果たした。そうしたなか、フルシチョフの政策転換は、その後の国際情勢にどのような影響を与えたのだろうか。

㊜ p.252

探究しよう

西側諸国はどのようにして経済の復興と成長を実現したのだろうか

第二次世界大戦は敗戦国だけでなく、戦勝国にも甚大(じんだい)な被害をもたらし、多くの人々が窮乏(きゅうぼう)生活をよぎなくされた。❶戦後の混乱からの復興をめざす資本主義諸国は、社会保障制度を整備し、国民の生活を保障する福祉(ふくし)国家体制の構築に取り組んだ。その結果、1955年頃から70年代前半において、❷西側資本主義諸国は未曾有(みぞう)の経済成長をとげた。

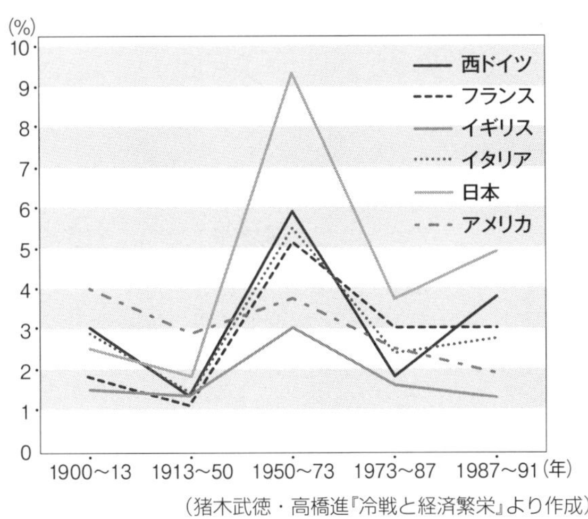

（猪木武徳・高橋進『冷戦と経済繁栄』より作成）

〈資料1　先進国各国の20世紀の経済成長率(%)〉

Question 1　下線部❶に関連して、資本主義諸国が福祉国家の建設をめざしたことには、どのような目的があったと考えられるだろうか。

Question 2　下線部❷について、各国の経済成長はどのような条件のもとに実現したのだろうか。それぞれの国の経済発展が著しい時期に注目し、経済の復興と成長が進んだ要因を調べてみよう。

2 第三世界の台頭とキューバ危機

教 p.254 ～ 256

アジア・アフリカ・ラテンアメリカ諸国は、東西両陣営の対立にどのように対応しようとしたのだろうか。

1 アジア・アフリカ諸国の非同盟運動

❶第三世界の連携

1950年代以降…アジア・アフリカの新興(しんこう)諸国

→第三勢力として連携(れんけい)することで、国際社会における存在感を強める

1955年、29カ国参加→インドネシアのバンドンで(1　　　　　　　　)(バンドン会議)開催

→平和共存(きょうぞん)・反植民地主義などを表明

1961年、25カ国参加→ユーゴスラヴィアのベオグラードで第1回(2　　　　　　　　)開催

❷エジプト革命とスエズ戦争

エジプト革命…1952年、[3　　　　　　]らが王政を倒す→翌53年、共和国樹立(じゅりつ)

近代化推進のためにアスワン＝ハイダムの建設に着手

→資金援助をめぐってイギリス・アメリカと対立

→イギリス・フランスが経営権をもつ(4　　　　　　　　)を宣言

→イギリス・フランス・イスラエルはエジプトに軍事行動(**スエズ戦争**、(5　　　　　　)**戦争**)

→国際世論(よろん)の強い反発、3国は撤兵(てっぺい)→植民地支配体制の終焉(しゅうえん)を示す

2 アフリカ諸国の独立と南北問題

1956年　モロッコ・チュニジア独立

1957年　[6　　　　　　　]（ンクルマ）率いるガーナ…黒人共和国として自力独立を果たす

1960年　一挙に17カ国独立…「(7　　　　　　　)」と呼ばれる

1962年　(8　　　　　　　)…民族解放戦線(FLN)、フランスからの独立を勝ちとる

1963年　アフリカ諸国首脳会議開催→(9　　　　　　　　)(OAU)結成(原加盟国は32カ国)

→アフリカ諸国の連帯(れんたい)、植民地主義の克服(こくふく)

独立後の諸問題
- ベルギー…独立後も干渉(かんしょう)し(10　　　　　　)を引きおこす
- 南アフリカ…(11　　　　　　　)といわれる極端(きょくたん)な人種隔離(かくり)・黒人差別政策

課題…新興独立国の政治・経済は不安定、内戦やクーデタを繰り返し、軍事独裁政権もしばしば出現

(12　　　　　)…豊かな先進国と、アジア・アフリカの開発途上国との経済格差

1964年、開発途上国が(13　　　　　　　)会議(UNCTAD(アンクタッド))を結成

→南北の経済格差の是正(ぜせい)をめざしたが、十分な成果はあがらず

3 ラテンアメリカ諸国の動向とキューバ革命

〈ラテンアメリカ諸国〉第二次世界大戦後もアメリカ合衆国の強い影響下

〈アルゼンチン〉[14　　　　　　]政権、反米的な民族主義を掲げて社会改革

〈キューバ〉親米のバティスタ独裁政権…アメリカ系企業が広大な土地を所有

→大多数の農民は貧困(ひんこん)と土地不足に苦しむ

1959年、バティスタ政権を打倒した[15　　　　　　]らの革命政権

→アメリカ系企業からの土地の接収に踏みきる：(16　　　　　　)革命

1961年、アメリカのアイゼンハワー政権はキューバと断交

→ケネディ政権、カストロ政権の武力転覆を企てたが、カストロは政権を維持

4 キューバ危機と核不拡散体制の成立

❶キューバ危機

キューバ…社会主義宣言を発表→ソ連に接近。ソ連がキューバでのミサイル基地建設に着手

→アメリカの[17　　　　　　]政権…ソ連船による機材搬入を海上封鎖によって阻止

→米ソ間の緊張が一気に高まる((16＊　　　　　　)危機)

核戦争の可能性を前にして、両国首脳は妥協。ソ連はミサイル基地を撤去

→これ以後、米ソ両国は緊張緩和に転じる。両国首脳間を結ぶ直通通信回線(ホットライン)を敷設

❷核不拡散体制の成立

1963年、(18　　　　　　　　)**条約**(地下を除く核実験禁止条約)…米・英・ソ調印

1968年、(19　　　　　　) **条約** (NPT) …62カ国調印。5大国による寡占と引きかえに、核の拡散を防止するねらい

1969年、米ソ両国間で**第1次**(20　　　　　　　　)(**第1次SALT**)が始まる

以下の問1〜4に該当する国名および地図中の記号を答えなさい。

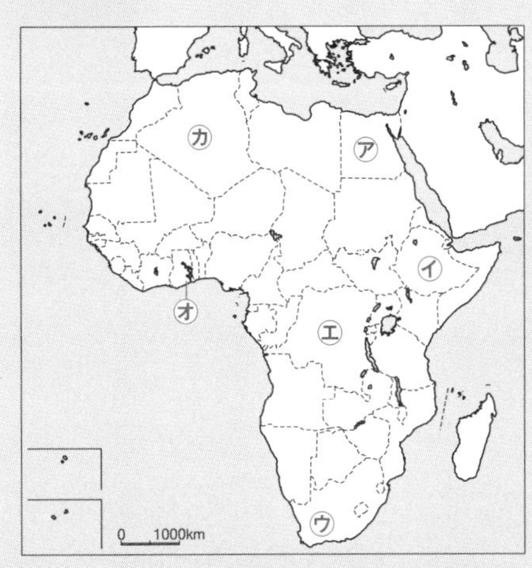

問1. 1957年、エンクルマの指導で黒人共和国として独立した国。

国名(　　　　　　　) 記号(　　　)

問2. 1952年、ナセルらが王政を倒し、53年に共和国を樹立した国。

国名(　　　　　　　) 記号(　　　)

問3. 1962年、民族解放戦線 (FLN) がフランスから独立した国。

国名(　　　　　　　) 記号(　　　)

問4. アパルトヘイトと呼ばれる極端な人種隔離・黒人差別政策がおこなわれた国。

国名(　　　　　　　) 記号(　　　)

新興独立国は第三勢力として、国際社会で存在感を示したが、不安定な政治・経済はその活動に限界をもたらした。新興独立国はどのような問題に直面したのだろうか。

3 冷戦体制の動揺

㊖ p.257 ～ 261

西側ではアメリカのベトナム戦争介入に批判が高まり、東側では内部対立が深まった。米ソ両国はこの変化にどのように対応したのだろうか。

1 ベトナム戦争とインドシナ半島

❶ベトナム戦争

アジア・アフリカ…米ソがそれぞれ後押しする勢力による(1　　　　　　)**戦争**など代理戦争が勃発

(2　　　　　　)(南ベトナム)…ゴ＝ディン＝ジエム政権は独裁色を強める

1960年、(3　　　　　　　　　　)結成…(4　　　　　　　　　　)(北ベトナム)と連携
→ゲリラ戦を展開

1963年、ジエム政権が倒れる→ケネディ政権(米)、南ベトナムへの軍事援助本格化

1965年、ジョンソン政権(米)、北ベトナムへの爆撃((5　　　　))に踏みきる
→ソ連と中国の援助を受けた北ベトナムと解放戦線も粘り強く対抗

戦局は泥沼化→国際世論の批判が高まり、アメリカ合衆国世論も二分

1968年、アメリカ、北爆を停止→北ベトナム側とパリで和平交渉に入る

日本…(6　　　　)のアメリカ軍基地がベトナム戦争に利用→批判の高まり
→1972年、返還が実現、広大なアメリカ軍基地は残る

1973年、(7　　　　　　　　)**協定**…ニクソン大統領はアメリカ軍を南ベトナムから撤退させる

1975年、北ベトナム軍と解放戦線はサイゴン(現在のホーチミン)を占領

1976年、南北を統一した(8　　　　　　　　　　)が成立

❷インドシナ半島

〈カンボジア〉1970年から内戦→1975年[9　　　　　　　]の指導する解放勢力が勝利
→民主カンプチア(民主カンボジア)を樹立…農業を基盤とした共産主義社会の建設

〈ラオス〉1960年代前半から内戦状態→左派の愛国戦線(パテト＝ラオ)が勝利
→1975年ラオス人民民主共和国が成立

2 アメリカ合衆国とソ連の変容

❶アメリカ合衆国の動き

民主党[10　　　　　]…1961年大統領就任、(11　　　　　　　　　　)政策を掲げて国内改革
黒人差別撤廃を求める(12　　　　　)運動に理解を示す→1963年暗殺される

民主党[13　　　　　　]…1964年に(※12　　　　)法成立。「(14　　　　　　　)」をスローガンに
「貧困との闘い」を推進→1960年代後半、ベトナム戦争の泥沼化
→ベトナム反戦運動が高揚
→1968年に公民権運動の指導者[15　　　　　　]**牧師**暗殺→人種暴動が多発
→社会的な亀裂が拡大

共和党[16　　　　　]…ベトナムからの撤兵を実現
→1974年、ウォーターゲート事件をめぐって辞任

❷ソ連と東欧の動き

〈ソ連〉1964年、フルシチョフ解任→[17 　　　　　　]が後任

〈東欧〉1968年、チェコスロヴァキアで「(18 　　　　　　)」と呼ばれた民主化運動

→共産党第一書記になった[19 　　　　　　]も自由化を推進

→ソ連、ワルシャワ条約機構軍を率いてチェコスロヴァキアに軍事介入して鎮圧(ちんあつ)

3 ヨーロッパでの緊張緩和

〈西ドイツ〉1960年代後半、東側陣営との緊張緩和(きんちょうかんわ)(デタント)を進める動き

1969年、[20 　　　　　　]首相…ソ連・東欧諸国との関係改善をはかる「(21 　　　　　　)」

1970年、ポーランドと国交正常化条約を締結

1972年末、**東ドイツと相互に承認**→1973年、両国は(22 　　　　　　)に加盟

〈ポルトガル〉1974年、独裁政権が崩壊

〈スペイン〉1975年、フランコが死亡→立憲君主制の新憲法が制定

〈ギリシア〉1975年、民主制に復帰

以下の問1～7に答えなさい。

問1． 1965年、北ベトナムへの爆撃に踏みきったアメリカの大統領は誰か。
(　　　　　　)

問2． 1973年、ベトナム(パリ)和平協定が調印され、アメリカ軍は南ベトナムから撤退した。この時のアメリカの大統領は誰か。 (　　　　　　)

問3． 1975年、カンボジア内戦で勝利をおさめ、共産主義社会の建設を強行したのはだれか。
(　　　　　　)

問4． 1961年、アメリカ大統領になりニューフロンティア政策を掲げて国内改革を呼びかけ公民権運動にも理解を示したのは誰か。 (　　　　　　)

問5． 1968年、チェコスロヴァキアで民主化を求める市民運動がおこり、共産党第一書記のドプチェクも自由化を推進したこの一連の出来事を何というか。(　　　　　　)

問6． キリスト教精神と、敬慕するガンディーの思想に共鳴した非暴力主義で公民権運動を指導し、1968年に暗殺されたのは誰か。 (　　　　　　)

問7． 1969年、ソ連・東欧諸国との関係改善をはかる東方外交を始めた西ドイツの首相は誰か。 (　　　　　　)

4 中ソ対立と文化大革命

❶中ソ対立

1958年、「(23　　　　)」運動… [24　　　　]が急激な社会主義建設を開始

→農村での(25　　　　)設立

→農業生産の急減などにより数千万の餓死者発生→運動は失敗

1959年、(26　　　　)の反中国運動…鎮圧した中国軍が国境をめぐってインド軍とも衝突

毛沢東…アメリカ合衆国との対決路線→ソ連の平和共存路線を批判

1960年、ソ連は中国への経済援助を停止し、技術者を引き上げる

→中国は自力で原爆、ついで水爆の開発に成功

(27　　　)対立…中ソ論争は1963年から公開論争に→1969年、中ソ国境で軍事衝突

❷文化大革命

(28　　　　　　)**大革命**…毛沢東が劉少奇・鄧小平ら改革派に対して対抗

→党幹部や知識人が批判・追放

→劉少奇・鄧小平らも資本主義復活をはかる実権派と非難され、失脚

中ソ対立が激化→国際的に孤立していた中国…アメリカとの関係改善をはかる

1972年、[29　　　　]が**中国を訪問**→関係正常化に合意

→米中接近は日本にも衝撃を与える→[30　　　　]首相が同年に北京を訪問→国交を正常化

→1978年、(31　　　　)**条約**を締結→1979年、米中国交正常化が実現

1971年、国際連合では台湾にかわって北京政府の代表権が承認

1976年1月に周恩来首相が、同年9月に毛沢東が死亡→1977年、文化大革命の終了が宣言

→10年にわたる文化大革命…深刻な社会的混乱をもたらす

1978年、復権した[32　　　　]を中心とした新指導部…計画経済から市場経済への転換、農業・工業・国防・科学技術の「**四つの現代化**」など(33　　　　)路線を推進

5 第三世界の開発独裁と東南・南アジアの自立化

第三世界…1960年代頃から、政治運動や社会運動を抑圧しながら工業化を強行

→(34　　　　)と呼ばれる体制が登場

〈大韓民国〉1963年、[35　　　　]大統領…日本と国交を正常化、独裁体制のもと経済成長実現

1979年、[35*　　　　]が暗殺

→翌年、民主化運動がおこったが軍部が鎮圧（(36　　　)**事件**）

→その後も軍人出身の政権が続く

〈台湾〉国民党の一党体制下に強権的政治→1950年代、経済回復

→60年代には輸出指向型工業化が進められる

〈インドネシア〉[37　　　　]大統領が共産党と協力→中国との関係を強める政策をとっていた

→1965年、(38　　　　)**事件**を機に軍部が共産党を弾圧→[37*　　　　]失脚

→1968年、大統領となった[39　　　　]…開発独裁体制を推進

〈マラヤ連邦〉1963年にマレーシアとなった

→1965年に中国系住民を中心として(40　　　　)が分離

(41 　　　　　　　　　　)(ASEAN(アセアン))結成

…1967年、インドネシア・マレーシア・フィリピン・シンガポール・タイの5カ国

→北ベトナムなど社会主義勢力に対抗するねらいもあった

→やがて東南アジア地域の政治的・経済的協力を進める

→大国の介入を排除(はいじょ)して東南アジアの地域的な自立性を高める方向に向かう

〈インド〉非同盟外交・計画経済の推進

パキスタンとのあいだで(42 　　　　　　　　)地方の帰属(きぞく)などをめぐって衝突を繰り返す

1971年、東パキスタンが(43 　　　　　　　　)として独立するのを支援

中国とソ連の対立が続くなか、アメリカは国際社会の主導権を回復するために中国に接近し、中国もそれにこたえた。あなたは、米中両国の接近が国際社会にどのような影響を与えたと考えるか。

下の地図はアジアの開発独裁体制を築いた指導者の写真とその位置を示したものである。それぞれ指導者の名前と国名を答えなさい。

ア 指導者(　　　　　　　　) 国名(　　　　　　　　)

イ 指導者(　　　　　　　　) 国名(　　　　　　　　)

ウ 指導者(　　　　　　　　) 国名(　　　　　　　　)

エ 指導者(　　　　　　　　) 国名(　　　　　　　　)

オ 指導者(　　　　　　　　) 国名(　　　　　　　　)

㊖ p.260

探究しよう　ベトナム戦争は、日本と大韓民国にどのような影響をおよぼしたのだろうか

1965年、アメリカ合衆国のジョンソン大統領は北ベトナムへの爆撃に踏みきり、ベトナム戦争へのアメリカの介入は本格化した。日本はベトナム戦争に直接派兵はしていないが、日本国内のアメリカ軍基地は戦線の一部として機能した。また、韓国はアメリカにつぐ戦力をベトナムに投入し、同盟国としてベトナム戦争に協力した。

> 私自身アメリカのとった態度はなかなか納得がいかない、これはこのまま率直に言えることであります。……まさかベトナム戦争に日本が加担する、韓国のようにこれに出兵する、こんなことを日本の政府は考えている、こういうことはないことはもう百も御承知だと思います。
> （歴史学研究会編『世界史史料11』一部改変）

〈資料１　**佐藤栄作首相衆議院予算委員会答弁**（1965年8月5日）〉

> 我々が自由ベトナムにおいて共産侵略を防ぐことができないならば、我々は遠くない将来に東南アジア全体を喪失することになり、さらに、わが大韓民国の安全保障も確保することができないと私は断言する。ベトナム戦線と我々の休戦ラインが直結しているという理由が、まさにここにある。わが国軍将兵がベトナム戦線で戦う根本目的と大義名分もここにある。
> （歴史学研究会編『世界史史料11』一部改変）

〈資料２　**猛虎部隊歓送式における朴正熙大統領の諭示**（1965年10月12日）〉

> 当初、韓国政府は、南ベトナムへの商品輸出増大に期待をかけたが、南ベトナムの輸入能力に限界があるのに加え、そうした限定された市場をめぐって韓国のみならず日本や台湾なども参入しようとしたために競争が激しくなった。そこで、韓国としては、しだいに、対南ベトナム経済協力の重点をアメリカの対南ベトナム軍事援助によってもたらされる物品軍納と建設・用役軍納への積極参加とそのための労働力輸出におくようになった。これらは、いずれもベトナム戦争の遂行と直結したものであるだけでなく、韓国軍のベトナム派兵によって韓国が「優先的に」獲得することができるものであり、韓国軍の派兵規模にほぼ比例して、その獲得量が増減するものであった。
> （李成市ほか編『朝鮮史２』一部改変）

〈資料３　**韓国のベトナム派兵について**〉

Work 1　資料1が発表された1965年のアメリカ合衆国大統領は誰だろう。

Question 1　資料1について、佐藤首相が下線部のような答弁をしているのはなぜだろうか。

Work 2　下線部の「我々の休戦ライン」とは何を指しているのだろうか。

Question 2　資料2について、朴正煕大統領は、ベトナムへの派兵をどのように韓国の人々に納得させようとしたのだろうか。

Question 3　資料3について、韓国がベトナム戦争に多くの兵士を送ったのはなぜだろうか。

Question 4　ベトナム戦争は、日本と韓国にどのような影響をおよぼしたのか、様々な観点に立って調べてみよう。

第19章

冷戦の終結と今日の世界

1989年、マルタ会談で東西冷戦の終結が宣言されたが、期待された平和は実現しなかった。今日の世界が直面する諸問題に、わたしたちはどのように立ち向かっていくべきなのだろうか。

1 産業構造の変容

㊙ p.262 ~ 265

1970年代に、世界経済には大きな転機が訪れた。その転機はどのような契機で始まったのだろうか。

① 福祉国家と公害

❶**福祉国家**：1960年代以降、西側先進諸国で**福祉国家**的な政策が主流に

(1 　　　　　　)の拡大は経済成長に支えられる

西側諸国の福祉拡大…東側諸国との競合で促進

❷**公害**：経済成長が生んだ社会問題

公害病が犠牲者を出し、自然破壊も進行→1972年にストックホルムで(2 　　　　　　)**会議**

科学者…資源は有限で、経済成長や人口増加には限界があるとの提言

② ドル＝ショックとオイル＝ショック

❶**ドル＝ショック**

アメリカ…(3 　　　　　　)戦争の戦費や社会保障費の増加で財政悪化、貿易収支も赤字に転換

→[4 　　　　　　]大統領…ドルと金の交換停止し世界に衝撃(**ドル＝ショック**)

(5 　　　　　　)体制が終わり、1973年、先進工業国の通貨は(6 　　　　　　)制に移行

→世界経済はアメリカ・西ヨーロッパ・日本の三極構造に向かう

❷**オイル＝ショック**

1973年、(7 　　　　　　)**戦争**勃発

→石油輸出国機構(OPEC)は原油価格を引き上げ、(8 　　　　　　)(OAPEC)もイスラエル支援国に対する原油輸出を禁止

アラブ諸国の(9 　　　　　　)→西側諸国で急激な物価高((10 　　　　　　))

ドル＝ショックとオイル＝ショックで世界的不況→先進国の好景気は終わり、75年に世界経済の主要問題を討議する(11 　　　　　　)(**サミット**)が始まる

③ 量から質へ

❶**産業構造の転換**：西側先進諸国で大量生産よりも高度な技術を重視する産業構造への転換

→(12 　　　　　　)産業が形成され、(13 　　　　　　)化も追求される

ソ連は原油を輸出して外貨を獲得し、短期的には国民の生活水準が向上

→産業のハイテク化や省エネ化が進まず、環境汚染も拡大

❷**西側先進諸国の小さな政府**

経済の効率性が重んじられ、福祉国家的政策が見直される

イギリスの[14 　　　　　　]、アメリカ合衆国の[15 　　　　　　]、西ドイツのコール、日本の中曽根政権は(16 　　　　　　)的政策を推進→国営企業の民営化や規制緩和を進める

❸ラテンアメリカ諸国の民政移管

([17])で先進国からの債務、石油危機と金融危機で返済が滞り、経済情勢悪化
→独裁体制への批判が高まる

1980年代に([18])、ブラジル、チリで軍事政権から民政への移行が進む

❹女性の社会進出

1960年代後半にアメリカで始まった([19])運動、西側先進諸国に影響
→70年代を通じて女性の社会進出が進む

日本で85年に([20])法が成立→働く女性への差別是正

4 中東の変容

❶中東戦争

1967年、([21])**戦争**…イスラエルが占領地を拡大→([22])主義は衰退
→パレスチナ解放機構(PLO)の議長[[23]]…パレスチナ人を主体とする解放運動

1973年、([7*])戦争…アラブ諸国が([9*])で国際的な発言力を高めたが、
イスラエルは占領地確保
→ナセルの後継者[[24]]…1979年、([25])**条約**を結ぶ

❷イラン＝イスラーム革命

国王[[26]]がアメリカ合衆国の後ろ盾で近代化政策→宗教界などから反対運動
→1979年に国王は亡命。宗教学者[[27]]を中心にイラン＝イスラーム共和国が成立

イランが原油生産を国有化→原油価格が高騰(([28]))
→**イラン＝イラク戦争**(～1988)
…1980年、アメリカの支援を受けたイラクの[[29]]がイランを攻撃

5 開発途上国の工業化

開発途上国、低賃金によるコストを削減し、外国企業を誘致して工業製品を先進国に輸出
([30])(NIES)…韓国・台湾・香港・シンガポール・ブラジル・メキシコなどで始まる
→([31] ・ ・ ・)などに動きが波及
→1970～80年代に、開発途上国の多くが高い経済成長率を実現

1980年代にアメリカ合衆国・西欧・日本のあいだで([32])をめぐる競争
→自動車やコンピュータなどの部門で([33])が激化

ドル＝ショックとオイル＝ショック後、経済成長を最優先する価値観が見直されることになった。その結果、世界の経済や社会はどのように変化していったのだろうか。

2 冷戦の終結

教 p.265 ～ 268

1980年代に「新冷戦」と呼ばれる対立が生じた。米ソ両国はどのように対立を乗り越え、冷戦終結を実現したのだろうか。

1 デタントの終わりと「新冷戦」

❶1970年代のソ連のアフリカ新興国支援

([1]　　　　　)…軍部がクーデタ→ソ連の支援のもとで社会主義政策

([2]　　　　　)から独立したモザンビークやアンゴラ…社会主義政権が成立

→内戦がおこり、米ソが介入

❷デタントの終わり

アメリカ合衆国…民主党の[[3]　　　　　]大統領が1979年にエジプトとイスラエルの接近を仲介

([4]　　　)のアフリカ諸国への介入、イラン＝イスラーム共和国の成立

→アメリカ合衆国内でデタントへの批判が高まりはじめる

79年末、ソ連が([5]　　　　　　)の社会主義政権を支援するために軍事侵攻

→アメリカ合衆国やパキスタンはソ連軍に抵抗する([6]　　　　　)武装勢力を支援

❸新冷戦

共和党の[[7]　　　　　]…「強いアメリカ」を訴えてアメリカ大統領となり、強硬(きょうこう)な対ソ外交

- 宇宙空間での戦略防衛構想、西ヨーロッパへの中距離核兵器の配備計画を推進
- カリブ海の([8]　　　　　)で79年に社会主義政権が成立→83年に軍事介入

1970年代末から80年代前半、米ソ関係が再び緊張(きんちょう)→「([9]　　　　　)」

2 ペレストロイカから東欧革命へ

❶1980年代前半のソ連

([10]　　　　)は新技術の迅速(じんそく)な導入に不向きで技術革新に立ち遅れ、工業成長率が落ち込む

→改善を訴える提言も言論統制(げんろんとうせい)で押しつぶされる

[[11]　　　　　]死去後、高齢な指導者による短命政権が続き、社会に閉塞感(へいそくかん)

❷ゴルバチョフの登場

ゴルバチョフ…1985年に指導者となる。同年、原油価格の急落でソ連は原油輸出に頼れなくなる

- 情報公開(([12]　　　　　　))や国内の改革(([13]　　　　　　))
  …1986年の([14]　　　　　　)**原子力発電所**の事故を機に本格化。90年に憲法改正で大統領制を導入
- 「([15]　　　　　)」をとなえて、アメリカ合衆国に対話を呼びかける

軍縮(ぐんしゅく)による財政赤字削減を期待する[[7]*　　　　　]もソ連との対話を重視

→1987年、([16]　　　　　　　)**全廃**に合意、89年にソ連軍が([5]*　　　　　　)から撤退

❸東欧の社会主義圏の消滅

ゴルバチョフ…1988年に東欧諸国に内政干渉をしないと表明

ポーランド…[[17]　　　　]を指導者とする自主管理労組「([18]　　　　)」が政府に改革を求める

→1989年に複数政党制で選挙、圧勝した「([18*]　　　　)」を中心とする連立政権が発足

ハンガリー・チェコスロヴァキア・ブルガリアも複数政党制→共産党単独政権が倒れる

東ドイツ…[[19]　　　　]書記長が失脚、([20]　　　　)**が開放**される

ルーマニア…独裁体制を続けた[[21]　　　　]夫妻が処刑される

以下の問に該当する国名および地図中の記号を答えなさい。

問1. 1989年に「ベルリンの壁」が開放され、90年に統一が実現した国。

国名(　　　　　　　)　記号(　　　)

問2. 1980年に自主管理労組「連帯」が組織された国。

国名(　　　　　　　)　記号(　　　)

問3. 1989年の民主革命でチャウシェスク独裁政権が打倒された国。

国名(　　　　　　　)　記号(　　　)

問4. 1991年にエリツィンが大統領となり、CIS設立の中心となった国。

国名(　　　　　　　)　記号(　　　)

3 中国の動向と民主化の広がり

❶中国の動向

[22　　　　]を中心とする新指導部

…(23　　　　　)の解体、外国資本導入による開放経済((24　　　　　　　　))を進める

学生や知識人…民主化が認められないことに不満→1989年に北京の天安門広場で民主化を要求

→政府は武力でおさえ((25　　　　)**事件**)、国際的にきびしい批判を受ける

(26　　　　　)…1900年に自由選挙→92年に社会主義体制から離脱

❷韓国と台湾の民主化

韓国…1987年に大統領の直接選挙制→民主化支持を表明した軍出身の[27　　　　]を選出

1990年12月、(28　　　　)との国交樹立、91年に北朝鮮とともに国際連合に加盟

台湾…1987年、戒厳令解除、[29　　　　]のもとで民主化推進

❸南アフリカのアパルトヘイト廃止

第二次世界大戦後、多数派の黒人を隔離する(30　　　　　　　　)政策

→**アフリカ民族会議**(**ANC**)の抵抗や国際連合の経済制裁を受ける

1991年、白人の[31　　　　　　]政権が差別法を全廃

→94年の選挙でアフリカ民族会議が過半数、指導者の[32　　　　　]が大統領に当選

4 ソ連の崩壊

❶冷戦の終結

1989年12月、ゴルバチョフはアメリカ合衆国大統領ブッシュと地中海の(33　　　　　)沖で会談

→**冷戦の終結**を宣言

1990年10月、米・ソ・英・仏の同意を得て西ドイツが東ドイツを吸収→(34　　　　　)が誕生

1991年、米ソのあいだで(35　　　　　　　　　　)**条約**(START Ⅰ)が成立

コメコンと(36　　　　　　　　)も解消

❷湾岸戦争

1990年８月、イラクのサダム＝フセインが(37　　　　　　)侵攻

→米ソはイラクを非難し、91年にアメリカを中心とする(38　　　　　)が派遣される

→イラクは敗れて撤退(**湾岸戦争**)

→米ソが協調して国連中心の国際秩序をつくるという新しい展望を示す

→ソ連国内の混乱の深まりで実現せず

❸ソ連の消滅

(*13　　　　　　　)が進むと資本主義の優位が語られ、バルト３国などで独立運動

ロシア共和国で[39　　　　　　]が社会主義放棄を訴える→市民の支持

市場経済への移行→流通は混乱、物不足が深刻化

1991年８月、共産党保守派のクーデタ→軍の支援はなく、市民の抵抗も受けて失敗

→ウクライナなどほとんどの共和国が連邦から離脱を宣言→(40　　　　　)**も解散**

12月に[*39　　　　　]はウクライナ・ベラルーシと(41　　　　　　　　)(CIS)を結成

→**ソ連は消滅**

❹未解決の問題

資本主義と共産主義のどちらが繁栄をもたらすかという問いに、資本主義の勝利という答え

→資本主義が生み出す不平等や格差の問題は未解決のままに残される

中国では共産党の一党体制が維持されたが、ソ連は崩壊した。ゴルバチョフの改革はなぜソ連を崩壊に導いたのだろうか。

下の資料は1990年におこった事件に関するものである。（1）と（3）に入る国名を答え、その位置を地図上の（A）～（J）より選びなさい。また、（2）に適切な人名を入れなさい。

（1）侵攻の数日前に、アメリカのダマート上院議員のみが、（2）大統領を虐殺者とみなし、今後の対決を予見し、今直ちに対処すべきと主張したが、この時期に、これは極めて例外的な意見であった。同時期にケリー国務次官補は、湾岸地域での紛争や対立は平和裏に解決されるべきと述べたが、このような発言も、アメリカの湾岸地域への不干渉を保証するものとして（3）側に認識されても仕方がないものであった。

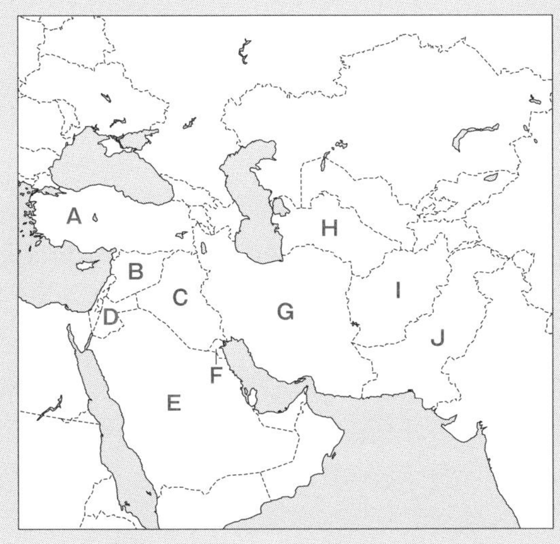

1　国名（　　　　　　　）　記号（　　）
2　人名（　　　　　　　）
3　国名（　　　　　　　）　記号（　　）

㊙ p.269

探究しよう

中東の情勢に、アメリカはどのように関わっていたのだろうか

❶1979年にイラン革命がおこってイラン＝イスラーム共和国が成立し、翌80年イラクがイランに侵攻してイラン＝イラク戦争が始まり88年まで続いた。戦後、イラクは復興(ふっこう)のために湾岸アラブ諸国に財政支援を求めたが、隣国クウェートはこれを拒(こば)んだ。これに対し、イラクはクウェートの石油増産が原油価格を下落させたと非難し、さらにクウェートがイラクとの国境にまたがる油田(ゆでん)から盗掘(とうくつ)したと非難した。両国の交渉は決裂し、90年8月2日、❷イラク軍はクウェート領内に侵攻し、危機が勃発(ぼっぱつ)した。

現在クウェートを支配するサバーハ家の統治(とうち)は1756年に始まった。1871年にオスマン帝国の保護下に入り、99年にはイギリスと条約を結んで事実上の保護国となったが、オスマン帝国の宗主権(そうしゅけん)は認めていた。第二次世界大戦後の1961年6月、イギリスはクウェートの完全独立を承認したが、イラクがクウェートを自国の一部と主張して紛争(ふんそう)が生じた。しかし、首長の要請(ようせい)でイギリス軍が出動し、アラブ連盟がクウェートの独立を認め、63年にイラクもクウェートの独立を認めた。

（平凡社大百科・ブリタニカ国際大百科事典を参考に作成）

〈資料3　クウェートの歴史〉

陸から海までの偉大(いだい)なるイラクの民よ、あらゆる地の敬愛するアラブの民よ。……植民地主義はその目的を達成しようとしている。その成功を示す最大の証拠は、1990年5月のイエメン統一以前にアラブの国が22に分裂(ぶんれつ)していたことである。この方法で植民地主義はアラブを物質的にも精神的にもばらばらにしてしまった。……他の国々に起こったことはイラクにも起こった。植民地主義はイラクからクウェートを分離(ぶんり)させ、戦略的能力を奪うため、イラクを海から遠ざけ、その民の一部、その富の一部を根幹と源泉(げんせん)から遠ざけたのである。……革命指導評議会は、部分と枝〔クウェート〕が、完全、かつ恒久(こうきゅう)的な併合(へいごう)的統一によって全体と幹(みき)〔イラク〕へ復帰(ふっき)することを決定した。

（歴史学研究会編『世界史史料12』一部改変）

〈資料4　イラク革命評議会声明(1990年8月8日)〉

Question 1 下線部❶について、イラクがイランに侵攻した背景には、国境線をめぐる対立が複数存在したこともあった。国境をめぐる対立に加えて、イラクがイランに侵攻した理由を、資料1を参考にして考えてみよう。

Question 2 下線部❷について、冒頭の解説から、イランとの戦争後、イラクは何を狙ってクウェートに侵攻したと考えられるだろうか。

Question 3 資料3と資料4を読むと、イラクのねらいについてQ2とは別の答えが出てくると思われる。そのねらいとは何か。また、イラクがクウェート併合をどのように正当化しようとしたかを、資料4の植民地主義に着目して読み取ってみよう。

Question 4 アメリカは第二次世界大戦後、中東地域の諸問題に積極的に介入してきた。アメリカ合衆国が中東の諸問題にどのように関わってきたかを調べてみよう。

3 今日の世界

教 p.270 ~ 276

約半世紀続いた冷戦が終結したあと、世界の諸地域はどのように歩み、どのような課題を抱えているのだろうか。

1 旧社会主義圏の民族紛争

❶**旧社会主義国の民族紛争**：冷戦終結後、**民族対立が表面化**

旧ソ連…北コーカサス地域の(1　　　　　)で独立運動→ロシアとのあいだで紛争が発生

チェコスロヴァキア…1993年、チェコとスロヴァキアへ平和裏に分離

❷**ユーゴスラヴィア内戦**：[2　　　　　]の死後、各民族のナショナリズムが台頭

1991年、(3　　　　　)と(4　　　　　)が独立に際してセルビアと衝突

1992年、(5　　　　　)も独立宣言→95年まで内戦が続く

アルバニア系住民が多い(6　　　　　)地方の分離運動をセルビアが弾圧

→1999年にNATO軍が介入し、セルビアを空爆

2 東アジアの動向

❶**中国**：共産党支配を堅持したままで、経済改革開放路線を進める

1997年、イギリスから(7　　　　　)、99年にポルトガルから(8　　　　　)が返還

→特別行政区として資本主義制度を維持((9　　　　　))

1997年、鄧小平が死去→[10　　　　　]、胡錦濤が指導者として経済成長を実現

チベット自治区、(11　　　　　)自治区で漢族の流入が増加→民族対立が激化

❷**韓国**

1993年に文民出身の[12　　　　　]が、98年に[13　　　　　]が大統領となり、南北対話をめざす

→2006年、北朝鮮が核実験を実施し、南北対話は中断

2013年、[14　　　　　]が初の女性大統領となり中国との連携を深めたが、17年に罷免

→文在寅政権は、南北対話につとめる

❸**北朝鮮**：独自の社会主義体制を維持

1994年、[15　　　　　]が死亡→息子の[16　　　　　]が後継者

→農工業生産は低迷、深刻な食糧危機

2000年、南北朝鮮の首脳会談実現、03年に朝鮮半島の非核化をめざす

日本人拉致問題も未解決。2011年に[16*　　　　　]が死亡し、息子の[17　　　　　]が後継者

❹**台湾**

2000年の総統選挙で国民党に属さない[18　　　　　]が初めて当選

2016年に[19　　　　　]が女性として初めて総統に選ばれ、アメリカ合衆国との連携を深める

3 東南アジア・南アジアの経済成長と民主化

❶**ベトナム**

南部の社会主義化→南部から国外に脱出する人々が難民化

1986年から「(20　　　　　)」(刷新)政策、一党独裁を堅持したまま市場開放→経済状況は好転

❷カンボジア

1989年、ベトナム軍撤退後、93年の総選挙で憲法制定議会が成立

→新憲法のもとで[21　　　　　　　　]が再び国王に

→1998年、[22　　　　　　　　]派が壊滅して内戦は終わる

❸ミャンマー

1988年、社会主義政権が崩壊し、軍部が独裁政権樹立→2011年に民政復活

[23　　　　　　　　　　　　　　　]…民主化を進める

→2021年、軍部のクーデタで再び軍政となった

❹インドネシア

1998年、[24　　　　　　　]政権が倒れて民政に移管。2002年、東ティモールが独立を達成

❺インド

経済の自由化や外資導入、情報産業などを中心に経済成長→所得格差や宗教対立が残る

1990年代から、国民会議とヒンドゥー至上主義の(25　　　　　　　　)が政権交代を繰り返す

以下の問１～４に該当する国名および地図中の記号を答えなさい。

問１． 冷戦終結後、ソ連や中国と国交を樹立し、国内では文民政権が成立した国。

国名(　　　　　　　　)　記号(　　　)

問２． 1998年にスハルト政権が倒れ、民政に移行した国。

国名(　　　　　　　　)　記号(　　　)

問３． 1986年から「ドイモイ」政策を採用して市場経済を開始した国。

国名(　　　　　　　　)　記号(　　　)

問４． 1991年に和平協定が成立し、93年にシハヌークを国王とする王国が成立した国。

国名(　　　　　　　　)　記号(　　　)

4 アフリカ諸国の困難と経済成長

❶1990年代：冷戦終結後も紛争が多発

1991〜92年の(26　　　　　)内戦、94年の(27　　　　　)**内戦**など

…植民地時代の人為的国境線による民族分断や貧困・飢餓・資源配分をめぐる争いに起因

(28　　　　　)・アンゴラ・モザンビークなど…1990年代前半に社会主義体制が終焉

❷21世紀：ナイジェリアなど石油輸出で経済成長が進んだ国も出現

2016年、アフリカの人口は12億に達し、工業化の進展で都市への人口集中が進む

都市インフラの整備は遅れ、商品作物中心の農業構造で食料自給率も低い

5 民族・地域紛争の動向

❶パレスチナ

1987年、イスラエル軍に対する激しい抗議行動((29　　　　　))

1993年、**パレスチナ解放機構**(PLO)のアラファト議長とイスラエル首相[30　　　　　]

…アメリカ合衆国大統領[31　　　　　]の仲介で相互承認、パレスチナ人暫定自治樹立で合意

1995年、[30*　　　　　]首相がユダヤ教急進派に暗殺される→双方とも武力対決路線に

❷アフガニスタン：社会主義政権崩壊後、激しい内戦が始まり、多数の難民

イスラーム主義勢力(32　　　　　)が1996年に政権を樹立

❸その他

クルド人問題、インドとパキスタンの対立も未解決

イギリス…1998年、(33　　　　　)でのカトリック系住民とプロテスタント系住民の対立が収束

2009年、(34　　　　　)の仏教徒中心の多数はとヒンドゥー教徒中心の少数派の内戦が終結

冷戦終結後も世界各地で紛争が続いている。以下の(１)〜(３)の紛争がおこった国名を答え、その位置を(１)は地図ア、(２)(３)は地図イの記号Ａ〜Ｌから選びなさい。

（１）共和国はロシアからの離脱をはかり、1994年にロシアとの第一次紛争がおこった。97年には（１）の政治的地位を決めないままに和平協定が結ばれた。しかし、99年にロシア政府がモスクワでのテロ事件を（１）武装勢力の犯行とみなし、地上軍を侵攻させ、第二次紛争が勃発した。その後、モスクワでおこったテロ事件にイスラーム過激派組織のアルカーイダが加わったともされ、ロシアは「テロとの戦い」という大義名分で武力行使を正当化している。

1962年にベルギーから独立した(２)では、1990年にツチ人が結成した反政府勢力(２)愛国戦線とフツ人中心の(２)政府のあいだで内戦がおこった。この内戦により、大量の難民が発生した。

1960年にイギリスとイタリアから独立した領地が合併して形成された（３）共和国は、1988年から無政府状態に陥り、複数の勢力が武力闘争を繰り広げた。1992年にははじめて武力行使が認められた国連PKOが派遣されたが、治安回復は果たせずに撤退した。その後、2012年に大統領選挙が実施されて統一政府が成立した。

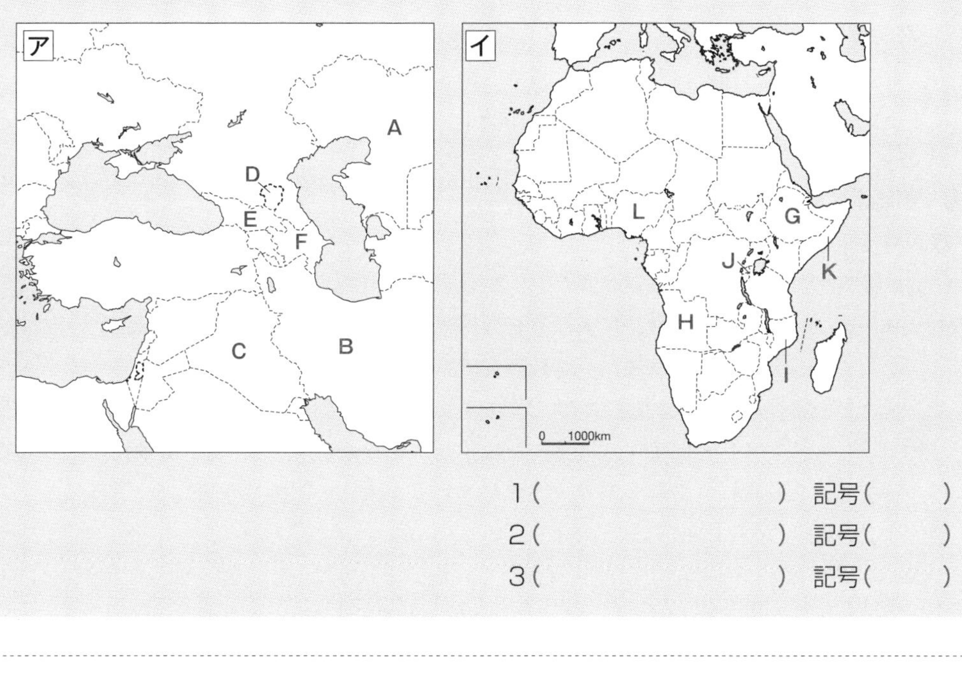

1（　　　　　　　　　）記号（　　）
2（　　　　　　　　　）記号（　　）
3（　　　　　　　　　）記号（　　）

6 通商の自由化と地域統合の進展

❶世界貿易機関

第二次世界大戦後、GATT(ガット)を中心として貿易の自由化

→1995年に(35　　　　　　　　)(**WTO**)が発足(ほっそく)

→サービス貿易、知的所有権なども監視(かんし)対象。GATTより強い権限で貿易紛争を調停(ちょうてい)

❷ヨーロッパ

EC諸国…1987年発効の(36　　　　　　　　)で、ヒトの移動や金融(きんゆう)取引の域内(いきない)自由化

1993年、通貨統合などを定めた(37　　　　　　　　)**条約**が発効→**ヨーロッパ連合**(**EU**)が発足

2002年、ヨーロッパ共通通貨(38　　　　　)の全面的使用が開始

EU加盟国が東欧にも拡大→1999年以降、(39　　　　　　　　)(NATO(ナトー))にも東欧諸国が加盟

❸アメリカ・太平洋地域・アフリカ

1998年、アメリカ合衆国はカナダと自由貿易協定を締結

→1994年にメキシコを加えて(40　　　　　　　　)(**NAFTA**(ナフタ))を発足させる

1989年、(41　　　　　　　　)(**APEC**(エイペック))

→2018年、環太平洋パートナーシップに関する包括的及び先進的な協定(CPTPP)発効

2002年、(42　　　　　　)(**AU**)結成

❹冷戦終結後の世界経済:多元的な構造に変化

新興(しんこう)国の成長→G8サミットに加え、参加国を拡大したG20の会合が設定される

グローバリゼーションの進展→情報、貿易や金融面で世界的規模の自由な流通を促進させる

→土地や原料、株式投資などで投機(とうき)的な動き

→1997年に(43　　　　　　)、2008年に(44　　　　　　)が発生

7 同時多発テロと対テロ戦争

❶同時多発テロ事件

湾岸(わんがん)戦争後も、アメリカ軍がペルシア湾岸地域に駐留(ちゅうりゅう)→イスラーム急進派のなかで反米感情

→(45　　　)年9月11日、アメリカ合衆国の旅客機が乗っ取られてビルに突入

ブッシュ(子)大統領…ターリバーン政権保護下のイスラーム急進派組織(46　　　　　　)の指導者を事件の実行者とし、アフガニスタンに軍事行動をおこす

2003年3月、アメリカはイギリスとともにイラクを攻撃((47　　　　)**戦争**)

→フセイン政権打倒(だとう)後も、宗派・民族間の対立が激化、国内は不安定な状態に

❷アラブの春

2010年末から、(48　　　　　　)・リビア・エジプトで民主化運動→独裁政権が倒れる

→揺り戻しや混迷(こんめい)がおこり、(49　　　　)では内戦が発生、多数の難民(なんみん)が生まれる

8 多極化と国際協力

❶アメリカ合衆国:対テロ戦争の頃まで唯一の超大国として国際社会を主導

財政悪化とともに力に陰(かげ)り→世界は多極化に向かう

2009年、初の非白人系大統領の民主党[50　　　　]が経済立て直しにつとめる→社会格差は残る

グローバリゼーションにともない企業が海外に移転→雇用(こよう)回復は進まない

2017年、大統領となった共和党の[51　　　　]…国内産業の保護や移民(いみん)の規制を掲げる

→グローバリゼーションから距離をおく姿勢を強調

❷中国の台頭：2010年にGDPでアメリカ合衆国につぐ世界第2位の経済大国

2012年に総書記に就任した[52　　　　]…アジア・ヨーロッパ・アフリカにまたがる経済圏構想

→国際社会での存在感を強める

東シナ海や南シナ海における一方的な領海設定や資源開発→近隣諸国との摩擦

❸ロシア：1990年代に民営化や地方分権化が進む

2000年に大統領に選出された[53　　　　]…中央集権的な行政を確立

2000年代、原油価格の上昇で好景気を迎えるが、天然資源に依存する経済構造は脆弱

2014年にウクライナのクリミア半島に侵攻して、ロシアへの併合を宣言→国際的な非難

❹EU：西欧と東欧・南欧の経済格差が目立つ

2011年、(54　　　　)などで経済危機

2015年、(49※　　　　)内戦などで難民が中東・北アフリカから到来し、社会問題となる

→西欧諸国で移民排斥など排外主義的な主張で世論の支持を集める(55　　　　)が伸張

2016年、(56　　　　)でEUからの離脱支持派が国民投票で勝利→20年にEUから離脱

❺多極化の時代：世界各地でグローバリゼーションがもたらす経済格差・移民の増加への反発

諸国家の利害を調整、紛争を平和的に解決する国際的な取り組みが求められる

→国連を中心として、(57　　　　)条約の実効性を高める必要性

国際協力における(58　　　　)(NGO)や自治体の関与

→1997年、対人地雷全面禁止条約の調印に非政府組織の活動

2020年に世界を襲った(59　　　　)(COVID-19)のような感染症や災害

→各国が知識や経験を共有し、国際的な協力体制を整えることが重要

グローバリゼーションは世界にどのような問題をもたらしているだろうか。また、私たちはそうした問題にどのように取り組んでいくべきだろうか。

世界各地で経済統合・経済統合が進められている。以下の①〜④の説明として適切なものをA〜Dより選びなさい。

①APEC(　　)　②AU(　　)

③TPP(　　)　④NAFTA(　　)

A：アジア・太平洋地域の貿易自由化推進のための経済的枠組みで、2006年に発効した。

B：1963年にアフリカ諸国の独立を支援するためにアフリカ統一機構を解消して発足した。

C：北米3国が1992年に調印した自由貿易協定で、15年間で相互の関税を全廃することに合意した。

D：太平洋地域の多国間経済協力関係の強化をはかるため、1989年に第1回会議が開かれた。

4 現代文明の諸相

教 p.277 ～ 278

現代社会において、人々の世界観や生活のありようは、どのように変化を遂げてきたのだろうか。

1 科学技術の進歩と環境問題

科学技術の革新→生活水準の向上、同時に(1　　　　)など新たな問題

❶物理・化学

[2　　　　]の相対性理論などで時間と空間の認識が変わる

量子力学の急成長→(3　　　　)の開発、第二次世界大戦後に**原子力発電**も進む

→原発事故で原子力発電のリスクが浮き彫りに

第二次世界大戦中に(4　　　　)や人工素材を生産する石油化学も発達

❷情報技術

コンピュータ、1946年にアメリカ合衆国で開発

→1990年代にパーソナル＝コンピュータとして一般家庭に普及、(5　　　　)の利用と携帯電話の普及→(6　　　　)(**IT**)**革命**

2010年代の(7　　　　)(**AI**)開発→人間の知的活動の可能性をおし広げることが期待される

❸医学・生物学

1929年、(8　　　　)発見で抗生物質の製造が可能に

1953年、遺伝子の基本となる(9　　　　)の構造が解明される→分子生物学が発達

→90年に人間の遺伝子配列の解読をめざす(10　　　　)が始まる→2003年に解読完成

1990年代末、(11　　　　)技術が現実化→難病治療に新たな展望と生命倫理の問題をめぐる議論

❹人口問題と環境問題

科学技術と医療の発達→世界人口は20世紀初めに約16億人、2019年に77億人をこえる

1980年代に(12　　　　)の危険性が指摘される

→97年に(13　　　　)、二酸化炭素の排出量を減少させるための各国の目標値を設定

→環境問題に国際的な協力体制の構築が急務

2 現代思想・文化の動向

❶現代思想：個人のあり方や個人と社会の関係を新たな視点から追求する動き

[14　　　　]…宗教を否定し、人間の存在それ自体に価値を見出す

[15　　　　]…観念よりも実践を重んじる(16　　　　)を提唱

[17　　　　]…社会主義者。経済を中心に社会を分析

[18　　　　]…宗教などの諸理念が社会で果たす役割を強調

[19　　　　]…潜在意識を探求し、精神分析学を確立

❷現代文化の課題

第二次世界大戦後、対立する米・西欧とソ連は近代合理主義という共通の土壌のうえに立つ

1990年代、近代合理主義の再検討が始まる→理性や進歩、自由や人権の概念の継承が重要

(20　　　　)が広がり、「多文化共生」をめざす新しい生活スタイルの創造が求められる

啓蒙思想以来の近代合理主義は、今日の世界にどのように継承され、人々の世界観や生活のあり方にどのような影響を与えているだろうか。

科学技術と医療の発達は人口の急増につながった。国連が発表した「世界人口推計2019年版」では、世界の総人口は2019年時点で77億人である。そして、2030年には85億人、2050年には97 億人、2100年までには109億人に達すると見込まれている。また、下のグラフは、18世紀半ばからの世界人口の推移を示している。世界の人口問題について、問１・２に答えなさい。

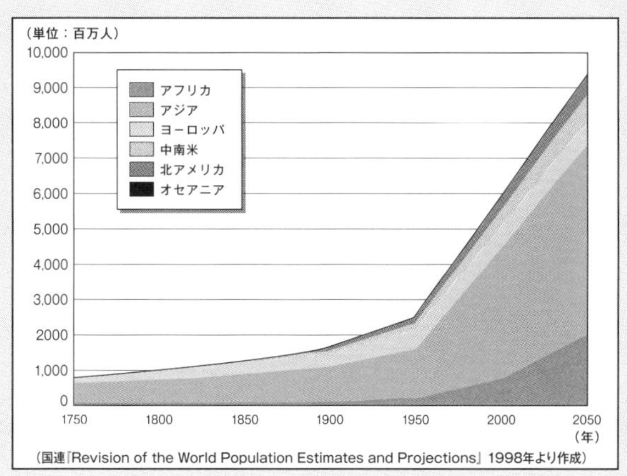

（国連『Revision of the World Population Estimates and Projections』1998年より作成）

問１． このまま世界人口の増加が続いた場合、どのような問題がおこると考えられるだろうか。

（　　　　　　　　　　　　　　　　　　　　　　　　　　　　　　　　　　）

問２． 18世紀半ばからの世界人口の推移について、グラフからどのようなことが読み取れるだろうか。

（　　　　　　　　　　　　　　　　　　　　　　　　　　　　　　　　　　）

装幀　　　　　水戸部　功
本文デザイン　　燐 -Lin-

世界史探究
高校世界史 ノート

2023年3月　　　初版発行

編　者　高校世界史ノート編集部
発行者　野澤　武史
印刷所　信毎書籍印刷株式会社
製本所　有限会社　穴口製本所
発行所　株式会社　山川出版社
〒101-0047　東京都千代田区内神田1-13-13
電話　03-3293-8131(営業)　03-3293-8134(編集)
https://www.yamakawa.co.jp/

ISBN978-4-634-04123-3　　NYIZ0103
●造本には十分注意しておりますが，万一，落丁・乱丁などがございましたら，
営業部宛にお送りください。送料小社負担にてお取り替えいたします。
●定価は表紙に表示してあります。

世界史探究

高校世界史 ノート

解答

山川出版社

第Ⅰ部へのアプローチ　p. 2～3

Q1．図bは、戦車を操る御者とその後方で戦う兵士だと考えられる。図fは、牛やヤギ、羊など家畜に関係すると思われる職業だと考えられる。

Q2．図dは貴族のような富裕者だと考えられる。図gは献上品を運ぶ人々で、戦争捕虜が労役にかりだされていると考えられている。

Q3．豊穣や都市の繁栄を願ったり感謝したりする場面と考えられている。

Q4．図aの王は「戦争の場面」で大きく力強く描かれ戦争捕虜と接見している。王が戦いのリーダーであり、都市の防衛の中心であることが分かる。図cの王は「平和の場面」でもひときわ大きく描かれ、6人の男性が向かい合って座っていることからも、この場面の中心人物であり、神への豊穣の祈願や収穫への感謝など宗教的儀式の主催者であることが分かる。ウルのスタンダードに描かれている王は、都市を防衛したり拡大するための戦いの司令官であり、また、神へ豊穣の願いや感謝を伝え都市や人々に繁栄をもたらす神権者・政治家といえる。

第1章

文明の成立と古代文明の特質

1 文明の誕生　p. 4～5

1．麦　2．獲得　3．生産　4．磨製　5．新石器
6．灌漑　7．国家　8．都市　9．文字

▶Q＆A

農耕・牧畜が始まると、人類は集落に住み、徐々に灌漑農業が始まると食料の生産力が高まり、余裕が生まれるにつれて、貧富の差や指導者、神官、農耕民など仕事の分業が進んだ。交易なども始まり、権力者が多くの人々を統一的に支配する国家という仕組みが成立した。

2 古代オリエント文明とその周辺　p. 6～9

1．ユーフラテス　2．灌漑　3．神権　4．交通
5．シュメール　6．ウル　7．階級　8．アッカド
9．バビロン第1　10．ハンムラビ　11．ヒッタイト
12．鉄　13．エジプト　14．ファラオ　15．ピラミッド
16．アメンヘテプ4世　17．楔形　18．粘土板　19．太陰
20．六十　21．ラー　22．ヒエログリフ　23．太陽
24．死者の書　25．アラム　26．アルファベット
27．モーセ　28．イスラエル　29．ユダ
30．バビロン捕囚　31．ユダヤ　32．ヤハウェ
33．メシア　34．旧約聖書　35．青銅器　36．クレタ
37．クノッソス　38．ミケーネ　39．トロイア
40．アッシリア　41．新バビロニア

▶Q＆A

A：エジプト　B：リディア　C：新バビロニア
D：メディア

▶探究しよう

Q1．農業、商人、販売人、居酒屋、牧畜業

Q2．畔の管理、牛や羊の飼育をめぐる問題

Q3．刑罰には復讐法・身分法の原則。王は利害の調整・対立の抑制、身分秩序の維持を通して社会正義の実現をめざした。

3 南アジアの古代文明　p. 10～11

1．デカン　2．ガンジス　3．モンスーン
4．ドラヴィダ　5．アーリヤ　6．モエンジョ＝ダーロ
7．ハラッパー　8．煉瓦　9．インダス
10．リグ＝ヴェーダ　11．鉄器　12．ヴァルナ
13．バラモン　14．ジャーティー　15．カースト
16．クシャトリヤ　17．ヴァイシャ　18．シュードラ

▶Q＆A

問1．ヒマラヤ　問2．カイバル
問3．㋒インダス　㋓ガンジス
問4．㋔ハラッパー　㋕モエンジョ＝ダーロ
問5．アーリヤ人

4 中国の古代文明　p. 12～15

1．長江　2．季節風　3．黄河　4．漢字　5．仰韶
6．麦　7．竜山　8．邑　9．殷　10．青銅　11．甲骨
12．周　13．封建　14．宗法　15．礼　16．洛邑
17．覇者　18．王　19．七雄　20．鉄器　21．木簡
22．青銅貨幣　23．諸子百家　24．孔子　25．徳
26．孟子　27．荀子　28．商鞅　29．無為自然　30．老子
31．荘子　32．兼愛　33．墨子

▶Q＆A

殷では、神権政治で統治した。王が天帝をまつることで宗教的な権威を得た。そして、多くの邑を宗教的に威圧することで、祭祀や軍事へ参加させた。一方で、周では血縁と土地を重視して統治した。王は一族や功臣などに封土を与えて諸侯とし、軍役や貢納を課した。

▶Q＆A

a．鉄器　b．農業生産力　c．商業　d．青銅貨幣
e．氏族

▶探究しよう

Q1．敵の首は、王の霊魂を強化するため。酒器は神や先祖を祀る祭器であり宗教的象徴のほか、所有者の地位や権威を象徴した。馬やかぶと、旗、太鼓は王の軍隊すなわち軍事力を示している。番犬・衛士は王陵を守るために埋められた。愛犬、侍女、殉死者は死後の生活のためであった。

Q2．殷王は王陵を先王が暮らす宮殿と考えていた。そのため、先王が生前大切にしていた品物や召使い・護衛を埋葬した。

Q3．死去した先王は神(上帝)と意思を通わせ、子孫に対して禍福を降ろすと信じていた。そこで、殷王は先王に敬意を表すために大勢の人間を殉葬し、家来の奉仕を受けられるように願った。当時の人々は、霊魂は死後も不滅で、別世界で生活を続けると信じており、大勢の人間が殉葬された。

5 南北アメリカ文明 p. 16〜17

1．トウモロコシ　2．ジャガイモ　3．マヤ
4．ピラミッド　5．アステカ　6．インカ
7．太陽　8．道路　9．マチュ＝ピチュ　10．キープ
11．鉄器　12．馬

▶Q＆A
問1．メキシコ　問2．ユカタン　問3．アンデス
問4．テノチティトラン　問5．クスコ
問6．マチュ＝ピチュ

第2章 中央ユーラシアと東アジア世界

1 中央ユーラシア p. 18〜19

1．モンゴル　2．黒海　3．砂漠　4．羊・牛・馬
5．騎馬遊牧民　6．遊牧　7．草原　8．スキタイ
9．匈奴　10．冒頓単于　11．武帝　12．鮮卑　13．フン
14．農耕　15．オアシス　16．生糸・絹　17．穀物
18．畜産物　19．隊商路

▶§
a．羊・牛・馬　b．軍事　c．遊牧　d．穀物

▶Q＆A
問1．サマルカンド　問2．草原の道　問3．匈奴
問4．生糸・絹　問5．オアシス

2 秦・漢帝国 p. 20〜22

1．秦　2．始皇帝　3．郡県　4．度量衡　5．焚書
6．坑儒　7．長城　8．劉邦　9．長安　10．呉楚七国
11．張騫　12．朝鮮　13．塩・鉄　14．王莽　15．新
16．劉秀　17．光武帝　18．洛陽　19．黄巾の乱
20．豪族　21．董仲舒　22．訓詁学　23．司馬遷
24．紀伝　25．紙　26．班超　27．仏教

▶§
a．郡県　b．貨幣・度量衡　c．劉邦　d．長安
e．郡県　f．地方長官　g．塩・鉄　h．王莽
i．儒学　j．劉秀　k．洛陽

▶Q＆A
㋐農民　㋑豪族　㋒黄巾の乱

3 北方民族の活動と中国の分裂 p. 23〜24

1．魏　2．蜀　3．呉　4．三国　5．晋
6．五胡十六国　7．東晋　8．北魏　9．孝文
10．北朝　11．南朝　12．魏晋南北朝　13．九品中正
14．貴族　15．均田　16．清談　17．仏図澄
18．鳩摩羅什　19．法顕　20．石窟　21．道教
22．陶淵明　23．文選　24．顧愷之　25．王羲之
26．高句麗　27．新羅　28．百済　29．邪馬台国
30．朝貢

▶§
a．北方遊牧民　b．漢人　c．漢化　d．均田
e．九品中正　f．豪族　g．貴族　h．江南

4 東アジア文化圏の形成 p. 25〜29

1．突厥　2．絹馬　3．突厥文字　4．ウイグル
5．安史の乱　6．マニ教　7．キルギス　8．イラン
9．隊商交易　10．絹　11．ソグド文字　12．文帝
13．隋　14．長安　15．科挙　16．煬帝　17．大運河
18．高句麗　19．唐　20．李世民　21．高宗　22．都護府
23．律　24．令　25．三省　26．中書　27．門下
28．尚書　29．六部　30．均田　31．租　32．調　33．庸
34．景教　35．揚州　36．玄奘　37．義浄　38．禅宗
39．孔穎達　40．李白　41．杜甫　42．東アジア文化圏
43．ソンツェン＝ガンポ　44．吐蕃　45．南詔　46．新羅
47．骨品　48．仏教　49．金城　50．渤海　51．遣隋使
52．遣唐使　53．都城　54．荘園　55．則天武后
56．玄宗　57．節度使　58．安禄山　59．両税法
60．黄巣の乱　61．朱全忠　62．五代十国　63．佃戸
64．韓愈　65．柳宗元

▶Q＆A
問1．妻は鮮卑拓跋氏であり、北周と同じ一族である。娘は北周宣帝の妻(楊皇后)であり、外戚の関係にあった。
問2．それぞれの母親は鮮卑拓跋氏の出身で、姉妹でもあったため、煬帝と李淵は従兄弟の関係にあった。
問3．唐の皇帝は鮮卑の血筋を継承しているため、鮮卑の文化・風習に寛容であったり、西域との交流も活発になったりしたのではないかと思う。

▶Q＆A
㋐荘園制　㋑両税法　㋒募兵制　㋓節度使

▶探究しよう
Q1．貴族の女性が楽器やダンス、化粧、ポロなどを楽しみ、いきいきと生活している。
Q2．女性が馬に乗るなどの風習は北方遊牧民由来のものであった。唐朝の皇族自体が北方遊牧民の血統であり、また、鮮卑が建てた北朝政権を継承していた。国際交流が進み北方遊牧民の文化・風習に抵抗がなかったことも重要である。
Q3．日本では推古天皇や孝謙天皇など7・8世紀に6人の女性天皇が即位した。朝鮮半島では新羅の善徳女王(位632〜647)、真徳女王(位647〜654)が朝鮮半島の統一を進めた。この時期の東アジア各国では王家における地位と実力があれば、女性でも君主になることがあった。
Work．唐の貴族階級の女性は資料のような生活をある程度享受することが可能であったが、平民の大半を占めた農家の女性は養蚕や紡織に従事し、織物の生産の中心であった。その生活は貧しく封建的であった。商家の女性達の間は貧富の差が大きく、貴婦人に等し生活を享受できた大商人の婦人もいれば、零細な営業で苦しむ小売商人の女性達もいた。

第3章

南アジア世界と東南アジア世界の展開

1 仏教の成立と南アジアの統一国家 p. 30〜31

1．クシャトリヤ　2．ヴァイシャ　3．ウパニシャッド
4．バラモン　5．ガウタマ＝シッダールタ
6．ヴァルダマーナ　7．マウリヤ　8．アショーカ
9．ダルマ　10．クシャーナ　11．カニシカ　12．ローマ
13．大乗　14．菩薩　15．小乗　16．仏像
17．ガンダーラ　18．ドラヴィダ　19．季節風
20．海の道　21．サータヴァーハナ

▶Q＆A

問1．㋐マウリヤ朝　㋑クシャーナ朝　㋒サータヴァーハナ朝　問2．ダルマ　問3．ローマ

2 インド古典文化とヒンドゥー教の定着 p. 32〜35

1．チャンドラグプタ2世　2．法顕
3．サンスクリット　4．ヒンドゥー　5．マヌ法典
6．マハーバーラタ　7．ラーマーヤナ
8．カーリダーサ　9．ゼロ　10．グプタ　11．エフタル
12．ハルシャ　13．ヴァルダナ　14．玄奘
15．ラージプート　16．チョーラ

▶Q＆A

問1．㋐グプタ朝　㋑ヴァルダナ朝　㋒チョーラ朝
問2．法顕：ア　玄奘：イ　問3．エフタル

▶探究しよう

Q1．魔族の力をなんとか弱められないかと、ヴィシュヌがブッダとして生まれてきたという。彼は、バラモン教とは異端の宗教である仏教に魔族を改宗させた。バラモン教とヴェーダの教えを失った魔族は力をもたなくなったとされる。

Q2．ヒンドゥー教の多様性・寛容性を示している。また、インドにおいてヒンドゥー教が仏教を吸収したことも表している。ヒンドゥー教が仏教との争いに勝利し、インドに定着するとともに、仏教は衰退していく。

Q3．神を男性、信者を女性と見なし、嫉妬など男女間の恋愛に関する詩となっている。嫉妬という人間の恋愛感情そのものが、神への信愛となっていて、民衆には分かりやすい。

3 東南アジア世界の形成と展開 p. 36〜37

1．大陸　2．諸島　3．香辛料　4．港市国家
5．インド　6．イスラーム　7．銅鼓　8．扶南
9．チャンパー　10．カンボジア　11．アンコール
12．アンコール＝ワット　13．パガン　14．スリランカ
15．上座部　16．李　17．大越　18．マラッカ
19．シュリーヴィジャヤ　20．義浄　21．大乗
22．シャイレンドラ　23．ボロブドゥール

▶Q＆A

問1．A：チャンパー　B：カンボジア
C：シュリーヴィジャヤ　D：シャイレンドラ朝
E：大越(李朝)　F：パガン朝
問2．アンコール＝ワット：㋑　ボロブドゥール：㋒
問3．エ：マラッカ　オ：スマトラ　カ：ジャワ

第4章

西アジアと地中海周辺の国家形成

1 イラン諸国家の興亡とイラン文明 p. 38〜39

1．イラン　2．ダレイオス1世　3．サトラップ
4．王の耳　5．フェニキア　6．駅伝　7．ペルシア
8．アレクサンドロス　9．ゾロアスター
10．セレウコス　11．バクトリア　12．パルティア
13．ササン　14．シャープール1世　15．エフタル
16．ホスロー1世　17．アラブ　18．アヴェスター
19．マニ　20．ガラス　21．飛鳥・奈良

▶まとめ

a．メディア　b．セレウコス　c．パルティア
d．中央集権　e．フェニキア　f．東西交易路
g．ペルシア　h．イラン　i．東方　j．ゾロアスター
k．国教　l．マニ　m．アレクサンドロス大王
n．ササン　o．イスラーム教徒のアラブ人

2 ギリシア世界 p. 40〜47

1．鉄器　2．ポリス　3．植民市　4．アクロポリス
5．アゴラ　6．オリンピア　7．ヘレネス
8．バルバロイ　9．貴族　10．奴隷　11．アテネ
12．スパルタ　13．ヘイロータイ　14．ペリオイコイ
15．軍国主義　16．重装歩兵　17．ドラコン　18．ソロン
19．財産　20．ペイシストラトス　21．クレイステネス
22．陶片追放　23．アケメネス　24．マラトン
25．サラミス　26．デロス　27．無産　28．ペリクレス
29．民会　30．抽選　31．女性　32．ペロポネソス
33．フィリッポス2世　34．カイロネイア
35．アレクサンドロス　36．アンティゴノス
37．セレウコス　38．プトレマイオス　39．ヘレニズム
40．人間　41．オリンポス　42．ホメロス　43．タレス
44．ソフォクレス　45．アリストファネス
46．ソフィスト　47．ソクラテス　48．プラトン
49．アリストテレス　50．ヘロドトス
51．パルテノン神殿　52．ミロのヴィーナス
53．ヘレニズム　54．世界市民　55．エピクロス
56．ストア　57．アレクサンドリア　58．エウクレイデス
59．アルキメデス

▶§

a．シノイキスモス　b．奴隷　c．ペリオイコイ
d．ヘイロータイ　e．貴族　f．鎖国　g．個人

▶Q＆A

A：アンティゴノス　B：セレウコス
C：プトレマイオス　㋐イッソス　㋑アルベラ
㋒アレクサンドリア　㋓ペルセポリス

▶まとめ

a．奴隷　b．民会　c．抽選　d．選挙　e．弾劾

▶探究しよう

Q1．みずから先頭で戦い、大帝国を築いた英雄的な人物。

Q2．資料3はペルシア人の風習を受け入れ専制君主化する大王に多くの者が不満をもっていることが記述されている。資料4は悪魔、侵略者と否定的に記述されている。資料5は、イスラーム教の信徒、聖戦の闘士、預言者、哲人王のように高く評価している。

Q3．資料3：ローマ共和政(帝国)は、アレクサンドロス帝国を受け継ぐヘレニズム諸国を滅ぼしつつ拡大したため、大王を専制君主として強調し否定的に評価している。また、ローマ帝国は市民の権利を尊重していることをアピールするねらいもある。

資料4：イラン系のアケメネス朝を滅ぼした大王に対し、同様にイラン系であるササン朝は否定的であると考えられる。

資料5：ササン朝を滅ぼして成立したイスラーム世界では、同様にアケメネス朝を滅ぼした大王に対して好意的であるといえる。

3 ローマと地中海支配 p. 48～55

1．ローマ 2．エトルリア 3．コンスル
4．重装歩兵 5．護民官 6．十二表
7．リキニウス・セクスティウス 8．ホルテンシウス
9．元老院 10．分割統治 11．ポエニ 12．カルタゴ
13．ハンニバル 14．属州 15．ラティフンディア
16．グラックス 17．内乱の1世紀 18．スパルタクス
19．カエサル 20．ガリア 21．ブルートゥス
22．オクタウィアヌス 23．アクティウム
24．クレオパトラ 25．アウグストゥス
26．プリンケプス 27．元首 28．ローマの平和
29．五賢帝 30．市民 31．季節風
32．マルクス＝アウレリウス＝アントニヌス
33．軍人皇帝 34．ゲルマン 35．ササン 36．都市
37．コロヌス 38．コロナトゥス
39．ディオクレティアヌス 40．ドミナトゥス
41．コンスタンティヌス 42．キリスト
43．コンスタンティノープル 44．テオドシウス
45．西ローマ 46．東ローマ 47．ラテン
48．コロッセウム 49．見世物 50．万民法
51．ローマ法大全 52．ユリウス 53．ウェルギリウス
54．ガリア戦記 55．キケロ 56．リウィウス
57．タキトゥス 58．プルタルコス 59．プトレマイオス

▶§

a．ラティフンディア b．コロナトゥス c．都市
d．商業 e．中小農民 f．ゲルマン

▶Q＆A

A：ガリア B：ダキア
㋐カルタゴ ㋑ビザンティウム ㋒アクティウム

▶§

a．十二表 b．万民 c．ローマ法大全 d．ポエニ
e．軍人皇帝 f．奴隷 g．コロヌス
h．プリンケプス i．オクタウィアヌス
j．ディオクレティアヌス k．神格 l．ローマ市民
m．重装歩兵 n．ゲルマン

▶探究しよう

Q1．コンスタンティヌスが、皇帝位をめぐる争いに勝利し西の正帝に即位した戦勝記念。人々は戦いに勝利したコンスタンティヌスを皇帝と認識し、また、畏怖した。

Q2．皇帝として畏怖されていただけでなく、キリスト教を公認した人物として後世の人々からも尊敬された。そのため、コンスタンティヌス帝の凱旋門は略奪・破壊を免れた。現在まで残されたトラヤヌス帝の彫像もコンスタンティヌス帝と考えられていたため、現存している。

Q3．自らをトラヤヌス帝やマルクス＝アウレリウス＝アントニヌス帝に匹敵する皇帝としてアピールした。五賢帝時代の豊かな社会の実現をアピールした。

Q4．ナポレオンの凱旋門など。日本にも日露戦争凱旋門がある。凱旋門は戦勝記念碑であり、勝利を人々にアピールした。また、ナポレオンはローマ皇帝の尊厳を自らに結び付け、フランス帝国をローマ帝国の強大さになぞらえた。日露戦争凱旋門は戦争を称えることで国民的一体感を導く装置として機能した側面がある。

4 キリスト教の成立と発展 p. 56～57

1．ユダヤ 2．イエス 3．律法 4．隣人
5．キリスト 6．イェルサレム 7．パウロ 8．使徒
9．新約聖書 10．ディオクレティアヌス 11．ミラノ
12．ニケーア 13．アタナシウス 14．三位一体
15．アリウス 16．アウグスティヌス 17．テオドシウス
18．五本山 19．ネストリウス 20．エフェソス

▶§

a．キリスト教 b．アタナシウス c．アリウス
d．ネストリウス

第5章 イスラーム教の成立とヨーロッパ世界の形成

1 アラブの大征服とカリフ政権の成立 p. 58～61

1．ササン 2．ムハンマド 3．アッラー 4．カーバ
5．アリー 6．コーラン 7．ウマイヤ
8．ムアーウィヤ 9．ダマスクス 10．スンナ
11．シーア 12．トゥール・ポワティエ 13．ハラージュ
14．ジズヤ 15．バグダード 16．シャリーア
17．ウラマー 18．ハールーン＝アッラシード
19．千夜一夜物語 20．アラビア 21．イブン＝シーナー
22．アラベスク 23．モスク 24．製紙法 25．コルドバ
26．ファーティマ 27．カイロ 28．ブワイフ
29．アッバース

▶Q＆A

問1．メッカ、㋔ 問2．メディナ、㋓
問3．フランク王国 問4．ダマスクス、㋑

▶Q＆A

A：後ウマイヤ朝 B：ファーティマ朝

C：ブワイフ朝　D：サーマーン朝　E：カラハン朝

2 ヨーロッパ世界の形成 p. 62～67

1．ライン　2．西岸海洋性　3．大陸性　4．地中海性
5．民会　6．ケルト　7．フン　8．西ゴート
9．ギリシア正教　10．コンスタンティノープル
11．ユスティニアヌス　12．ローマ法大全
13．ハギア＝ソフィア聖堂　14．絹織物
15．クローヴィス　16．メロヴィング　17．アタナシウス
18．宮宰　19．カール＝マルテル
20．トゥール・ポワティエ　21．ピピン
22．ローマ＝カトリック　23．教皇　24．レオン３世
25．聖像禁止令　26．ラヴェンナ　27．州　28．伯
29．巡察使　30．アルクイン
31．カロリング＝ルネサンス　32．レオ３世
33．オットー１世　34．神聖ローマ帝国
35．ユーグ＝カペー　36．カペー　37．ノルマンディー
38．ノルマンディー公ウィリアム　39．ノルマン
40．両シチリア　41．リューリク　42．キエフ
43．軍事的奉仕　44．三圃　45．農奴　46．不輸不入
47．領主裁判

▶Q＆A

㋐フン　㋑東ゴート　㋒西ゴート　㋓フランク
㋔スラヴ

▶Q＆A

㋐アーヘン　㋑ポワティエ　㋒ランゴバルド
㋓後ウマイヤ

▶探究しよう

Q１．自分の富や権威を誇示しようとする政治的な目的だけではなく、「地上の楽園」を再現することで、キリスト教徒である人々を導こうとする宗教的な目的もあった。

Q２．カール大帝はローマ皇帝として戴冠したため、ビザンツ帝国と対立していた。また、ハールーン＝アッラシードはシリアをめぐってビザンツ帝国と対立していた。両者は対ビザンツ帝国のために交流していた。一方で、両者の交流についてイスラーム側の記録はない。

Q３．アブールアッバスは802年にカール大帝の王宮のあるアーヘンに到着した。しばしば旅に同行させていたが、810年に北海沿岸に遠征にむかう際、ライン川を渡ったところで亡くなった。象を手に入れた支配者としては教皇のレオ10世や神聖ローマ皇帝マクシミリアン２世など様々な人をあげることができる。

第Ⅱ部へのアプローチ p. 68～69

Q１．資料１：方形であり、周囲を城壁がおおい、門が設けられている。運河に面している。大通りを挟んで東西に宮殿がある。宗教施設が城内にある。

資料２：アズハル＝モスクは塔が独特な形をしている。全体が茶色である。

資料３：多数の商店がある。商店は君主に属している。賃貸制が成立している。宿や浴場がある。住宅が宝石やタイルで飾られている。世界中からの物品がある。

Q２．資料４：不規則な形であるが、周囲を城壁がおおっている。川に面している。道路は複雑だが、大通りは縦横に走っている。ローマ時代の都市を拡大している。王宮がある。宗教施設が城内にある。

資料５：立派な大聖堂（ゴシック式）である。ほかの２つの教会と異なり、ローマの城壁の外側で、ウィーンのほぼ中央にある。

資料６：城壁と堀で守備が強化されている。多くの教会がある。食料品が大量に運び込まれている。一方ワインは輸出されている。ドナウ川の水運を利用している。

Q３．水運や陸運に恵まれた交通の要所である。宗教的施設があるため、多くの人々が訪れる。

Q４．総督や貴族が居住し、城壁によって防衛力が高い。礼拝施設や教会があり宗教的中心地となっている。

運河や川が近くを流れているため、水運を活用できる。カイロはヨーロッパ側による十字軍運動により、それまでの中心地が衰退したため、代わって繁栄するようになった。

ウィーンは、十字軍運動により、ヨーロッパ各地で人の移動が活性化した結果、交通の要地として繁栄するようになった。

第６章

イスラーム教の伝播と西アジアの動向

1 イスラーム教の諸地域への伝播 p. 70～73

1．タラス河畔　2．サーマーン　3．マムルーク
4．カラハン　5．ウイグル　6．トルキスタン
7．ガズナ　8．ゴール　9．デリー＝スルタン
10．バクティ　11．カースト　12．インド＝イスラーム
13．サンスクリット　14．ジャンク　15．陳　16．パガン
17．マジャパヒト　18．マラッカ　19．アユタヤ
20．アチェ　21．マタラム　22．アクスム　23．金
24．マリンディ　25．ダウ　26．スワヒリ　27．ガーナ
28．塩金交易　29．マリ　30．ソンガイ
31．トンブクトゥ

▶Q＆A

問１．（解答省略）

問２．トンブクトゥなどの交易都市を支配して、ニジェール川流域で産出する金やサハラ北部で採れる塩をあつかうサハラ縦断交易を管理したため。

▶探究しよう

Q１．イラン：焼成レンガを建築材料とし、表面に彩色されたタイルで装飾する。／トルコ：石と煉瓦を使用。／中国：基本的に木造。／アフリカ：粘土に繊維質の材料を混ぜたもの。

Work１．建築材は主に、土・石・木に大別される。土はメソポタミアから中央アジアに、石は地中海世界からヨーロッパやインドに、木はアジアに広がっている。

土は成形して大きな塊を作り、それを積み上げていく。土を加工したレンガや石によって、アーチやドームを作成し、大きな室内空間を作ることができる。木は加工して柱を作り、それを組み合わせて作る。

Q２．各地に拡大したイスラーム教徒は、現地の伝統的な建築様式を取り入れてモスクを建造した。イランでは、伝統的な青いタイルが用いられている。トルコでは、地中海世界で発達した石造技術が用いられている。イランとトルコでは、ローマ時代に発達したドーム技術が用いられている。中国では木造建築であり、建造物は多角形で建てられ、湾曲した屋根には瓦が載っている。アフリカでは、粘土を壁として貼りつけたり、積み上げて建てる。

Work２．イスラーム教：酒は禁止。コーヒーがよく飲用される。豚肉は禁止。甘いものがよく食される。／キリスト教：カトリックではワインが「イエスの血」とされる。／ユダヤ教：「ヒレとウロコのない」海産物や、「蹄が２つに割れていて、反芻するもの」以外は禁止。／仏教：特に日本においては、禅宗が中国から伝わった時、喫茶の風習も伝わった。

2 西アジアの動向 p. 74～75

1．マムルーク　2．スルタン
3．ニザーム＝アルムルク　4．スンナ　5．マドラサ
6．イクター　7．徴税　8．ガザーリー　9．神秘主義
10．ウマル＝ハイヤーム　11．ルバイヤート
12．ビザンツ　13．イェルサレム　14．アイユーブ
15．サラーフ＝アッディーン　16．フレグ
17．ラシード＝アッディーン　18．イラン＝イスラーム
19．カイロ　20．カーリミー　21．寄進
22．イブン＝ハルドゥーン　23．ベルベル
24．ムラービト　25．ムワッヒド　26．マラケシュ
27．レコンキスタ　28．トレド　29．ナスル
30．イブン＝ルシュド　31．ラテン
32．イブン＝バットゥータ　33．アルハンブラ

第7章 ヨーロッパ世界の変容と展開

1 西ヨーロッパの封建社会 p. 76～77

1．十分の一税　2．聖職叙任権　3．クリュニー
4．グレゴリウス７世　5．ハインリヒ４世
6．カノッサ　7．ヴォルムス
8．インノケンティウス３世　9．三圃　10．東方植民
11．セルジューク　12．イェルサレム
13．ウルバヌス２世　14．クレルモン　15．第４回
16．ヴェネツィア　17．国王　18．東方　19．香辛料
20．ミラノ　21．毛織物　22．リューベック　23．海産物
24．フランドル　25．シャンパーニュ　26．自治都市
27．特許状　28．ロンバルディア　29．ハンザ
30．ギルド　31．親方　32．フッガー　33．メディチ
34．ユダヤ

2 東ヨーロッパ世界 p. 78～79

1．東スラヴ　2．キエフ　3．ウラディミル１世
4．モスクワ　5．イヴァン３世　6．ツァーリ
7．イヴァン４世　8．セルビア　9．クロアティア
10．オスマン　11．ポーランド　12．ヤゲウォ
13．チェック　14．ブルガール　15．マジャール
16．テマ　17．セルジューク　18．プロノイア
19．コンスタンティノープル　20．ドーム　21．モザイク
22．ハギア＝ソフィア　23．イコン

▶Q＆A
この地では、フランク王国や神聖ローマ帝国に支援されたカトリックと、ビザンツ帝国に支援されたギリシア正教の教会が競うように伝道をおこなったため。

3 西ヨーロッパ世界の変容 p. 80～85

1．賦役　2．地代　3．寒冷化　4．黒死病
5．自営農民　6．ジャックリー　7．ワット＝タイラー
8．大砲　9．騎士　10．十字軍運動　11．アナーニ
12．ボニファティウス８世　13．フィリップ４世
14．教皇のバビロン捕囚　15．アヴィニョン
16．教会大分裂　17．ウィクリフ　18．フス
19．コンスタンツ　20．身分制議会
21．プランタジネット　22．ジョン
23．インノケンティウス３世　24．大憲章
25．シモン＝ド＝モンフォール　26．模範議会
27．ジェントリ　28．カペー　29．フィリップ２世
30．ルイ９世　31．アルビジョワ　32．全国三部会
33．フランドル　34．ヴァロワ　35．エドワード３世
36．エドワード黒太子　37．ジャンヌ＝ダルク
38．常備軍　39．ランカスター　40．ヘンリ７世
41．テューダー　42．ウェールズ　43．スコットランド
44．レコンキスタ　45．イサベル　46．ナスル
47．大空位　48．金印勅書　49．ハプスブルク
50．東方植民　51．エルベ　52．ドイツ騎士団
53．ウェストファリア　54．シチリア　55．教皇領
56．教皇党　57．皇帝党　58．カルマル
59．マルグレーテ

▶Q＆A
問１．㋐カスティリャ　㋑アラゴン
問２．㋒グラナダ

▶Q＆A
問１．ブランデンブルク、ケルン、ザクセン、トリーア、ファルツ、マインツ、ベーメン王国
問２．ベーメン王国　問３．チェック人

▶探究しよう
Q１．中央にいる人物。光があたっている、画面のほぼ中央にいる、教皇の象徴とされる宝冠をかぶっている、などの点から推定できる。
Work．カトリック：基本的に教皇が信仰に関し正式な決定を下す場合、誤りはないとする。／プロテスタント：各教派・教団ごとに定義が異なり、一言では説明できない。／スンナ派：ムハンマドの後継者であるカリフが信徒をまとめていたが、カリフ制廃止の後は、

カイロのアズハル大学の総長が最高権威とみなされている。／シーア派：最高指導者はイマームであるが、現在は「隠れている」状態であり、その間、イスラーム法学者が様々な宗教的決定をおこなっている。

Q２．ローマ帝国の時代、皇帝は公会議を主宰するなど、教会に対して有利な立場であった。しかしローマ帝国が東西に分裂し、西ローマ帝国が滅亡すると、ゲルマン人への布教などを通じて、ローマ教皇の権威が高まり、皇帝や国王をしのぐほどになった。しかし十字軍運動を通じて国王の権威が高まり、教皇をしのぐに至った。一方、東ローマ皇帝は15世紀まで存続し、ローマ教皇は圧力を受けながらも、東西教会の合同などの試みもなされた。

Q３．13世紀にシモン＝ド＝モンフォールが議会を開いて以来、イギリスにおいては議会制が発達していった。国王エドワード１世は、王の諮問機関として身分別の代表からなる「模範議会」と呼ばれる議会を招集、さらにエドワード３世のとき、聖職者と貴族からなる上院と州と都市の代表からなる下院が分離し、下院→上院→国王という立法制度ができていった。

4 中世文化 p. 86～87

１．ベネディクト　２．ベネディクトゥス
３．モンテ＝カシノ　４．清貧・純潔・服従
５．祈り、働け　６．大開墾　７．フランチェスコ
８．ラテン　９．12世紀ルネサンス
10．ロジャー＝ベーコン　11．スコラ
12．トマス＝アクィナス　13．神学　14．法学　15．医学
16．ロマネスク　17．ゴシック　18．ステンドグラス
19．騎士道物語　20．ローラン　21．ニーベルンゲン
22．アーサー　23．吟遊詩人

▶Q & A

A：㋒　B：㋑　C：㋓

第８章

東アジア世界の展開とモンゴル帝国

1 宋とアジア諸地域の自立化 p. 88～93

１．ウイグル　２．耶律阿保機　３．遼　４．燕雲十六州
５．部族　６．州県　７．契丹　８．高麗　９．大理
10．遣唐使　11．仮名　12．国風　13．鎌倉幕府
14．西夏　15．大越　16．完顔阿骨打　17．猛安・謀克
18．開封　19．趙匡胤　20．科挙　21．文治主義
22．澶淵の盟　23．銀　24．王安石　25．農民　26．新法
27．旧法　28．靖康の変　29．徽宗　30．高宗　31．臨安
32．淮河　33．草市　34．鎮　35．行　36．作　37．江南
38．干拓　39．市舶司　40．日宋　41．交子　42．会子
43．佃戸　44．士大夫　45．白磁　46．院体画
47．文人画　48．蘇軾　49．詞　50．宋学　51．四書
52．司馬光　53．資治通鑑　54．朱熹　55．朱子学
56．全真教　57．木版印刷　58．羅針盤

▶Q & A

問１．B　問２．A　問３．淮河

▶Q & A

問１．金属貨幣は重いため、銅銭の預かり証として北宋では交子、南宋では会子を使用するようになり、紙幣へと発展していった。

問２．南宋　問３．臨安、㋐　問４．景徳鎮、㋒

▶探究しよう

Q１．（Work １・３は解答省略）
Work ２．約1.9㎞、約23分

Q２．運河：人工的な水路。とくに重要なのが、黄河と淮河を結んだ汴河。／酒楼：酒を出す料理屋。酒は宋代には専売制であったが、開封には72もの一流酒楼と、数えきれないほどの小店があった。青と白の縞の旗が目印である。／朱雀門：朱雀は中国思想における、南方を守護する神獣。朱雀門は南面する門で、最も重要な門である。／行幸：天子が外出すること。／祆廟：ゾロアスター教の宗教施設。

Q３．国子監：中国における最高教育文化機関。／燕雲十六州：長城の南側、燕州（北京）と雲州（大同）周辺の地域を指す。華北の重要地であるが、契丹に割譲されたため、宋は奪還を試みたが失敗した。／官僚：宋代には殿試が加わり科挙制度が完成した。科挙に合格した者が官人と呼ばれ、現場での実務は胥吏と呼ばれる庶民が担当した。／金銀交易所：中国は銅本位制で、銅銭が正貨であった。ただし金銀も、貨幣としての使用や装身具に利用されていた。

2 モンゴルの大帝国 p. 94～97

１．チンギス＝カン　２．クリルタイ　３．千戸制
４．西夏　５．オゴデイ　６．金　７．バトゥ
８．キプチャク＝ハン　９．フレグ　10．イル＝ハン
11．クビライ　12．南宋　13．大都　14．色目人
15．漢人　16．南人　17．郭守敬　18．駅伝
19．ムスリム　20．銀　21．交鈔　22．日元貿易
23．チベット仏教　24．元曲　25．プラノ＝カルピニ
26．ルブルック　27．ルイ９世　28．マルコ＝ポーロ
29．ヴェネツィア　30．世界の記述
31．モンテ＝コルヴィノ　32．カトリック
33．ラシード＝アッディーン　34．イラン　35．景徳鎮
36．染付　37．ティムール　38．紅巾の乱
39．サマルカンド　40．アンカラ　41．ウズベク
42．イラン＝イスラーム　43．ウルグ＝ベク

▶Q & A

問１．キプチャク＝ハン国、A
問２．イル＝ハン国、C　問３．大越、D

▶Q & A

問１．重量をはかって、その交換価値を算出するため。
問２．交鈔　問３．イブン＝バットゥータ
問４．当時：臨安　現在：杭州

第9章 大交易・大交流の時代

1 アジア交易世界の興隆 p. 98～102

1．ティムール　2．オスマン　3．モンゴル
4．朝鮮王朝　5．南京　6．朱元璋　7．洪武帝
8．中書省　9．里甲　10．六諭　11．朱子学　12．衛所
13．海禁　14．朝貢貿易　15．北京　16．永楽帝
17．鄭和　18．琉球　19．マラッカ　20．倭寇
21．李成桂　22．訓民正音　23．足利義満　24．勘合貿易
25．黎　26．土木の変　27．オイラト　28．長城
29．マカオ　30．銀　31．湖広　32．景徳鎮　33．山西
34．郷紳　35．会館　36．一条鞭法　37．木版印刷
38．王陽明　39．陽明学　40．本草綱目　41．ザビエル
42．マテオ＝リッチ　43．坤輿万国全図　44．徐光啓
45．朱印船　46．日本人町　47．豊臣秀吉　48．李舜臣
49．徳川家康　50．女真　51．薬用人参　52．後金
53．ヌルハチ　54．八旗　55．満洲　56．ホンタイジ
57．清　58．李自成

▶探究しよう

Q1．生糸：繭のなかのサナギを殺す→乾燥し保存→熱湯に沈める→繭から一本の糸を取り出し巻き取る。

ここでは作業を概説したが、各過程でもっと細かい精密な作業が要求される。

なお生糸とは、繭の糸を何本か集めて1本の糸にしたもので、撚りなどの加工をしていないもののことである。「絹」とは、生糸を精練したものを指すことが多い。

Work．麻：吸湿性・速乾性に優れる。／毛：羊の毛(ウール)などを材料とする。保湿性・保温性に優れる。／綿：肌触りが良い。吸水性に優れ、一方で熱に強いためアイロンが利用できる。／新素材：石油を利用した素材。ナイロンやポリエステルなど。耐久性に優れ、摩擦に強い。

Q2．古来人々は、毛皮、麻などを素材とした服を着ていたが、これらの素材は肌触りがあまり良くなかった。しかし絹の繊維は柔らかく、他に代えがたい肌着素材であったため、世界各地で人気となった。絹繊維は人間の肌と同じくタンパク質でできているため、化学繊維との接触で起こるような害がない。その後、より安価な素材である綿布の登場で、中国でも主役の地位は綿に交代した。人気の理由の2点目として、繊維が短く摩擦に弱い毛糸に対し、繊維が長く摩擦に強い生糸は様々な織り方が可能な点がある。3点目として、絹織物は丈夫なため、弓矢や銃弾に対する防御服としても重用された。4点目として、吸放湿性が綿に比べ1.5倍もあるため、夏は涼しく、冬は暖かい。5点目として、貨幣より軽く希少価値もあったため、遠隔地との交易の際便利であった。たとえば唐代ウイグルとの交易では絹が用いられ、馬1頭に対し絹25～40匹(匹は長さ12メートルの布地を表す単位)が相場であった。

中国の養蚕技術は2世紀には西域に、6世紀、ユスティニアヌス大帝の時代のビザンツ帝国に伝わった。17世紀には、フランスがヨーロッパ最大の絹生産国となっている。

2 ヨーロッパの海洋進出、アメリカ大陸の変容 p. 103～105

1．香辛料　2．レコンキスタ　3．エンリケ
4．バルトロメウ＝ディアス　5．ヴァスコ＝ダ＝ガマ
6．マラッカ　7．カトリック　8．リスボン
9．コロンブス　10．インディオ
11．アメリゴ＝ヴェスプッチ　12．マゼラン
13．コンキスタドール　14．アステカ　15．インカ
16．エンコミエンダ　17．ポトシ　18．ラス＝カサス
19．黒人奴隷　20．カブラル　21．プランテーション
22．ガレオン船　23．商業革命　24．砂糖

▶探究しよう

Work 1．(解答省略)

Work 2．高地に国が成立しているのは、標高が高いため、赤道直下でも涼しいのではないか。

Work 3．山がちな国土のため、斜面が急で、車輪は利用しにくく、人間が徒歩で移動する方が便利なのでは。

Q1．動物：馬などの大型家畜／技術：鉄器や車輪

Work 4．アステカ王国の支配下に入った国も軍事力を有しており、貢納に不満を持っていたのではないか。またいけにえとして殺された人々の母国では、反発が強まっていたのではないか。アステカ王国に服していない国もあり、Bはこうした人々ではないか。

Q2．国内では神権政治に対する不満、国外では貢納や人身御供に対する反発が強まり、外敵に対して、一致団結して闘うことが難しかったのではないか。

Q3．㋐いろいろな部族の中の一人だ。白人と協力するなんて、おかしい。／㋑彼女がコルテスに協力したことで、征服が容易となった。国と民族を裏切った、極悪な存在だ。身売りされて白人とともに行動させられるなんて、女性として気の毒すぎる。／㋒先住民なんて、利用するだけだ。話もきちんとできるし、我々と同じ人間だ。

第10章 アジアの諸帝国の繁栄

1 オスマン帝国とサファヴィー朝 p. 106～108

1．バヤジット1世　2．メフメト2世
3．イスタンブル　4．ビザンツ帝国　5．ティマール
6．イェニチェリ　7．セリム1世　8．マムルーク
9．スレイマン1世　10．ハンガリー　11．ウィーン
12．プレヴェザ　13．徴税請負　14．カピチュレーション
15．タブリーズ　16．シーア　17．十二イマーム
18．イラク　19．アッバース1世　20．イスファハーン

▶探究しよう

Work．(解答省略)

Q1．オスマン帝国はバルカン半島を征服すると、その地のキリスト教徒の子弟を徴用し、書記や軍人などに登用した。こうして編成されたイェニチェリは火器で

武装した歩兵軍であった。彼らは奴隷としてスルタンに忠誠を誓う精鋭部隊であった。また奴隷であるため、トルコの伝統的な騎兵戦術ではなく、最新の火器を活用した戦術を命令・実行できた。

Q２．ミマール＝シナン：1489～1588年。オスマン帝国を代表する建築家。イェニチェリの工兵から出世し、軍団長として各地を転戦した。その間建築術を学び、50歳を過ぎてから橋やモスクなどを数多く建造した。非常に多作であるが、代表的なものは、スレイマン＝モスク(教科書p.97)やセリミエ＝モスクなどがあげられるが、その他、橋や水道なども建造している。

2 ムガル帝国の興隆 p. 109～110

１．バーブル　２．アクバル　３．マンサブダール
４．アグラ　５．人頭税　６．ナーナク　７．シク
８．ペルシア　９．ウルドゥー　10．タージ＝マハル
11．細密画　12．ヴィジャヤナガル
13．アウラングゼーブ　14．マラーター

▶Q＆A
問１．サファヴィー朝　問２．アグラ
問３．タージ＝マハル　問４．マラーター王国

3 清代の中国と隣接諸地域 p. 111～115

１．呉三桂　２．北京　３．康熙　４．鄭成功　５．雍正
６．乾隆　７．ネルチンスク　８．ジュンガル　９．新疆
10．藩部　11．理藩院　12．ダライ＝ラマ
13．チベット仏教　14．両班　15．小中華　16．儒教
17．島津　18．長崎　19．対馬　20．琉球　21．松前
22．朱子学　23．オランダ　24．華人　25．辮髪
26．文字の獄　27．八旗　28．生糸・陶磁器・茶　29．銀
30．広州　31．地丁銀　32．考証学　33．顧炎武
34．紅楼夢　35．アダム＝シャール
36．カスティリオーネ　37．円明園　38．典礼
39．キリスト教の布教禁止　40．シノワズリ

▶Q＆A
問１．長崎　問２．対馬藩　問３．薩摩藩
問４．松前藩

▶Q＆A
問１．台湾　問２．ネルチンスク条約
問３．新疆ウイグル自治区　問４．広州
問５．ポタラ宮殿

▶探究しよう

Work１．古代シリアで活躍していたアラム人が用いていた文字が各地に広まった。東方には、ソグド文字・ウイグル文字・モンゴル文字・満洲文字として伝播していった。またアラビア文字ともなっている。満洲文字とアラビア文字は縦書き・横書きという違いがあるが、同系統の文字である。

Q１．彼ら自身の文字を表示することで、支配的・抑圧的な統治姿勢でないことを示そうとした。モンゴルやチベットに対しては現地の支配層とともに統治をおこない、漢民族に対しては、中国王朝の伝統を守る姿勢を示した。

Q２．清は元の後継者であることを自らの正統性の根拠として示そうとした。当時モンゴル世界は東方のハルハ、西方のオイラトに分裂しており、特にオイラト系のジュンガルは、チベット仏教の教主ダライラマ５世の高弟であるガルダンが統率するようになり強大化していた。清朝は元の正統後継者・チベット仏教の保護者の地位をかけてジュンガルと対決し、乾隆帝の時代に制圧した。

Work２．清の前半期には康熙・雍正・乾隆という有能な皇帝が続いた。彼らは少数の満洲族が多数の漢族を支配するに際し、自らも大変な努力を積み、漢文化の尊重を前面に出している。統治への批判が出ることを憂慮し、配下の官僚にも厳しい態度で接したのではないか。また明末の混乱をおさえ、社会が安定していることを誇り、「中外一体(漢族と異民族という区別はなくなり、一つの世界ができたという主張)」を主張している。

第11章 近世ヨーロッパ世界の動向

1 ルネサンス p. 116～117

１．ルネサンス　２．フィレンツェ　３．メディチ
４．ヒューマニズム　５．地球球体　６．コペルニクス
７．遠近法　８．火器　９．騎士　10．軍事　11．羅針盤
12．グーテンベルク　13．活版印刷術　14．ダンテ
15．エラスムス　16．モア　17．シェークスピア
18．セルバンテス　19．ラブレー

▶Q＆A
A：ラファエロ　B：レオナルド＝ダ＝ヴィンチ
C：ブリューゲル　D：ボッティチェリ
E：ミケランジェロ

2 宗教改革 p. 118～119

１．贖宥状　２．サン＝ピエトロ　３．ルター
４．九十五カ条の論題　５．聖書　６．新約聖書
７．カール５世　８．ドイツ農民　９．アウクスブルク
10．北欧　11．プロテスタント　12．カルヴァン
13．ジュネーヴ　14．長老　15．予定説　16．商工業者
17．ヘンリ８世　18．首長　19．イギリス国教会
20．エリザベス１世　21．統一　22．ピューリタン
23．トリエント公会議　24．バロック　25．禁書目録
26．イグナティウス＝ロヨラ

▶Q＆A
問１．❶九十五カ条の論題　❷サン＝ピエトロ大聖堂　❸贖宥状の販売
問２．㋐アウクスブルク　㋑ジュネーヴ　㋒トリエント
問３．イングランド：ピューリタン　ネーデルラント：ゴイセン　スコットランド：プレスビテリアン　フランス：ユグノー

3 主権国家体制の成立 p. 120~123

1．イタリア　2．マキァヴェリ　3．カール5世
4．ハプスブルク　5．カルロス1世　6．オスマン
7．主権国家　8．絶対王政　9．フェリペ2世
10．ポルトガル　11．太陽の沈まぬ帝国　12．レパント
13．カルヴァン　14．ベルギー　15．オラニエ公ウィレム
16．エリザベス1世　17．無敵艦隊　18．東インド会社
19．囲い込み　20．ユグノー　21．アンリ4世
22．ナントの王令　23．ベーメン　24．スウェーデン
25．フランス　26．オランダ　27．スイス
28．カルヴァン

▶Q&A

問1．ハプスブルク家　問2．ネーデルラント
問3．レパント　問4．ベーメン

▶探究しよう

Work.（解答省略）

Q1．①カトリック対プロテスタントという宗教戦争。②皇帝対貴族という国内の政治的対立。③ゲルマン人対スラヴ人という民族的対立。④ハプスブルク家対フランス王家という国際的対立、という特徴をもっていた。

Q2．資料1中に、「全権代表会議…全権代表は互いに意見…諸侯の同意と承諾のもと…諸規定で一致し、以下のように取り決めた。」とある。このように、紛争解決のため、各国の代表が集まって会議を開き、合意事項を条約として締結するという仕組みが形成された。この仕組みを、主権国家体制下における外交という。

Q3．14世紀と17世紀は世界各地で、内乱や戦争などがおこっていることがわかる。この時期は気候が寒冷化したことが知られており、遊牧民は家畜の食料を求めて移動・南下し、農耕民は作物の不作に苦しんだのではないかと推定される。さらに人々の移動は各地の風土病を他の地域に伝播させることで伝染病となり、食料不足もあって人口減少をまねいた。

4 オランダ・イギリス・フランスの台頭 p. 124~126

1．中継貿易　2．アムステルダム　3．東インド会社
4．バタヴィア　5．ニューアムステルダム
6．ステュアート　7．ジェームズ1世　8．王権神授説
9．チャールズ1世　10．ピューリタン
11．クロムウェル　12．共和政　13．アイルランド
14．ホッブズ　15．重商主義　16．航海　17．王政復古
18．チャールズ2世　19．トーリ　20．ホイッグ
21．ジェームズ2世　22．名誉　23．権利の章典
24．ロック　25．社会契約　26．抵抗権
27．グレートブリテン　28．ウォルポール　29．議院内閣
30．ブルボン　31．全国三部会　32．ハプスブルク
33．ルイ14世　34．フロンド　35．王権神授　36．太陽王
37．ヴェルサイユ　38．コルベール　39．ナントの王令
40．スペイン継承　41．ユトレヒト　42．ブルボン
43．ジブラルタル　44．黒人奴隷
45．フレンチ＝インディアン　46．パリ　47．三角貿易

▶Q&A

問1．権利の章典　問2．名誉革命
問3．ウィリアム3世・メアリ2世

▶Q&A

A．①　B．③　C．②　D．①　E．②　F．①
G．②　H．①

5 北欧・東欧の動向 p. 127~128

1．イヴァン4世　2．ロマノフ　3．コサック
4．ポーランド　5．北方　6．ペテルブルク
7．ネルチンスク　8．プガチョフ　9．クリミア
10．ポーランド　11．選挙王政　12．バルト
13．ユンカー　14．ユグノー　15．ウィーン
16．カルロヴィッツ　17．マリア＝テレジア
18．フリードリヒ2世　19．オーストリア継承
20．シュレジエン　21．外交革命　22．七年
23．サンスーシ　24．ヴォルテール　25．ヨーゼフ2世

▶Q&A

1．b　2．c　3．d　4．a　5．e　6．f

6 科学革命と啓蒙思想 p. 129~131

1．ニュートン　2．合理　3．デカルト　4．経験
5．ロック　6．カント　7．ホッブズ　8．自然法
9．グロティウス　10．テュルゴ　11．アダム＝スミス
12．古典　13．ヴォルテール　14．モンテスキュー
15．ルソー　16．ディドロ　17．ブルジョワ

▶Q&A

A．ニュートン　B．ガリレイ　C．ロック
D．グロティウス　E．ルソー

▶探究しよう

Work．たとえば「ドラえもん」に登場する「ほんやくコンニャク」の原理は不明であるが、世界各地の言語に翻訳できるツールがすでに開発されている。(ただし動物や異星人との会話については実現されていない)「もしもボックス」は、SFの世界では多くの作品があり、「もしモンゴルが世界を征服していたら」などの名作や、主人公が異世界に転生する話などはたくさんある。

Q1．「全てのものは互いに引き合う」という万有引力の法則を思いついた。この考えは、例えば人口と商業圏などの関係を考える「重力モデル分析」として、様々な分野で応用されている。

Q2．「万学の祖」と称されるアリストテレスの思考体系をとりいれて、13世紀トマス＝アクィナスはキリスト教神学であるスコラ哲学を大成させた。

Q3．望遠鏡：天体観測を可能にし、キリスト教会の主張する宇宙観に打撃を与えた。さらにいろいろな方面に活用され、紫外線や重力波まで観測できるようになった。／顕微鏡：目に見えないほどの小さいものでさえ観察可能にし、生物学や病理学の発展に寄与した。／時計：それまで教会が支配していた「時間」を、正確に計測できるようになったため、工業化を進める市民層が活用して、近代資本主義社会の成立に貢献した。

第Ⅲ部へのアプローチ p. 132〜133

Ｑ１. 1851年のロンドン万国博覧会から1873年の「大不況」に至る時代は、イギリスの「繁栄の時代」であった。イギリスは「世界の工場」として世界経済を動かし、自由貿易ネットワークを世界にはりめぐらせた。政治の実権を握るのは、依然として貴族・ジェントリであったが、中流階級が社会における経済的実力を高めていた。貴族・ジェントリの生活スタイルは中流階級にも広がり、また庶民にも影響がおよびつつあった。そうしたなか、鉄道や蒸気船が実用化し、移動にかかる費用が安価になった。またロンドン万国博覧会にトマス＝クックが安価なパックツアーを企画し、庶民にとっても旅行が身近な娯楽となった。さらに、パリ万博に際して、安価なパックツアーが企画されたことで、海外旅行も身近なものとなった。

Ｑ２. 旅行は生活に余裕のある人々の娯楽であったが、生活に困窮した多くの人々が、新たな仕事と生活を求めて新天地へと渡った。ロシア・ポーランドなど東欧やイタリア・ギリシアなど南欧からアメリカ合衆国へ渡った人々は「新移民」と呼ばれる。彼らはアメリカ社会に同化せず、独自の社会集団を形成し、多くは都市の低賃金労働者となった。そしていわゆる「旧移民」との間に摩擦と対立が生じた。

Ｑ３. 地中海ではイタリア、スペインの帆船が、インド洋ではダウ船が巡礼者を運んでいたが、運べる人数は少なく、また航海が風に左右されるため、巡礼は陸上交通が中心であった。しかし、蒸気船が発達すると、カイロ、ダマスクス、タイズなど陸路メッカをめざすキャラバンが編成されていた都市が船の発着港となった。1869年のスエズ運河開通は海路の重要性をより高め、新しい海運業をヨーロッパ系の船舶会社が押さえた。

Ｑ４. 19世紀後半、アフガーニーが「パン＝イスラーム主義」をとなえて展開したイスラーム改革運動は、巡礼者たちによって東南アジアに伝播した。そして、東南アジア各地でおこったヨーロッパ諸国による植民地支配に対する抵抗運動にも影響をおよぼした。

第12章

産業革命と環大西洋革命

1 産業革命 p. 134〜137

１. 農場領主　２. 農奴　３. 価格　４. 17世紀の危機
５. 農業　６. 海外　７. 三角　８. 綿織物　９. 石炭
10. 産業革命　11. 蒸気機関　12. ワット
13. スティーヴンソン　14. 資本家　15. 労働者
16. マンチェスター　17. 東インド会社　18. 綿花
19. アヘン　20. 世界の工場　21. ベルギー　22. ドイツ

▶Q＆A

問１. ▨石炭　⬢鉄　問２. 農業革命
問３. ㋒－リヴァプール　㋓－マンチェスター

▶探究しよう

Ｑ１. 18世紀後半イギリスで産業革命がはじまり、ヨーロッパやアメリカ合衆国などへ技術革新の動きが波及した結果、一部の国・地域で工業化が進展した。工業化の進展は人々の所得の上昇をもたらしたが、一方で工業地域に対する原料供給地となった地域の人々の所得は減少した。

Work. 汚れた男性が、ジフテリア、リンパ腺結核、これらという名の子供を美しい女性の姿で象徴されているロンドン（４分された盾の向かって左上に剣があるのがロンドンの紋章）に見せている。工場からは黒い煙が吐き出され、川には動物の死骸や汚物が流れている。経済的に発展し、美しく成長したロンドンと比較し、川や空気が汚染されている状況や病気に苦しむ人々の惨状を示している。

Ｑ２. 資料２から、農業・林業・漁業が減少し、製造業等が増加している。農業等に従事していた人が製造業に従事するようになったと推定される。さらに資料３のように、女性や子供も工場で働くようになった。

こうした工業化の進展はイギリスに様々な影響をもたらした。鉄道や蒸気船などの発展により各地との貿易が盛んになり、食料輸入が増加して人口増の一因となった。工業化とともに進展した技術の進歩は、医療技術の向上をまねき、死亡率を下げたことで、これも人口増の一因となった。

一方で、都市の人口が増加したことで住環境の悪化を招き、スラム街の成立や公害などの社会問題も発生することとなった。

Ｑ３.「第４次産業革命」の特徴とは、人工知能（AI）やロボット技術などである。すなわちデジタル世界と現実の世界が融合し、あらゆるモノ・情報がインターネットでつながり、社会生活すべての面で劇的な変化がおこることが予想されている。

2 アメリカ合衆国の独立と発展 p. 138〜139

１. ルイジアナ　２. 七年　３. 13
４. プランテーション　５. タバコ　６. 重商主義
７. 印紙　８. 代表　９. 課税　10. 茶
11. ボストン茶会　12. 大陸会議　13. ワシントン
14. ペイン　15. ジェファソン　16. 武装中立同盟
17. ヨークタウン　18. パリ　19. ロック　20. 三権分立
21. 最高裁判所　22. ワシントン　23. 連邦　24. 州権
25. 黒人　26. 先住民

▶Q＆A

問１. ａ：平等　ｂ：幸福　問２. ア
問３. ロック、抵抗権

3 フランス革命とナポレオンの支配 p. 140〜143

１. 聖職者　２. 貴族　３. ブルジョワ
４. アメリカ独立　５. ルイ16世　６. ネッケル
７. 全国三部会　８. 国民議会　９. バスティーユ
10. 十分の一税　11. ラ＝ファイエット　12. 立法
13. ヴァレンヌ　14. オーストリア　15. 義勇兵
16. 国民公会　17. ロベスピエール　18. 恐怖

19. テルミドール　20. 総裁政府
21. ナポレオン＝ボナパルト　22. エジプト　23. 統領
24. 政教協約　25. ナポレオン法典　26. ナポレオン１世
27. 神聖ローマ　28. トラファルガー　29. 大陸封鎖令
30. ロシア　31. ナショナリズム　32. 解放
33. 復古王政　34. ウィーン　35. ワーテルロー

▶Q＆A
問１. ラ＝ファイエット
問２. a：自由　b：平等　c：抵抗　d：国民
　e：所有権
問３. ①き　②あ　③え　④い　⑤お　⑥う　⑦か

▶Q＆A
問１. ㋐④　㋑②　㋒③　㋓①
問２. ①か　②う　③え　④あ　⑤き　⑥い　⑦お

4 中南米諸国の独立 p. 144〜145

１. 環大西洋　２. サン＝ドマング　３. フランス
４. ハイチ　５. トゥサン＝ルヴェルチュール
６. クリオーリョ　７. ポルトガル　８. ブラジル
９. アルゼンチン　10. ペルー　11. ボリビア
12. ボリバル　13. メキシコ　14. メスティーソ
15. モンロー

▶Q＆A
問１. 環大西洋革命
問２. トゥサン＝ルヴェルチュール
問３. クリオーリョ　問４. ポルトガル
問５. ボリバル　問６. モンロー宣言

第13章

イギリスの優位と欧米国民国家の形成

1 ウィーン体制と政治・社会の変動 p. 146〜151

１. オーストリア　２. タレーラン　３. ポーランド
４. オーストリア領ネーデルラント
５. ロシア・イギリス・プロイセン・オーストリア
６. ケープ植民地　７. 神聖　８. スペイン
９. デカブリスト　10. ギリシア独立運動　11. イギリス
12. 七月革命　13. ルイ＝フィリップ　14. ベルギー
15. プロテスタント非国教徒　16. 産業資本家　17. 地主
18. 男性普通選挙　19. 穀物　20. 航海　21. 工場
22. マルクス　23. 共産党宣言　24. 第二共和政
25. 社会主義者　26. ルイ＝ナポレオン
27. ナポレオン３世　28. 三月革命　29. フランクフルト
30. 欽定憲法　31. ハンガリー

▶Q＆A
問１. スイス－㋖　問２. オーストリア－㋗
問３. フランス－㋑　問４. イギリス－㋓

▶§
a. 神聖同盟　b. スペイン　c. デカブリスト
d. 七月王政　e. ベルギー　f. 選挙法改正
g. 穀物法　h. 第二共和政　i. プロイセン
j. フランクフルト　k. 航海法　l. シャルル10世
m. 中小資本家　n. ルイ＝フィリップ
o. ルイ＝ナポレオン　p. イタリア　q. 諸国民の春

▶探究しよう
Work１. 大陸封鎖令で安価な穀物の流入を恐れた地主たちの働きかけによって制定された。
Q１. 穀物法は大陸封鎖令廃止で安価な穀物の流入を恐れた地主のたちの働きかけで制定された。自由貿易を望む産業資本家層がこれに反対したが、彼らは第１回選挙法改正で発言力を高めており、1846年に穀物法は廃止された。その後も、イギリスでは地主層は発言力を維持しているが、工業化を進める産業資本家層がイギリスの政策決定に大きく寄与するようになっていったから。
Work２.「自由貿易の原理は、あたかも宇宙における重力の法則のように作用するのであり、それは人を互いに引き寄せあい、人種・信条・言語にもとづく敵意を脇に退けて、私たちを永遠の平和の絆のうちに結びつけることになるのです。」の部分。
Q２. コブデンは、自由貿易体制においては、貿易の拡大によって諸国民の間の相互理解が深まると考えた。また、経済の相互依存も強まるため、戦争をおこなうことの不利益が意識されるようになり、軍縮にもつながると考えた。
Q３. 工業化でイギリスを追う立場の国々は、自由貿易体制ではイギリスに太刀打ちできないと考えていた。例えば、ドイツでは、リストが、発展段階がおくれた国民経済は関税などによる国家の保護を必要とすると説き、ドイツ関税同盟が結成された。

2 列強体制の動揺とヨーロッパ再編成 p. 152〜155

１. イギリス・フランス　２. パリ　３. インド大反乱
４. 農奴解放令　５. ポーランド　６. ヴ＝ナロード
７. 万国博覧会　８. 議会政治　９. ディズレーリ
10. 都市労働者　11. ジャガイモ飢饉　12. 自治法案
13. レセップス　14. インドシナ　15. メキシコ
16. アルザス・ロレーヌ　17. パリ＝コミューン
18. 共和国憲法　19. マッツィーニ
20. ヴィットーリオ＝エマヌエーレ２世
21. ロンバルディア　22. サヴォイア　23. ガリバルディ
24. ヴェネツィア　25. ローマ教皇領
26. 未回収のイタリア　27. 教皇庁　28. ドイツ関税
29. フランクフルト　30. 鉄血政策
31. シュレスヴィヒ・ホルシュタイン　32. 北ドイツ連邦
33. マジャール　34. ドイツ＝フランス
35. ヴィルヘルム１世　36. 男性普通選挙　37. 文化闘争
38. 社会主義者鎮圧　39. 社会保険　40. 三帝　41. 三国
42. 再保障　43. ブルガリア　44. ベルリン
45. 中央アジア・東アジア　46. チュニジア
47. スウェーデン　48. ノルウェー
49. 第２インターナショナル　50. 国際赤十字社
51. 郵便・電信　52. 移民

▶Q＆A
問１. ㋐　問２. ㋑　問３. ㋓

▶Q＆A

問1．㊀

問2．ブルガリアの領土が縮小されて、オスマン帝国内の自治国とされた。

3 アメリカ合衆国の発展 p. 156～161

1．ルイジアナ　2．フロリダ　3．明白なる運命
4．カリフォルニア　5．ペリー　6．強制移住
7．奴隷制プランテーション　8．人道　9．ミズーリ
10．カンザス・ネブラスカ　11．共和党　12．リンカン
13．アメリカ連合国　14．西部公有地　15．奴隷解放宣言
16．ゲティスバーグ　17．クー＝クラックス＝クラン
18．州法　19．世界最大級の農業生産力　20．大陸横断鉄道
21．イギリス・ドイツ　22．非熟練労働者

▶Q＆A

問1．ルイジアナ－⑤　問2．フロリダ－②

問3．テキサス－④　問4．カリフォルニア－⑦

▶§

a．商工業　b．自由貿易　c．連邦　d．共和党
e．ミズーリ　f．カンザス・ネブラスカ
g．リンカン　h．アメリカ連合　i．奴隷解放

▶探究しよう

Work 1．イギリス、フランス、ドイツ

Work 2．イギリス、フランス、アメリカ、ドイツ、ベルギー

Work 3．(1)イギリス、アメリカ、フランス、ベルギー
(2)アメリカ、イギリス、フランス、ベルギー

Work 4．アメリカ、イギリス、ドイツ、フランス、ベルギー

Q1．イギリスの生産力がほかを圧倒しているが、鉄道営業距離数ではアメリカがイギリスをしのいでいる。1840年代は西部開拓が本格化する時代であるが、それにともない鉄道の敷設も順調に進んでいたと推測できるだろう。登録商船トン数でも、蒸気船についてはアメリカがイギリスの2倍以上となっている。また、小国ベルギーが、鉄道営業距離数でドイツやフランスにせまっている。

1869～1890年。要因としては、南北戦争が終わり、勝利した北部主導での工業化が進んだことが考えられる。1869年は大陸横断鉄道が開通した年であり、北部の工業が西部と結びついたと考えられる。また、西部への移住が促進され、国内資源の開発や市場を拡大して工業生産を発展させた。

Q2．ドイツが、原綿消費量3.5倍・銑鉄生産3.1倍・蒸気船のトン数8.9倍・鉄道営業距離数2.5倍とのばしている。アメリカとともに第2次産業革命の技術革新で成果をあげたと考えられる。また、工業生産でアメリカ・ドイツの急追を受けるイギリスだが、1869～1890年代に帆船からしだいに蒸気船への切りかえが進んでおり、海運では強い力を維持していることも読み取れる。

4 19世紀欧米文化の展開と市民文化の繁栄 p. 162～163

1．市民文化　2．国民国家　3．ヨーロッパ中心
4．ロマン　5．写実　6．自然　7．ナショナリズム
8．ランケ　9．ヘーゲル　10．マルクス　11．功利
12．リカード　13．ドイツ関税　14．種の起源
15．パストゥール　16．極地　17．パリ　18．地下鉄
19．万国博覧会　20．デパート

▶§

a．ロマン　b．写実　c．自然

第14章

アジア諸地域の動揺

1 西アジア地域の変容 p. 164～167

1．ワッハーブ　2．サウード　3．クリミア＝ハン
4．ムハンマド＝アリー　5．ギリシア
6．エジプト＝トルコ　7．ロンドン
8．カピチュレーション　9．通商条約　10．スエズ運河
11．クリミア戦争　12．イェニチェリ　13．タンジマート
14．オスマン　15．ミドハト＝パシャ
16．アブデュルハミト2世　17．カリフ
18．ガージャール　19．トルコマンチャーイ
20．バーブ教徒　21．グレートゲーム　22．アフガン戦争

▶Q＆A

問1．ワッハーブ王国　問2．ムハンマド＝アリー

問3．ガージャール朝

▶探究しよう

Q1．オスマン帝国のイェニチェリは大規模に火器を採用した。すでに15世紀後半には戦いに投入されているが、有名なのは、セリム1世がサファヴィー朝の騎馬軍団を破った、1514年のチャルディラーンの戦いである。同時代の例としては、ムガル帝国を樹立したバーブルがロディー朝を破った、1526年のパーニーパットの戦いで火器を多用している。西ヨーロッパでは、イタリア戦争中の1525年に皇帝軍がフランス軍との戦いに火器を投入し、その後オランダ独立戦争では組織的に使用されるようになった。また日本で、織田信長が武田の騎馬軍を破った1575年の長篠の戦いも火器利用の事例とされる。

Q2．下線部②：イエニチェリの堕落を強調している。
下線部③：宗教的な表現で軍団の廃止を正当化しようとした。

Q3．スルタンは、イギリス・フランス・ロシア軍との戦いに苦戦し、オスマン帝国軍の問題点をつきつけられた。

この問題に対処するには、軍隊の近代化が必要であると考え、イェニチェリを廃止して、新たに西欧型の軍隊をつくろうと考えた。

2 南アジア・東南アジアの植民地化 p. 168～169

1．カルカッタ　2．ポンディシェリ　3．プラッシー
4．マラーター　5．シク　6．アヘン　7．産業資本家
8．シパーヒー　9．ヴィクトリア女王　10．ジャワ
11．強制栽培制度　12．海峡植民地　13．マレー連合州

14. ゴム　15. コンバウン　16. カトリック
17. メキシコ　18. 阮福暎　19. ピニョー　20. 劉永福
21. フエ　22. 清仏　23. 天津
24. フランス領インドシナ連邦　25. ラタナコーシン
26. チュラロンコン

▶Q & A

問1. イギリス　問2. フランス　問3. オランダ
問4. 強制栽培制度　問5. シンガポール　問6. タイ

3 東アジアの激動 p. 170～175

1. 白蓮教徒　2. 三角貿易　3. 林則徐　4. 南京
5. 香港島　6. 片務的最恵国待遇　7. アロー号事件
8. 北京　9. キリスト教布教　10. アヘン貿易
11. 総理各国事務衙門　12. アイグン
13. ウラジヴォストーク　14. イリ　15. 洪秀全
16. 郷勇　17. 西太后　18. 李鴻章　19. 洋務運動
20. 中体西用　21. 日米和親　22. 日米修好通商
23. 日朝修好条規　24. 租界　25. 大日本帝国憲法
26. 琉球　27. チベット　28. 朝貢国　29. 金玉均
30. 閔氏　31. 壬午軍乱　32. 甲午農民戦争　33. 下関
34. 台湾　35. 開港場　36. 三国干渉

▶Q & A

問1. 片務的最恵国待遇　問2. 冊封体制

▶Q & A

問1. 上海　問2. 天津　問3. 洪秀全　問4. 郷勇
問5. ペリー　問6. 江華島

▶探究しよう

Work 1. 北魏

Q1. 「土地を均分する」とうたう制度は、周代の「井田制」にみられる。『孟子』では、土地を井字型に九等分し、中央の区画を公田として共同利用してその収穫を租税とし、周囲の土地を私田として八家が利用したとされる。また、『周礼』には公田・私田の区別の無い制度が伝えられている。理想化された土地制度であるが、その実態は不明である。西晋でおこなわれた占田制の内容には諸説があるが、農民に土地を支給し、大土地所有を制限しようとするものだったと考えられる。また、支給する土地の面積に男女間の差があったとされる。北魏では、井田制の理想を背景に、占田制を先駆として均田制が始まった。均田制は北朝に受け継がれ、隋・唐にも受け継がれた。均田制においても、支給される土地について男女間に差があり、唐代には男性のみが支給対象となった。洪秀全はキリスト教を受容し、儒教を排撃した。しかしそれは主観的なものであり、天朝田畝制度に掲げる理想社会も儒教の「大同」思想にもとづくものであり、過去の王朝の土地政策の影響を受けたと考えられる。

Q2. 清朝では、八旗のあいだに序列があり、満洲人が他民族を支配するなど身分差があった。太平天国はおさめる側の「官」とおさめられる存在としての「農」を上下の関係としてきびしく区別した点は清朝と共通する部分である。また、清朝では科挙によって官位につくことになっていたが、「官位を世襲させよ」として、功臣の官職の世襲を認めていることが相違点である。

Work 2. 儒教

Q3. 洪秀全がキリスト教に関心を持つ契機となったのが、『勧世良言』というプロテスタントの布教パンフレットであった。『勧世良言』は、聖書の内容を紹介しながら、科挙試験を題材として儒教を批判し、偶像崇拝の無益さを説いている。1843年、四度目の科挙受験に失敗した洪秀全は、『勧世良言』を読んで衝撃を受けた。また、この書ではエホバに「上帝」の訳語を用いており、キリスト教を太古の中国でも信仰された宗教として受け止めたと考えられる。洪秀全は『勧世良言』を、「天が私に授けてくださった書物」と受け止め、偶像を捨てよという教えに従い、祀られていた孔子の位牌をかたづけた。こうして、太平天国はキリスト教思想を中国の伝統的社会観に結びつけ、儒教経典を読むことを禁じる布告を出すことになった。儒教倫理を社会の支柱とする曽国藩ら、官人官僚たちにとって、こうした発想は決して許してはならないものであったと考えられる。

第15章

帝国主義とアジアの民族運動

1 第2次産業革命と帝国主義 p. 176～179

1. 石油　2. 電気　3. 銀行　4. 移民
5. 資源供給地　6. 国民統合　7. ベルエポック
8. カナダ　9. スエズ運河会社
10. ジョゼフ＝チェンバレン　11. 南アフリカ
12. 労働党　13. アイルランド自治　14. ブーランジェ
15. フランス社会党　16. ヴィルヘルム2世
17. 世界政策　18. 社会主義者鎮圧　19. 修正
20. フランス　21. シベリア鉄道
22. ロシア社会民主労働　23. 社会革命　24. 血の日曜日
25. ニコライ2世　26. ストルイピン　27. フロンティア
28. マッキンリー　29. ジョン＝ヘイ
30. セオドア＝ローズヴェルト　31. ウィルソン
32. 第2インターナショナル　33. ドイツ社会民主
34. 第一次世界大戦

▶§

a. 石油・電力　b. 銀行　c. 社会主義運動
d. 原料供給地　e. 民族運動

▶探究しよう

Work 1. 1869～1890年にかけて、ドイツは、原綿消費量3.5倍・銑鉄生産3.1倍・蒸気船のトン数8.9倍・鉄道営業距離数2.5倍とのばしている。アメリカとともに第2次産業革命の技術革新で成果をあげたと考えられる。

Q1. ドイツ経済は急激な成長をとげ、状況は大きくかわっていった。経済の成長にともない、労働者の生活は徐々に改善され、実質賃金もおおむね上昇し、労働時間も減少していった。労働者たちは、非合法的な革命ではなく、賃金や労働条件などの改革を求めるようになっていったと考えられる。

Q2. ドイツは、イギリス・フランスとロシアの中間に位置していた。イギリスやフランスと比べると、産業革命の始まりは遅れたが急速に進行していた。そのため、支配層と労働者、そのあいだの中間層を含めて、複雑な階級対立が生まれた。そうした状況下に社会主義者たちは、社会主義者鎮圧法により政党としての、また組合運動を禁じられた。社会主義政党が合法化されたあとも、体制側から様々な抑圧を受けることになった。しかし、社会民主党はしだいに国会で議席数をのばし、社会保険制度の運用などで存在感を強めていった。そのため、社会民主党内では革命か改革かをめぐる論争が闘わされるようになった。ベルンシュタインは、下線部❷にみられるように、イギリスの社会主義者の立場をとりあげ、改革を主張した。

Work２．マルクス主義にもとづく革命を目指す社会民主党は、議会での活動を通じて社会改革をめざすようになった。その結果、1912年に議会第一党となり、第２インターナショナルでは中心的な役割をはたした。しかし、第一次世界大戦が勃発すると、政府の戦争遂行政策に協力する姿勢をみせ、戦争遂行に反対する勢力と分裂してしまった。

2 世界再分割と列強の対立 p. 180～181

1．ベルリン＝コンゴ　2．ウラービー運動　3．ブール
4．トランスヴァール・オレンジ両国　5．チュニジア
6．ファショダ　7．英仏協商　8．ドイツ
9．モロッコ　10．エチオピア　11．リビア
12．リベリア共和国　13．金鉱　14．アボリジニー
15．マオリ　16．フィリピン・グアム　17．ハワイ
18．カトリック教会　19．パン＝アメリカ　20．ディアス
21．民主的憲法　22．再保障　23．バグダード鉄道
24．日英同盟　25．英仏協商　26．バルカン
27．三国協商　28．未回収のイタリア

▶Q＆A

問１．㋐イギリス　㋑フランス　㋒ドイツ
㋓イタリア　㋔ベルギー
問２．㋕エチオピア　㋖リベリア
問３．ファショダ

3 アジア諸国の変革と民族運動 p. 182～187

1．康有為　2．梁啓超　3．西太后　4．東清鉄道
5．膠州湾　6．旅順・大連　7．威海衛　8．広州湾
9．ジョン＝ヘイ　10．山東　11．８カ国連合軍
12．北京議定書　13．外国軍の駐屯　14．大韓帝国
15．1905　16．セオドア＝ローズヴェルト
17．ポーツマス　18．遼東半島　19．東清鉄道
20．南満洲鉄道　21．日韓協約　22．義兵闘争
23．韓国併合　24．朝鮮総督府　25．金本位制
26．光緒新政　27．科挙　28．憲法大綱　29．国会開設
30．中国同盟会　31．三民　32．幹線鉄道国有化
33．四川　34．武昌　35．孫文　36．南京　37．袁世凱
38．宣統帝　39．モンゴル人民共和国
40．ダライ＝ラマ13世　41．民族資本
42．インド国民会議　43．ベンガル分割令　44．ティラク
45．カルカッタ　46．スワラージ
47．全インド＝ムスリム　48．イスラーム
49．ホセ＝リサール　50．アギナルド
51．フィリピン共和国　52．フィリピン＝アメリカ
53．ファン＝ボイ＝チャウ　54．ドンズー運動
55．ベトナム光復会　56．アフガーニー　57．ウラービー
58．マフディーの乱　59．タバコ＝ボイコット
60．立憲革命　61．青年トルコ革命
62．アブデュルハミト２世　63．イタリア＝トルコ
64．トルコ民族

▶Q＆A

問１．孫文　問２．ａ：②　ｂ：④　ｃ：③　ｄ：①

▶Q＆A

問１．インドネシア－ウ　問２．フィリピン－ア
問３．ベトナム－イ　問４．インド－オ
問５．オスマン帝国－キ　問６．イラン－カ

▶探究しよう

Q１．
Work１．「諸夏、漢人、唐人」。王朝名であって国名ではないため。
Work２．「震旦、志那」。外国人が呼ぶもので、自分たちで命名したものではない。
Work３．「中国、中華」。自尊・自大で、批判を受けるものであるため。
Q２．1890年代から20世紀初頭、知識人たちは、中国は亡国の危機にあり、救国こそが課題であると考えていた。そして、中国を変革するためには、中国の歴史の再検討と、新たな観点から中国史を再構成することが必要であると考えていた。そうしたなかで、清という王朝名よりも、「中国」を国名として意識する傾向が現れていた。梁啓超は、そうした中国史像再構築の先頭に立っていた。1901年は、義和団戦争で中国がきびしい状況に追い込まれた年である。そうした状況下に、人々が国の名称について、その実体との関係を深く考え、自分たちの国を大切に、尊厳をもって中国という国名を使おうと提唱した。

第16章
第一次世界大戦と社会の変容

1 第一次世界大戦とロシア革命 p. 188～191

1．パン＝スラヴ　2．ボスニア・ヘルツェゴヴィナ
3．日露戦争　4．バルカン　5．ヨーロッパの火薬庫
6．サライェヴォ事件　7．イギリス・フランス
8．ベルギー　9．マルヌ　10．タンネンベルク
11．イタリア　12．オスマン帝国　13．ロンドン
14．サイクス・ピコ　15．パレスチナ
16．戦車・飛行機・毒ガス　17．第２インターナショナル
18．無制限潜水艦作戦　19．十四カ条
20．ブレスト＝リトフスク　21．キール軍港の水兵反乱
22．ヨーロッパ中心　23．女性　24．ニコライ２世
25．ソヴィエト　26．四月テーゼ　27．ケレンスキー

28．トロツキー　29．無併合・無償金・民族自決
30．土地に関する布告　31．モスクワ　32．対ソ干渉
33．赤軍　34．戦時共産　35．コミンテルン　36．ネップ
▶Q＆A
問1．ボスニア・ヘルツェゴヴィナ－E
問2．セルビア－C　問3．ブルガリア－B
問4．サライェヴォ－ウ　問5．マルヌ－ア
▶Q＆A
問1．レーニン　問2．「平和に関する布告」

2 ヴェルサイユ体制下の欧米諸国　p. 192～195

1．ウィルソン　2．戦時外交　3．民族自決
4．委任統治　5．アルザス・ロレーヌ
6．ラインラント　7．ジュネーヴ　8．常任理事国
9．アメリカ合衆国　10．制裁手段　11．四カ国
12．海軍軍縮　13．九カ国　14．第4回選挙法改正
15．マクドナルド　16．第5回選挙法改正
17．ウェストミンスター憲章　18．エール
19．ルール工業地帯　20．ブリアン　21．エーベルト
22．ヴァイマル憲法　23．不服従　24．シュトレーゼマン
25．ポーランド　26．フィウメ　27．ロカルノ
28．ケロッグ　29．ロシア革命　30．ムッソリーニ
31．ラテラノ　32．ヴァチカン市国　33．ナショナリズム
34．チェコスロヴァキア　35．ポーランド　36．ハンガリー
37．ネップ　38．ソヴィエト社会主義共和国連邦
39．レーニン　40．スターリン　41．トロツキー
42．コルホーズ　43．ソフホーズ　44．コミンテルン
45．国際金融　46．孤立　47．共和党
48．大量生産・大量消費　49．禁酒
50．クー＝クラックス＝クラン　51．移民
▶Q＆A
A．フィンランド　B．エストニア　C．ラトヴィア
D．リトアニア　E．ポーランド
F．チェコスロヴァキア　G．ハンガリー
H．ユーゴスラヴィア
▶§
a．海軍軍備制限　b．ドイツ　c．ブリアン
d．ケロッグ
▶§
a．ムッソリーニ　b．ローマ教皇　c．ヴァチカン
d．ハンガリー　e．ポーランド　f．戦時共産
g．コミンテルン　h．トロツキー　i．第一次五カ年
j．ヴェルサイユ　k．女性　l．移民法　m．アジア

3 アジア・アフリカ地域の民族運動　p. 196～201

1．民族自決　2．政党内閣　3．普通選挙
4．治安維持　5．陳独秀　6．魯迅　7．李大釗
8．膠州湾　9．二十一カ条の要求　10．シベリア出兵
11．三・一独立運動　12．朝鮮総督府　13．文化政治
14．山東　15．五・四運動　16．九カ国
17．コミンテルン　18．五・三〇運動　19．広州
20．蔣介石　21．上海クーデタ　22．南京　23．山東出兵
24．関東軍　25．張学良　26．毛沢東
27．中華ソヴィエト共和国臨時政府　28．インド統治
29．ローラット　30．ガンディー　31．非暴力
32．ネルー　33．プールナ＝スワラージ　34．ジンナー
35．全インド＝ムスリム連盟　36．パキスタン
37．インドネシア共産党　38．スカルノ
39．ホー＝チ＝ミン　40．フィリピン独立　41．立憲革命
42．トルコ大国民議会　43．スルタン　44．ローザンヌ
45．トルコ共和国　46．カリフ　47．女性
48．レザー＝ハーン　49．ペルシア　50．第3次アフガン
51．イブン＝サウード　52．サウジアラビア王国
53．エジプト王国　54．スエズ運河
55．フセイン・マクマホン　56．バルフォア
57．アフリカ民族会議　58．パン＝アフリカニズム
▶§
a．二十一カ条　b．新文化運動　c．三・一独立
d．中国国民党　e．中国共産党　f．国共合作
g．五・三〇　h．上海クーデタ　i．山東
j．中華ソヴィエト共和国臨時政府
▶Q＆A
問1．トルコ共和国－ア　問2．イラン－ク
問3．サウジアラビア－キ　問4．シリア－イ
問5．イラク－ケ　問6．エジプト－カ
▶**探究しよう**
Work.「民主と科学」を掲げて、民衆の啓蒙をめざした。
Q1．魯迅は中国のおかれた状況、そして国民の堕落ぶりに絶望していた。「どうせ助かりっこない臨終の苦しみを与えることになるが、それでも気の毒と思わんかね」という言葉から、「このままでは中国は滅ぶ。ならばそれを知らぬままにいた方が人々は幸せなのではないのか。」という魯迅絶望の深さがうかがわれる。
Q2．銭玄同の「数人が起きたとすれば、その鉄の部屋をこわす希望が、絶対にないとは言えんじゃないか」という言葉に、魯迅は「希望は将来にあるものゆえ、絶対にないという私の証拠で、ありうるという彼の説を論破することは不可能なのだ。」と姿勢を変化させている。そして「そこで結局、私は文章を書くことを承諾した。」と結んでいる。

第17章 第二次世界大戦と新しい国際秩序の形成

1 世界恐慌とヴェルサイユ体制の破壊　p. 202～205

1．ニューヨーク株式市場　2．世界恐慌
3．ファシズム　4．フーヴァー
5．フランクリン＝ローズヴェルト　6．ニューディール
7．農業調整　8．全国産業復興
9．テネシー川流域開発公社　10．ワグナー　11．労働党
12．挙国一致　13．オタワ連邦　14．善隣外交　15．ナチ
16．ヒトラー　17．ユダヤ　18．共産　19．全権委任
20．ヒンデンブルク　21．総統　22．スターリン
23．強制労働　24．満洲　25．柳条湖

26. リットン調査団　27. 満洲国　28. 国際連盟
29. 毛沢東　30. 八・一　31. 西安　32. 蔣介石
33. 盧溝橋　34. 日中　35. 国共合作　36. 重慶
37. 汪兆銘　38. ザール　39. 再軍備　40. エチオピア
41. 経済制裁　42. ロカルノ　43. ラインラント
44. 人民戦線　45. ブルム　46. スペイン　47. フランコ
48. 三国防共　49. 三国枢軸

▶Q & A

問1. フーヴァー　問2. ニューディール
問3. マクドナルド　問4. ア→エ→ウ→オ→イ

▶Q & A

問1. 満洲事変　問2. 西安事件　問3. 盧溝橋事件
問4. エチオピア　問5. ラインラント
問6. 人民戦線戦術　問7. フランコ　問8. 三国枢軸

2 第二次世界大戦 p. 206～209

1. オーストリア　2. ズデーテン　3. 宥和
4. ミュンヘン　5. チェコスロヴァキア
6. 独ソ不可侵　7. 第二次世界　8. ポーランド
9. フィンランド　10. ヴィシー　11. ド＝ゴール
12. レジスタンス　13. チャーチル　14. 独ソ
15. 強制収容所　16. 日独伊三国　17. 日ソ中立
18. 太平洋　19. パールハーバー　20. 大東亜共栄圏
21. 創氏改名　22. ミッドウェー　23. 枢軸国
24. 連合国　25. スターリングラード　26. コミンテルン
27. ムッソリーニ　28. 大西洋憲章　29. ローズヴェルト
30. カイロ　31. 蔣介石　32. テヘラン　33. スターリン
34. ノルマンディー　35. ヤルタ　36. ドイツ
37. 沖縄本島　38. ポツダム　39. トルーマン
40. アトリー　41. 原子爆弾　42. 民主　43. 核戦争
44. 女性

▶Q & A

問1. ㋐ザール　㋑ラインラント　㋒オーストリア
㋓ズデーテン　㋔チェコスロヴァキア
問2. 1：ポーランド－キ　2：フィンランド－オ
3：フランス－イ　4：イギリス－ア
5：イタリア－エ

▶Q & A

カイロ：B　テヘラン：D　ヤルタ：C　ポツダム：A

3 新しい国際秩序の形成 p. 210～217

1. 大西洋憲章　2. 国際連合憲章　3. 国際連合
4. サンフランシスコ　5. ニューヨーク　6. 総会
7. 安全保障理事会　8. 拒否権　9. 軍事
10. 世界保健機関　11. 国際通貨基金
12. 関税と貿易に関する一般協定　13. 金・ドル本位
14. ブレトン＝ウッズ　15. ベルリン
16. ニュルンベルク　17. 極東国際軍事　18. アトリー
19. 第四共和政　20. アイルランド
21. トルーマン＝ドクトリン　22. マーシャル＝プラン
23. コミンフォルム　24. 冷戦　25. 人民民主
26. チェコスロヴァキア　27. ティトー　28. コメコン
29. ワルシャワ条約機構　30. 西ヨーロッパ連合
31. 北大西洋条約機構　32. ベルリン　33. ドイツ連邦
34. ドイツ民主　35. アデナウアー　36. 南京
37. 蔣介石　38. 中華民国　39. 中華人民共和国
40. 毛沢東　41. 中ソ友好同盟相互援助　42. 38
43. 大韓民国　44. 朝鮮民主主義人民共和国　45. 侵略
46. 国連軍　47. 警察予備隊　48. サンフランシスコ平和
49. 日米安全保障　50. フィリピン共和国　51. スカルノ
52. オランダ　53. ホー＝チ＝ミン
54. ベトナム民主共和国　55. ベトナム国
56. インドシナ　57. ジュネーヴ　58. 17
59. ベトナム共和国　60. ジンナー
61. ガンディー　62. インド連邦　63. パキスタン
64. ネルー　65. スリランカ　66. パレスチナ
67. イギリス　68. イスラエル　69. 中東
70. モサッデグ　71. パフレヴィー2世

▶Q & A

問1. 拒否権
問2. 国際通貨基金(IMF)・国際復興開発銀行(IBRD)
問3. 関税と貿易に関する一般協定(GATT)
問4. ベルリン　問5. 極東国際軍事裁判所
問6. アトリー　問7. トルーマン＝ドクトリン
問8. コミンフォルム

▶Q & A

問1. ティトー
問2. 西側：北大西洋条約機構(NATO)
東側：ワルシャワ条約機構
問3. 西：ドイツ連邦共和国　東：ドイツ民主共和国
問4. 主席：毛沢東　首相：周恩来
問5. 中ソ友好同盟相互援助条約
問6. 南部：大韓民国－李承晩
北部：朝鮮民主主義人民共和国－金日成
問7. サンフランシスコ平和条約
問8. 日米安全保障条約

▶Q & A

問1. スカルノ
問2. 国名：ベトナム民主共和国
人名：ホー＝チ＝ミン　戦争名：インドシナ戦争
問3. 協定：ジュネーヴ休戦協定　北緯17度
問4. ベトナム共和国
問5. 全インド＝ムスリム連名：ジンナー
統一インド：ガンディー
問6. ヒンドゥー教：インド連邦
イスラーム教：パキスタン
問7. イスラエル　問8. モサッデグ

▶**探究しよう**

Q1. ⓐ平和に関する罪：侵略戦争の準備もしくは開始にかかわる罪。
ⓑ戦争犯罪：占領地域の民間人に対する殺人、虐待、追放などの罪。
ⓒ人道に対する罪：あらゆる民間人への政治的、人種的、宗教的迫害を含む罪。

Q2. これまでの戦争とは比較にならない、膨大な犠牲者を出したナチ体制を断罪するため。これまでの法律だけでは、ナチ体制の不法を包括的に裁くことが難しく、遡及効をもつ新しい刑法規定が必要であると判断したから。

Q３．ある法律要件が、要件事実の発生以前にさかのぼって効果(効力)をもつことは禁止される法領域では、遡及効を認めることは法的安定性を害するところから、遡及効は原則として認められない、という一般原則をおかしているのではないかと主張している

Q４．アメリカ軍の潜水艦も同様の行動をしたという証言を引き出している。もし、デーニッツの指令が罪に問われるなら、アメリカも同様の罪に問われるべきと主張しようとしている。ただし、連合国はこの裁判で、「連合軍も同じことをやっている」という論法は認めていない。そのため、弁護人はさらに議論を広げる必要があった。これは、同様の行動をとった戦勝国が、一方的に敗戦国を裁いていると非難する事例であり、この裁判が「公平ではない」との主張の根拠の一つである。

第Ⅳ部

第18章

冷戦と第三世界の台頭

1 冷戦の展開 p. 218〜221

１．太平洋安全保障　２．東南アジア条約
３．バグダード条約　４．原子爆弾　５．水素爆弾
６．赤狩り　７．アイゼンハワー　８．軍産複合体
９．ヨーロッパ石炭鉄鋼共同体
10．ヨーロッパ経済共同体　11．ヨーロッパ共同体
12．ヨーロッパ自由貿易連合　13．アデナウアー
14．アルジェリア　15．第五共和政　16．ド＝ゴール
17．国際連合　18．日韓基本　19．スターリン
20．フルシチョフ　21．スターリン批判　22．平和共存
23．雪どけ　24．ポーランド　25．ハンガリー
26．日ソ共同宣言　27．ベルリンの壁

▶Q＆A

㋐北大西洋条約機構(NATO)　㋑ワルシャワ条約機構
㋒中ソ友好同盟相互援助条約
㋓太平洋安全保障条約(ANZUS)
㋔東南アジア条約機構(SEATO)

▶探究しよう

Q１．第二次世界大戦で、敗戦国だけではなく戦勝国も甚大な被害を受け、各国の国民は窮乏生活を強いられた。国民を戦争に導いた資本主義に対する反発が高まり、共産主義に対する期待が高まりつつあった。そうした流れのなか、各国政府は国民を救済し、同時に社会主義革命を阻止するために、社会保障制度を整備し、国家が国民の生活を保障する体制をとろうとした。そしてその政策がある程度の成功をおさめたのは、第二次世界大戦の反省を人々が共有できたからである。労使紛争など他のあらゆる対立を超越した「全国民的な」合意と妥協が成立したのである。

Q２．グラフから、各国は1955年頃から70年代前半にかけて、著しい経済成長をとげていることがわかる。この時期のドイツ、フランス、アメリカ、日本の状況を確認してみよう。ドイツはアデナウアー政権のもとで、東西ドイツの統一よりも経済復興を重視し、「経済の奇跡」といわれるほどの経済成長をとげている。また、主権を回復してNATOへの加盟も実現した。フランスでは第五共和国憲法が成立し、ド＝ゴール大統領がアルジェリア問題を解決し、アメリカに対する自立的な外交政策を追求した。日本は朝鮮戦争を経済復興の契機とし、56年にソ連と国交を回復し、翌年に国際連合加盟を実現した。

2 第三世界の台頭とキューバ危機 p. 222〜223

１．アジア＝アフリカ会議　２．非同盟諸国首脳会議
３．ナセル　４．スエズ運河の国有化
５．第２次中東　６．エンクルマ　７．アフリカの年
８．アルジェリア　９．アフリカ統一機構
10．コンゴ動乱　11．アパルトヘイト　12．南北問題
13．国連貿易開発　14．ペロン　15．カストロ
16．キューバ　17．ケネディ　18．部分的核実験禁止
19．核拡散防止　20．戦略兵器制限交渉

▶Q＆A

問１．ガーナ－オ　問２．エジプト－ア
問３．アルジェリア－カ　問４．南アフリカ－ウ

3 冷戦体制の動揺 p. 224〜229

１．ベトナム　２．ベトナム共和国
３．南ベトナム解放民族戦線　４．ベトナム民主共和国
５．北爆　６．沖縄　７．ベトナム和平
８．ベトナム社会主義共和国　９．ポル＝ポト
10．ケネディ　11．ニューフロンティア　12．公民権
13．ジョンソン　14．偉大な社会　15．キング
16．ニクソン　17．ブレジネフ　18．プラハの春
19．ドプチェク　20．ブラント　21．東方外交
22．国際連合　23．大躍進　24．毛沢東　25．人民公社
26．チベット　27．中ソ　28．プロレタリア文化
29．ニクソン　30．田中角栄　31．日中平和友好
32．鄧小平　33．改革開放　34．開発独裁　35．朴正熙
36．光州　37．スカルノ　38．九・三〇　39．スハルト
40．シンガポール　41．東南アジア諸国連合
42．カシミール　43．バングラデシュ

▶Q＆A

問１．ジョンソン　問２．ニクソン　問３．ポル＝ポト
問４．ケネディ　問５．プラハの春　問６．キング牧師
問７．ブラント

▶Q＆A

㋐マハティール－マレーシア　㋑朴正熙－韓国
㋒マルコス－フィリピン
㋓リー＝クアンユー－シンガポール
㋔スハルト－インドネシア

▶探究しよう

Work１．ジョンソン

Q１．日本は日本国憲法による制約のため軍事的支援は

できないが、アメリカの意図をくんで、経済的支援や基地提供でアメリカに協力している。しかし、日本国内では自民党に対する革新陣営の反対だけでなく、1965年に組織された「ベ平連」(ベトナムに平和を！市民連合)など、市民運動としても反戦運動が高まっていた。こうした状況のもと、佐藤首相は、戦争に積極的な協力をしていないという姿勢を見せる必要があった。

Work２．北緯38度線

Q２．1953年に休戦協定が結ばれたが、朝鮮戦争は終わったわけでない。東西対立の最前線に位置する韓国にとって、ベトナム戦争は、みずからの問題と直接かかわる問題であり、ベトナムを韓国の「第二戦線」と位置づけた。ベトナムでの戦争に勝利することは、朝鮮戦争の勝利につながるとして、ベトナムへの派兵が重要であると説いた。

Q３．当初考えていた南ベトナムへの商品輸出には、日本や台湾なども参入して競争が激化した。そこで、韓国はベトナムに派兵し、アメリカの対南ベトナム軍事援助でもたらされる利益を獲得することに重点を置くようになった。

第19章 冷戦の終結と今日の世界

1 産業構造の変容 p. 230～231

１．社会保障費　２．国連人間環境　３．ベトナム
４．ニクソン　５．ブレトン＝ウッズ　６．変動相場
７．第４次中東　８．アラブ石油輸出国機構
９．石油戦略　10．第１次石油危機　11．先進国首脳会議
12．ハイテクノロジー　13．省エネルギー　14．サッチャー
15．レーガン　16．新自由主義　17．開発独裁
18．アルゼンチン　19．女性解放　20．男女雇用機会均等
21．第３次中東　22．アラブ民族　23．アラファト
24．サダト　25．エジプト＝イスラエル平和
26．パフレヴィー２世　27．ホメイニ
28．第２次石油危機　29．サダム＝フセイン
30．新興工業経済地域
31．タイ・マレーシア・中国・ベトナム
32．先端技術開発　33．貿易摩擦

2 冷戦の終結 p. 232～237

１．エチオピア　２．ポルトガル　３．カーター
４．ソ連　５．アフガニスタン　６．イスラーム
７．レーガン　８．グレナダ　９．新冷戦　10．計画経済
11．ブレジネフ　12．グラスノスチ　13．ペレストロイカ
14．チョルノービリ　15．新思考外交
16．中距離核戦力(INF)　17．ワレサ　18．連帯
19．ホネカー　20．ベルリンの壁　21．チャウシェスク
22．鄧小平　23．人民公社　24．社会主義市場経済化
25．天安門　26．モンゴル　27．盧泰愚　28．ソ連
29．李登輝　30．アパルトヘイト　31．デクラーク
32．マンデラ　33．マルタ島　34．統一ドイツ
35．第１次戦略兵器削減　36．ワルシャワ条約機構
37．クウェート　38．多国籍軍　39．エリツィン
40．ソ連共産党　41．独立国家共同体

▶Q＆A
問１．ドイツ－ウ　問２．ポーランド－エ
問３．ルーマニア－ク　問４．ロシア－カ

▶Q＆A
１．クウェート－F　２．フセイン　３．イラク－C

▶探究しよう

Q１．イラクの宗教別人口では、シーア派アラブ人が60%を占めている。サダム＝フセインは、シーア派の主導でおこなわれたイラン＝イスラーム革命が、イラクに波及することを恐れた。

Q２．クウェートの油田を奪い、イランとの戦争で疲弊した経済を立て直そうとした。

Q３．もともとクウェートはイラクの一部であるとの認識があり、領土併合を狙った。また、そもそも、欧米諸国の植民地主義により、イラクとクウェート両国は分断されていたのであり、併合により正常な状態にもどったというレトリックを用いている。

3 今日の世界 p. 238～243

１．チェチェン　２．ティトー　３．クロアティア
４．スロヴェニア　５．ボスニア＝ヘルツェゴヴィナ
６．コソヴォ　７．香港　８．マカオ　９．一国二制度
10．江沢民　11．新疆ウイグル　12．金泳三　13．金大中
14．朴槿恵　15．金日成　16．金正日　17．金正恩
18．陳水扁　19．蔡英文　20．ドイモイ　21．シハヌーク
22．ポル＝ポト　23．アウン＝サン＝スー＝チー
24．スハルト　25．インド人民党　26．ソマリア
27．ルワンダ　28．エチオピア　29．インティファーダ
30．ラビン　31．クリントン　32．ターリバーン
33．北アイルランド　34．スリランカ　35．世界貿易機関
36．単一欧州議定書　37．マーストリヒト　38．ユーロ
39．北大西洋条約機構　40．北米自由貿易協定
41．アジア太平洋経済協力会議　42．アフリカ連合
43．アジア通貨危機　44．国際金融危機　45．2001
46．アル＝カーイダ　47．イラク　48．チュニジア
49．シリア　50．オバマ　51．トランプ　52．習近平
53．プーチン　54．ギリシア　55．ポピュリズム
56．イギリス　57．核拡散防止　58．非政府組織
59．新型コロナウィルス

▶Q＆A
問１．大韓民国－エ　問２．インドネシア－ウ
問３．ベトナム－オ　問４．カンボジア－カ

▶Q＆A
１．チェチェン－D　２．ルワンダ－J
３．ソマリア－K

▶Q＆A
①D　②B　③A　④C

4 現代文明の諸相 p. 244～245

１．環境破壊　２．アインシュタイン　３．原子爆弾

4．化学繊維　5．インターネット　6．情報技術
7．人工知能　8．ペニシリン　9．DNA
10．ヒトゲノム計画　11．クローン　12．地球温暖化
13．京都議定書　14．ニーチェ　15．デューイ
16．プラグマティズム　17．マルクス　18．ヴェーバー
19．フロイト　20．フェミニズム

▶Q & A

問1．食糧をはじめとした資源が不足することが予測される。さらに、資源確保のために環境破壊にもつながる。

問2．世界人口は増加を続けているが、地域によって増加率に大きな差がみられる。

世界史探究
高校世界史ノート　解答

2023年3月　　初版発行

編　者　高校世界史ノート編集部
発行者　野澤　武史
印刷所　信毎書籍印刷株式会社
製本所　有限会社　穴口製本所
発行所　株式会社　山川出版社
〒101-0047　東京都千代田区内神田1-13-13
電話　03-3293-8131(営業)　03-3293-8134(編集)
https://www.yamakawa.co.jp/

ISBN978-4-634-04123-3　NYIZ0103